中学教科書ワーク 学習カード

ポケットスタディ

英単語カード

2年

アプリ対応

POCKET Study

使い方

❶切り離して、リングでとじてください。
❷音声を聞いて、発音しよう。
❸覚えたら OK! にチェックをつけよう。　動 過去形－過去分詞形、　形 比較級－最上級、　複 複数形

🔊 英語音声

JN096288

---

1 abroad
go abroad

2 action
take action to clean the town

3 ago
three years ago
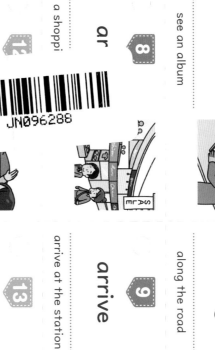

4 album
see an album

5 along
along the road

6 among
a house among the trees

7 answer
answer the question

8 ar___
a shoppi___

9 arrive
arrive at the station

10 aunt
visit my aunt

11 away
Go away!

13 become
become a singer

14 behind
behind the tree

15 best
my best friend

16 better
much better
Come back here.

17 between
between 8 to 10

18 borrow
borrow a pen

bac___

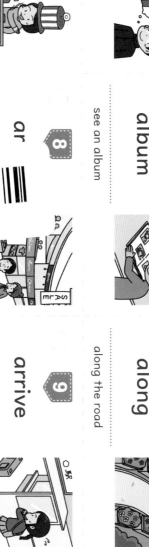

OK! □

1
外国に、海外に

外国へ行く

OK! □

2
行動、アクション

街をきれいにするための行動をとる

OK! □

3
（今から）～前に

3年前に

OK! □

4
アルバム

アルバムを見る

OK! □

5
～に沿って

道に沿って

OK! □

6
～の中で[に]、～の間で[に]

木々の中にある家

OK! □

7
～に答える／答え、返事

質問に答える

OK! □

8
区域、地域、場所

ショッピングエリア

OK! □

9
到着する

駅に到着する

OK! □

10
おば、おばさん

おばをたずねる

OK! □

11
去って、はなれて

あっちへ行け！

OK! □

12
戻って、返して／後ろの、裏の

ここに戻っておいで。

OK! □

13
～になる

歌手になる

🔊 became – become

OK! □

14
～の後ろに

木の後ろに

OK! □

15
《goodの最上級》最もよい／
《wellの最上級》最もよく

私のいちばんの友人

🔊 good / well – better – best

OK! □

16
《goodの比較級》よりよい／
《wellの比較級》よりよく

ずっとよい

🔊 good / well – better – best

OK! □

17
～（と…）の間で

8時から10時の間に

OK! □

18
～を借りる

ペンを借りる

19 both
Both Lily and Meg like Tom.

20 bottle
a bottle of water

21 build
build a house

22 call
Call me Cathy.

23 camp
camp in a forest

24 careful
Be careful.

25 case
a pencil case

26 catch
catch a ball

27 change
change the color

28 choose
choose a card

29 clean
clean my room

30 clothes
change clothes

31 cold
cold drink

32 collect
collect stamps

33 contest
a chorus contest

34 continue
continue playing the video game

35 country
large countries

36 course
Can I use your eraser? — Of course.

37 decide
decide to go to university

38 drop
drop my key

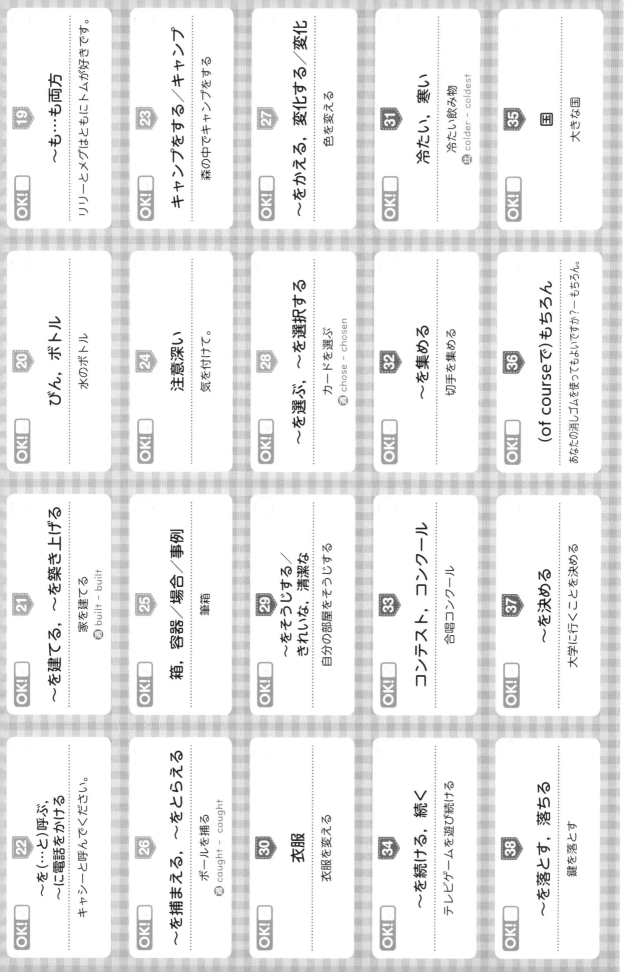

19 OK!
～も…も両方
リレーとメグはともにトムが好きです。

20 OK!
びん、ボトル
水のボトル

21 OK!
～を建てる、～を築き上げる
家を建てる
built - built

22 OK!
～を(…と)呼ぶ、
～に電話をかける
キャシーと呼んでください。

23 OK!
キャンプをする／キャンプ
森の中でキャンプをする

24 OK!
注意深い
気を付けて。

25 OK!
箱、容器／場合／事例
筆箱

26 OK!
～を捕まえる、～をとらえる
ボールを捕る
caught - caught

27 OK!
～をかえる、変化する／変化
色を変える

28 OK!
～を選ぶ、～を選択する
カードを選ぶ
chose - chosen

29 OK!
～をそうじする／
きれいな、清潔な
自分の部屋をそうじする

30 OK!
衣服
衣服を変える

31 OK!
冷たい、寒い
冷たい飲み物
colder - coldest

32 OK!
～を集める
切手を集める

33 OK!
コンテスト、コンクール
合唱コンクール

34 OK!
～を続ける、続く
テレビゲームを遊び続ける

35 OK!
国
大きな国

36 OK!
(of courseで)もちろん
あなたの消しゴムを使ってもよいですか?―もちろん。

37 OK!
～を決める
大学に行くことを決める

38 OK!
～を落とす、落ちる
鍵を落とす

39 easy

It's easy for me.

40 example

show an example

41 excuse

Excuse me.

42 fan

I'm a soccer fan.

43 far

far from here

44 fever

a high fever

45 few

a few coins

46 follow

follow a rule

47 foreign

foreign countries

48 forget

forget her name

49 forward

look forward to seeing our grandchild

50 front

in front of the house

51 glad

I'm glad to see you.

52 guess

Can you guess?

53 half

half of an apple

54 hall

a concert hall

55 happen

What happened?

56 hard

work hard

57 headache

have a headache

58 hear

hear the news

39 OK! 簡単な、やさしい
それは私には簡単です。
比 easier - easiest

40 OK! 例
例を見せる

41 OK! ～を許す
すみません。

42 OK! ファン／扇、うちわ
私はサッカーのファンです。

43 OK! 遠くに
ここから遠くに

44 OK! 熱
高熱

45 OK! 少しの
数枚のコイン
比 fewer - fewest

46 OK! ～に従う、～を守る
規則に従う

47 OK! 外国の
外国

48 OK! (～を)忘れる
彼女の名前を忘れる
過 forgot - forgot[forgotten]

49 OK! 先へ、～に向かって
孫に会うことを楽しみにする

50 OK! 前、正面／前の
家の前で

51 OK! うれしい
あなたに会えてうれしいです。

52 OK! (～を)推測する
推測できますか？

53 OK! 半分
リンゴ半分

54 OK! 会館、ホール
コンサートホール

55 OK! 起こる、生じる
何が起きたのですか？

56 OK! 一生懸命に、熱心に
一生懸命働く
比 harder - hardest

57 OK! 頭痛
頭痛がする

58 OK! ～を聞く、～が聞こえる
ニュースを聞く
過 heard - heard

59 heart
My heart is beating fast.

63 if
If it is sunny, we can play baseball.

67 inside
inside the house

71 late
Don't be late for the class.

75 lonely
She felt lonely.

60 history
Japanese history

64 important
an important message

68 job
find a job

72 learn
learn English

76 lose
lose my way

61 holiday
enjoy a holiday

65 influence
He is influenced by the movie.

69 just
It's just three o'clock.

73 little
a little milk

77 love
I love dogs.

62 idea
a good idea

66 information
get information

70 last
I slept well last night.

74 local
try local food

78 magazine
read a magazine

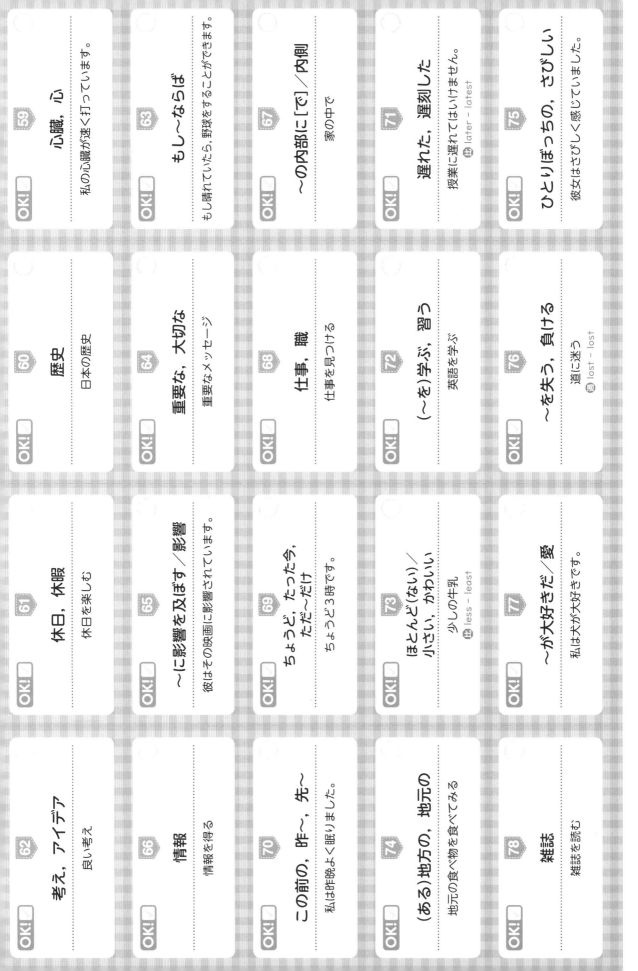

62 考え、アイデア
良い考え

66 情報
情報を得る

70 この前の、昨〜、先〜
私は昨晩よく眠りました。

74 (ある)地方の、地元の
地元の食べ物を食べてみる

78 雑誌
雑誌を読む

61 休日、休暇
休日を楽しむ

65 〜に影響を及ぼす／影響
彼はその映画に影響されています。

69 ちょうど、たった今、ただ〜だけ
ちょうど3時です。

73 (ほとんど(ない)／小さい、かわいい
少しの牛乳
less - least

77 〜が大好きだ／愛
私は犬が大好きです。

60 歴史
日本の歴史

64 重要な、大切な
重要なメッセージ

68 仕事、職
仕事を見つける

72 (〜を)学ぶ、習う
英語を学ぶ

76 〜を失う、負ける
道に迷う
lost - lost

59 心臓、心
私の心臓が速く打っています。

63 もし〜ならば
もし晴れていたら、野球をすることができます。

67 〜の内部に[で]／内側
家の中で

71 遅れた、遅刻した
授業に遅れてはいけません。
later - latest

75 ひとりぼっちの、さびしい
彼女はさびしく感じていました。

79 main	the main street	80 market	a fish market	81 meat	fresh meat	82 middle	the middle of a circle

83 miss	miss the train	84 most	the most popular	85 must	I must finish my homework.	86 national	a national holiday

87 nature	beautiful nature	88 need	I need some water.	89 only	children under 6 years only	90 outside	It's hot outside.

91 over	all over the world	92 pardon	Pardon me?	93 part	take part in the activity	94 party	a welcome party

95 pass	pass the exam	96 perform	perform a famous play	97 performance	an exciting performance	98 phone	on the phone

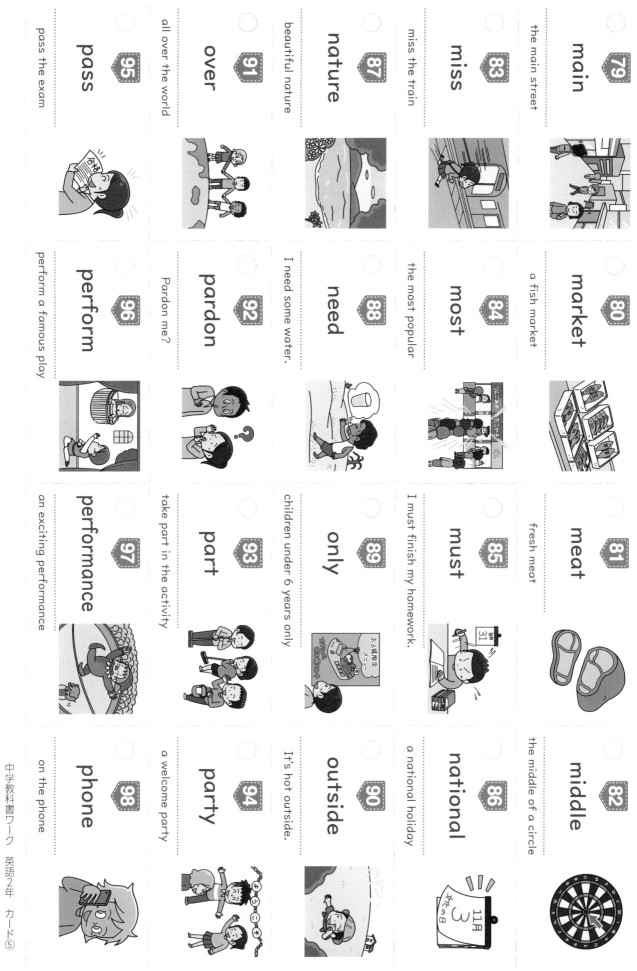

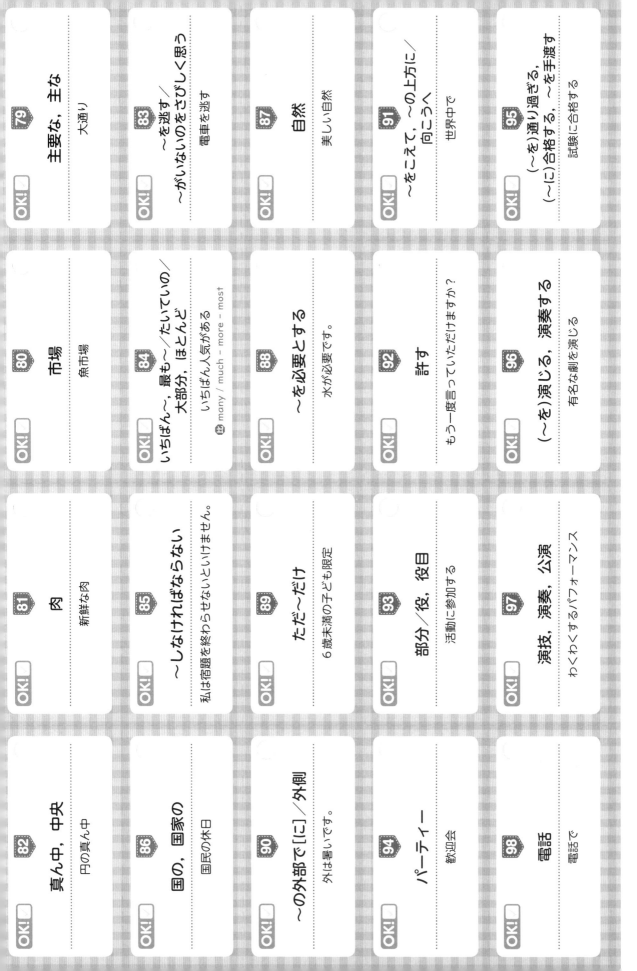

| OK! | 79 | 主要な、主な |
| | | 大通り |

| OK! | 80 | 市場 |
| | | 魚市場 |

| OK! | 81 | 肉 |
| | | 新鮮な肉 |

| OK! | 82 | 真ん中、中央 |
| | | 円の真ん中 |

| OK! | 83 | ～を逃す／
～がいないのをさびしく思う |
| | | 電車を逃す |

| OK! | 84 | いちばん～、最も～／たいていの／
大部分、ほとんど |
| | | いちばん人気がある
many / much – more – most |

| OK! | 85 | ～しなければならない |
| | | 私は宿題を終わらせないといけません。 |

| OK! | 86 | 国の、国家の |
| | | 国民の休日 |

| OK! | 87 | 自然 |
| | | 美しい自然 |

| OK! | 88 | ～を必要とする |
| | | 水が必要です。 |

| OK! | 89 | ただ～だけ |
| | | 6歳未満の子ども限定 |

| OK! | 90 | ～の外部で[に]／外側 |
| | | 外は暑いです。 |

| OK! | 91 | ～をこえて、～の上方に／
向こうへ |
| | | 世界中で |

| OK! | 92 | 許す |
| | | もう一度言っていただけますか？ |

| OK! | 93 | 部分／役、役目 |
| | | 活動に参加する |

| OK! | 94 | パーティー |
| | | 歓迎会 |

| OK! | 95 | (～を)通り過ぎる、
(～に)合格する、～を手渡す |
| | | 試験に合格する |

| OK! | 96 | (～を)演じる、演奏する |
| | | 有名な劇を演じる |

| OK! | 97 | 演技、演奏、公演 |
| | | わくわくするパフォーマンス |

| OK! | 98 | 電話 |
| | | 電話で |

99 photo
a photo of my father

100 pick
pick up garbage

101 piece
a piece of cheese

102 plant
grow plants

103 point
I understand your point.

104 poor
a poor boy

105 power
This robot is powered by the sun.

106 prepare
prepare for school

107 problem
solve a problem

108 quickly
move quickly

109 quiet
Be quiet.

110 rich
a rich woman

111 right
Which is the right answer?

112 rise
The sun rises.

113 role
play the role of a prince

114 round
a round table

115 sale
for sale

116 same
have the same T-shirt

117 sell
This store sells flowers.

118 send
send an e-mail

OK! | 99 写真
私の父の写真

OK! | 100 ～をつむ
ゴミを拾う

OK! | 101 部分、断片／作品
1切れのチーズ

OK! | 102 植物
植物を育てる

OK! | 103 論点、特徴、ポイント
あなたの論点はわかります。

OK! | 104 貧しい、かわいそうな
かわいそうな男の子

OK! | 105 ～に動力を供給する／力、動力
このロボットは太陽光で動いています。

OK! | 106 (～の)準備をする
学校の準備をする

OK! | 107 問題
問題を解く

OK! | 108 速く、素早く、すぐに
素早く動く

OK! | 109 静かな
静かにして。

OK! | 110 裕福な、金持ちの
裕福な女性
richer - richest

OK! | 111 正しい、正確な／ちょうど、すぐに／権利
どちらが正しい答えでしょう?

OK! | 112 のぼる、上がる
太陽がのぼる。
rose - risen

OK! | 113 役、役割
王子の役を演じる

OK! | 114 丸い、球形の
丸いテーブル

OK! | 115 販売
売り出し中

OK! | 116 同じ、同一の／同じもの
同じTシャツを持っている

OK! | 117 ～を売る
この店は花を売っています。
sold - sold

OK! | 118 (～に)…を送る
メールを送る
sent - sent

119 serious	120 set	121 shall	122 share
serious damage	set the table	Shall we dance?	share a cake

123 should	124 show	125 shy	126 snow
You should go home.	Show me the map.	a shy girl	It snows a lot.

127 so	128 soon	129 spend	130 stage
I was hungry, so I ate pizza.	I'll be there soon.	spend two hours	dance on a stage

131 start	132 story	133 such	134 tell
start running	an interesting story	such a cute cat	tell him the truth

135 than	136 theater	137 then	138 ticket
taller than Bob	at the theater	I was listening to music then.	buy a ticket

中学教科書ワーク　英語2年　カード⑦

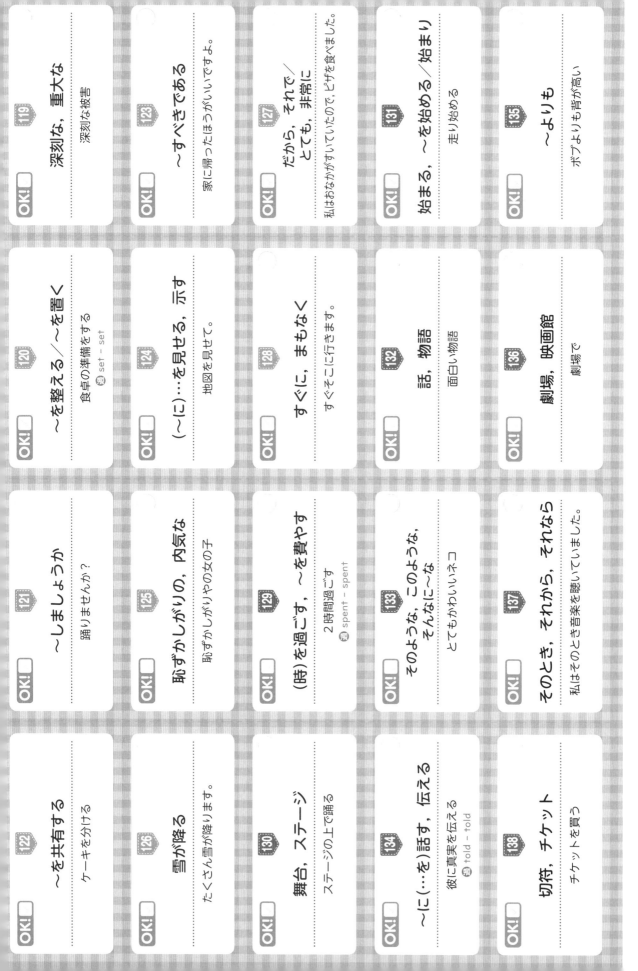

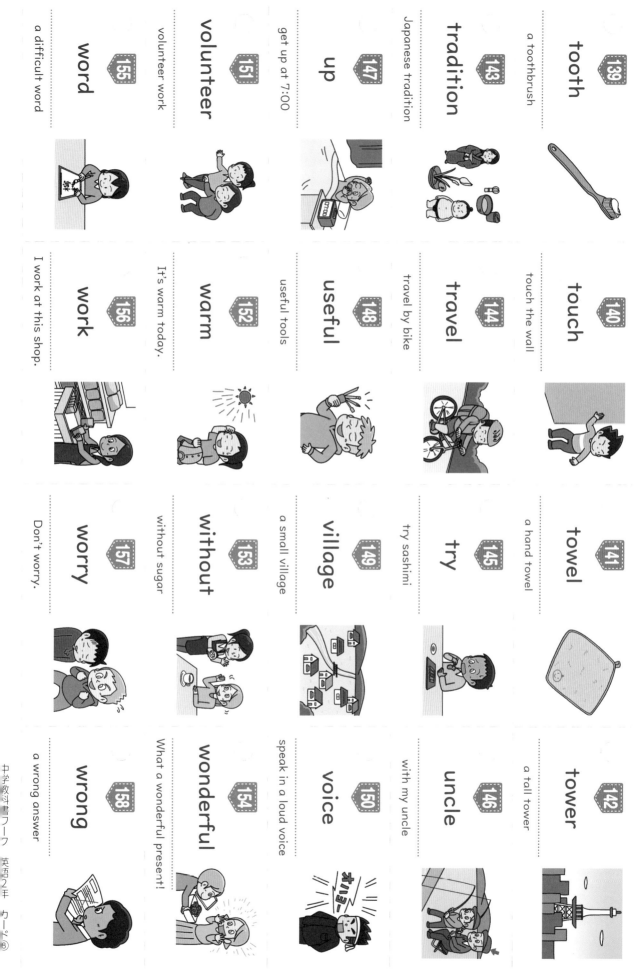

139 tooth — a toothbrush
140 touch — touch the wall
141 towel — a hand towel
142 tower — a tall tower
143 tradition — Japanese tradition
144 travel — travel by bike
145 try — try sashimi
146 uncle — with my uncle
147 up — get up at 7:00
148 useful — useful tools
149 village — a small village
150 voice — speak in a loud voice
151 volunteer — volunteer work
152 warm — It's warm today.
153 without — without sugar
154 wonderful — What a wonderful present!
155 word — a difficult word
156 work — I work at this shop.
157 worry — Don't worry.
158 wrong — a wrong answer

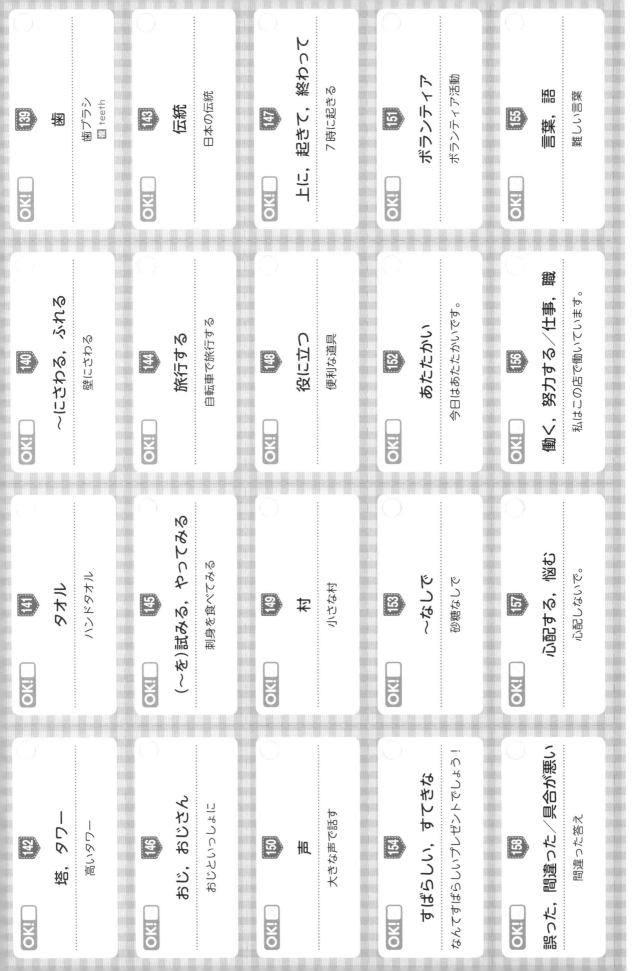

139 歯
歯ブラシ
訳 teeth

140 ～にさわる、ふれる
壁にさわる

141 タオル
ハンドタオル

142 塔、タワー
高いタワー

143 伝統
日本の伝統

144 旅行する
自転車で旅行する

145 (～を)試みる、やってみる
刺身を食べてみる

146 おじ、おじさん
おじといっしょに

147 上に、起きて、終わって
7時に起きる

148 役に立つ
便利な道具

149 村
小さな村

150 声
大きな声で話す

151 ボランティア
ボランティア活動

152 あたたかい
今日はあたたかいです。

153 ～なしで
砂糖なしで

154 すばらしい、すてきな
なんてすばらしいプレゼントでしょう！

155 言葉、語
難しい言葉

156 働く、努力する／仕事、職
私はこの店で働いています。

157 心配する、悩む
心配しないで。

158 誤った、間違った／具合が悪い
間違った答え

東京書籍版 英語2年 もくじ

英語音声

ステージ1 ステージ2 ステージ3

この本の特長と使い方
3ステップと予想問題で実力をつける！

●文法や表現，重要語句を学習します。
●基本的な問題を解いて確認します。
●基本文には音声がついています。

●ステージ1で学習したことを，さらに問題を解くことで定着させます。
●ヒントがついているので学習しやすいです。
●リスニング問題もあります。

文法のまとめ

●ここまでに学習した文法をまとめて学習します。

Try! READING

●教科書の長めの文章に対応するページです。読解力をつけます。

実力判定テスト ステージ 3

- ステージ1で学習したことが身についたかをテスト形式で確認します。
- リスニング問題もあります。

ホームページテスト

- 文理のウェブサイトからテストをダウンロード。たくさん問題を解いて，実力アップ！　リスニング問題もあります。　くわしくは巻末へ➡

アクセスコード　B064330

定期テスト対策　予想問題

- 定期テスト前に解いて，実力を確かめます。
- リスニング問題もあります。

Challenge! SPEAKING

- アプリを使って会話表現の発音練習をします。AIが採点！

くわしくはChallenge! SPEAKINGの最初のページへ➡

英語音声について

- 英語音声があるものには がついています。
- 音声はスマートフォン，タブレット，またはパソコンで聞くことができます。
- また文理のウェブサイトから音声ファイルをダウンロードすることもできます。

▶スマホで聞く　　　　　　　　[使い方]

▶パソコンで聞く　https://listening.bunri.co.jp/
▶ダウンロードする　　[ダウンロード方法]

※この本にはCDはついていません。

音声用アクセスコード　73MQK

※音声配信サービスおよび「おん達Plus」は無料ですが，別途各通信会社の通信料がかかります。
※お客様のネット環境および端末によりご利用いただけない場合がございます。ご理解，ご了承いただきますよう，お願いいたします。

解答 p.1

確認のワーク ステージ 1 ▶Unit 0 My Spring Vacation 　読 聞 書 話

教科書の 要点 　過去進行形の文 🎵 a01

現在進行形の文 People are looking at the tyrannosaurus.
〈be 動詞＋動詞の ing 形〉

人々はティラノサウルスを見ています。

過去進行形の文 People were looking at the tyrannosaurus.
be 動詞を過去形にする

人々はティラノサウルスを見ていました。

要点
● 過去のある時点で「〜していました」と言うときは，〈was[were]＋動詞の ing 形〉で表す。この形を過去進行形という。

プラス 疑問文は was[were] を主語の前に置く。否定文は was[were] のあとに not を置く。

疑問文 Were people looking at the tyrannosaurus?
　　— Yes, they were. / No, they were not[weren't].

否定文 People were not[weren't] looking at the tyrannosaurus.

Words チェック　次の英語は日本語に，日本語は英語になおしなさい。
□(1) arrive at 〜　（　　　　　　　　）　□(2) plant　（　　　　　　　　）
□(3) （今から）〜前に　＿＿＿＿＿＿＿　□(4) find の過去形　＿＿＿＿＿＿＿

1 絵を見て例にならい，「〜はそのとき…していました」という文を書きなさい。

例 Yuki / make a cake 　(1) I / study math 　(2) Ken / swim 　(3) they / run

例 Yuki was making a cake then.
(1) I ＿＿＿＿＿＿＿ ＿＿＿＿＿＿＿ math then.
(2) Ken ＿＿＿＿＿＿＿＿＿ then.
(3) ＿＿＿＿＿＿＿＿＿＿＿ then.

ここが ポイント
「〜していた」の文
〈was[were] ＋ 動詞の ing 形〉の形で表す。

2 次の文を（　）内の指示にしたがって書きかえるとき，＿＿＿に適する語を書きなさい。

(1) Lisa was cooking dinner.（疑問文にして，Yes で答える）
＿＿＿＿＿＿＿ Lisa ＿＿＿＿＿＿＿ dinner?
— Yes, she ＿＿＿＿＿＿＿ .

(2) We were playing the video game.（否定文に）
We ＿＿＿＿＿＿＿ ＿＿＿＿＿＿＿ the video game.

思い出そう
短縮形
is not → isn't
are not → aren't
was not → wasn't
were not → weren't

 look at 〜：〜を見る　a lot of 〜：たくさんの〜

解答 p.1

確認のワーク　ステージ1　**Unit 0** My Spring Vacation

読聞書話

教科書の 要点 There is[are] 〜. の文　♪a02

There are many good restaurants in Fukui.　福井には多くのよいレストランがあります。

「〜がある」　be 動詞はあとの名詞に合わせる　複数の主語

要点

●「〜があります[います]」と言うときは，There is[are] 〜. で表す。「〜」の名詞が文の主語。
● be 動詞はあとに続く名詞が単数なら is，複数なら are にする。過去の文では was，were を使う。
● there is の短縮形は there's。

プラス 疑問文は is[are] を there の前に置いて作る。答えるときも there を使う。否定文は is[are] のあとに not を置く。There is[are] no 〜. は「〜が1つもない[少しもない]」という意味になる。

疑問文 Are there many good restaurants in Fukui? — Yes, there are. / No, there are not[aren't].

否定文 There are not[aren't] many good restaurants in Fukui.

1 絵を見て例にならい，「〜に…があります[います]」という文を書きなさい。

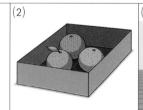

例　There is a pen on the desk.

(1) ＿＿＿＿＿＿＿＿＿＿＿＿＿＿＿＿＿ on the bed.

(2) ＿＿＿＿＿＿＿＿＿＿＿＿＿＿＿＿ in the box.

(3) ＿＿＿＿＿＿＿＿＿＿＿＿＿＿＿＿＿＿

思い出そう

場所を表す前置詞
in 〜 「〜の中に」
on 〜 「〜の上に」
under 〜 「〜の下に」
by 〜 「〜のそばに」
near 〜 「〜の近くに」

よく出る 2 次の文を( )内の指示にしたがって書きかえるとき，＿＿に適する語を書きなさい。

(1) There is a student in the room. （下線部を five にかえて）

There ＿＿＿＿＿＿ five ＿＿＿＿＿＿ in the room.

(2) There is a cat on the chair. （過去の文に）

There ＿＿＿＿＿＿ a cat on the chair.

(3) There are some pens on the desk. （疑問文に）

＿＿＿＿＿＿ ＿＿＿＿＿＿ ＿＿＿＿＿＿ pens on the desk?

(4) There is a big park in our town. （否定文に）

There ＿＿＿＿＿＿ a big park in our town.

ミス注意

(3)「いくつかの，いくらかの」
ふつう疑問文や否定文ではany を使う。

ステージ 1 ▶**Unit 1** A Trip to Singapore ①

教科書の 要点 be going to ～の文 ♪ a03

肯定文 I **am going to** visit Singapore next week.　私は来週シンガポールを
　　　　　　　　　└ 動詞の原形 ┘　　　　　　　　　　　　　訪れるつもりです。

疑問文 **Are** you 〔　〕 **going to** visit Singapore next week?
　　　　　　└─ 主語の前に be 動詞 ┘　　　　　　あなたは来週シンガポールを訪れるつもりですか。
　　　　― Yes, I **am**. / No, I **am not**.　　　― はい，そのつもりです。／
　　　　　　　　└ be 動詞を使う ┘　短縮形は I'm not.　　いいえ，そうではありません。

要点
● 「～するつもりです」など，あらかじめ決まっていた予定や未来のことを言うときは，〈主語＋ be 動詞＋ going to ＋動詞の原形 ～.〉で表す。be 動詞は主語によって使い分ける。
● 疑問文は主語の前に be 動詞を置く。答えるときも be 動詞を使う。
プラス 否定文は be 動詞のあとに not を置く。　例 I am not going to visit Singapore next week.

Words チェック 次の英語は日本語に，日本語は英語になおしなさい。

□(1) holiday 　（　　　　　　） 　□(2) experience(動詞)　（　　　　　　）
□(3) husband 　（　　　　　　） 　□(4) おじ，おじさん 　＿＿＿＿＿＿
□(5) 妻 　＿＿＿＿＿＿ 　□(6) 外国に，海外に 　＿＿＿＿＿＿

1 絵を見て例にならい，「～は…するつもりです」という文を書きなさい。

例 Mike / cook dinner　(1) I / read a book　(2) Aya / go to bed early　(3) they / watch TV

例 Mike is going to cook dinner.
(1) I ＿＿＿＿＿＿ ＿＿＿＿＿＿ to read a book.
(2) Aya ＿＿＿＿＿＿＿＿＿＿＿＿ .
(3) ＿＿＿＿＿＿＿＿＿＿＿＿

ミス注意
be 動詞の使い分け
・I → am
I, you以外の単数 → is
youと複数 → are

2 次の英文を日本語になおしなさい。

(1) I'm going to visit a museum next week.
　私は来週，（　　　　　　　　　　　　　　　）。

(2) We are going to climb the mountain tomorrow.
　私たちは明日，（　　　　　　　　　　　　　　　）。

ここがポイント
〈be 動詞＋ going to ＋動詞の原形〉は「～するつもりです」という意味。

 golden は [góuldən]，abroad は [əbrɔ́ːd] と発音するよ。

3 次の文を（　）内の指示にしたがって書きかえるとき，＿＿に適する語を書きなさい。

(1) Hiro practices soccer. （tomorrow を加えて）

Hiro is ＿＿＿＿＿＿ to ＿＿＿＿＿＿ soccer tomorrow.

(2) They are going to watch the game. （否定文に）

They ＿＿＿＿＿＿ ＿＿＿＿＿＿ to watch the game.

(3) Emi is going to go to the park. （疑問文にして，No で答える）

＿＿＿＿＿＿ Emi ＿＿＿＿＿＿ to go to the park?

— No, she ＿＿＿＿＿＿.

4 〔　〕内の語句を並べかえて，日本文に合う英文を書きなさい。

(1) マイクは明日，このコンピュータを使うつもりです。

Mike is 〔 computer / to / going / tomorrow / this / use 〕.

Mike is ＿＿＿＿＿＿＿＿＿＿＿.

(2) あなたは来月，出発するつもりですか。

〔 leave / you / next / are / going / to 〕 month?

＿＿＿＿＿＿＿＿＿＿＿ month?

(3) 私はその本を読むつもりはありません。

〔 the book / going / I'm / read / not / to 〕.

＿＿＿＿＿＿＿＿＿＿＿

UP (4) あなたは明日，何をするつもりですか。

〔 going / are / what / you / do / tomorrow / to 〕?

5 次の日本文に合うように，＿＿に適する語を書きなさい。

(1) あのね，何だと思う？ ＿＿＿＿＿＿＿＿＿＿＿?

(2) アンは私たちを案内してくれました。

Ann ＿＿＿＿＿＿ us ＿＿＿＿＿＿.

(3) 私は今，おばのところに泊まっています。

I'm ＿＿＿＿＿＿ ＿＿＿＿＿＿ my aunt now.

WRITING Plus

あなたのゴールデンウィークの予定について，be going to 〜を使い，次の(1)，(2)を伝える文を英語で書きなさい。

(1) ゴールデンウィークの間にあなたが行く[訪れる]つもりの場所

(2) あなたがそこでするつもりのこと

the "Golden Week" holidays：ゴールデンウィーク

Unit 1

解答 p.2

確認のワーク ステージ1 Unit 1 A Trip to Singapore ②

読 聞 書 話

教科書の要点 助動詞 will

a04

I will make a reservation. 私が予約をしましょう。

will：「〜するつもりです」 make：動詞の原形

要点

- 「〜するつもりです」という意志や，「〜でしょう」という未来の予測は，助動詞 will を使い，〈will ＋動詞の原形〉で表す。
- 疑問文は〈Will ＋主語＋動詞の原形 〜?〉で表す。答えるときも will を使い，〈Yes, 主語＋ will.〉や〈No, 主語＋ will not.〉で表す。will not の短縮形は won't。
- 否定文は〈主語＋ will not[won't] ＋動詞の原形 〜.〉で表す。（→ p.52）

プラス will は自然のなりゆきで起こることも表す。
例 I will be fourteen next month. 私は来月14歳になります。

Wordsチェック 次の英語は日本語に，日本語は英語になおしなさい。

□(1) seafood （　　　　　）　□(2) reservation （　　　　　）
□(3) 遠くに[へ] ＿＿＿＿＿　□(4) I will の短縮形 ＿＿＿＿＿

1 絵を見て例にならい，「私は明日，〜するつもりです」という文を書きなさい。

例
get up at six

(1)
go to the library
(2)
clean my room
(3)
practice the piano

例 I will get up at six tomorrow.
(1) I ＿＿＿＿ ＿＿＿＿ to the library tomorrow.
(2) I ＿＿＿＿＿＿＿＿＿＿ tomorrow.
(3) ＿＿＿＿＿＿＿＿＿＿＿＿＿＿

ここがポイント
「〜するつもりです」
〈will ＋動詞の原形〉で表す。

2 次の（　）内から適する語句を選び，○で囲みなさい。

(1) I (am / will / going) talk to her about it.
(2) Ken will (come / comes / coming) before five.
(3) It will (am / is / be) rainy tomorrow.
(4) (I'm / You're / You'll) get well soon.
(5) I'm (will / going / going to) meet Bob next Sunday.

wait：待つ　today：今日(は)，現在(では)

まるごと暗記
短縮形
I will → I'll
you will → you'll

表現メモ
- be going to 〜
  前から決めていた予定。
- will
  その場で決めた意志や未来の予測。

❸ 次の文を（　）内の指示にしたがって書きかえるとき，＿＿に適す
る語を書きなさい。

(1) Ai is six years old <u>now</u>.（下線部を next month にかえて）

Ai ＿＿＿＿＿＿＿＿＿＿＿ six years old next month.

(2) Tom will visit Okinawa next week.

（疑問文にして，Yes で答える）

＿＿＿＿＿＿＿ ＿＿＿＿＿＿＿ visit Okinawa next week?

— Yes, he ＿＿＿＿＿＿.

(3) They will play soccer next Sunday.（否定文に）

They ＿＿＿＿＿＿ ＿＿＿＿＿＿ play soccer next

Sunday.

ここが ポイント

will の疑問文・否定文

●疑問文
〈Will ＋主語＋動詞の
原形 ～?〉の形。答え
るときも will を使う。

●否定文
will のあとに not。

❹ 〔　〕内の語句を並べかえて，日本文に合う英文を書きなさい。

(1) 私たちは駅までバスに乗ります。

〔 a bus / we / to / will / take 〕 the station.

＿＿＿＿＿＿＿＿＿＿＿＿＿＿＿＿＿＿＿ the station.

(2) メグは夕食を食べないでしょう。

〔 not / Meg / dinner / will / eat 〕.

＿＿＿＿＿＿＿＿＿＿＿＿＿＿＿＿＿＿＿.

(3) あなたは来週，動物園に行くつもりですか。

〔 you / will / to / next / go / the zoo 〕 week?

＿＿＿＿＿＿＿＿＿＿＿＿＿＿＿＿＿ week?

ことばメモ

(1) take には「（乗り物な
ど）に乗る，～を利用す
る」という意味がある。

❺ 次の日本文に合うように，＿＿に適する語を書きなさい。

(1) スタジアムはここから遠いです。

The stadium is ＿＿＿＿＿ from ＿＿＿＿＿.

(2) トムが私のために予約してくれました。

Tom ＿＿＿＿＿ a ＿＿＿＿＿ for me.

表現メモ

● far from ～
「～から遠い」

● make a reservation
「予約する」

❻ （　）内の日本語を参考にして，＿＿に適する語を書き
なさい。

(1) I'll ＿＿＿＿＿ ＿＿＿＿＿ home today.（家にいる）

(2) I'll ＿＿＿＿＿ ＿＿＿＿＿ homework today.

（宿題をする）

(3) I'll ＿＿＿＿＿ ＿＿＿＿＿ today.（買い物に行く）

(4) I'll ＿＿＿＿＿ ＿＿＿＿＿ ＿＿＿＿＿ my club

activity.（部活動に出る）

まるごと 暗記

● stay at home
「家にいる」

● do my homework
「宿題をする」

● go shopping
「買い物に行く」

● take part in my club
activity「部活動に出
る」

 Unit 1　A Trip to Singapore ③

解答 ▶ p.3

教科書の 要点　〈動詞＋人＋もの〉の文 / 〈call ＋ A ＋ B〉の文 ♪ a05

I will　show　you　the Merlion.　　　私はあなたにマーライオンを見せましょう。
　　　　　動詞　　人　　　もの

要点 1

● 「(人)に(もの)を〜する」と言うときは，〈動詞＋人＋もの〉で表す。

● この形をとることができる動詞には，show(見せる)，give(与える)，teach(教える)，buy(買う)，make(作る)などがある。

● 「人」に代名詞がくるときは，me，him，her などの「〜を，〜に」の形にする。

プラス 〈動詞＋人＋もの〉は〈動詞＋もの＋ to[for] ＋人〉で表すこともできる。

① to を用いる動詞：show, give, teach など　② for を用いる動詞：buy, make など

例 I showed　him　a book.　　　　　例 I bought　him　a watch.
　 I showed a book to him.　　　　　　 I bought a watch for him.

People　call　it　the Singapore Flyer.　　　人々はそれをシンガポールフライヤーと呼びます。
　　　　 動詞　A(人・もの)　B(名前)　A＝Bの関係

要点 2

● 「A(人・もの)を B(名前)と呼ぶ」は，〈call ＋ A ＋ B〉で表す。

● 「A」に代名詞がくるときは，me，him，her などの「〜を，〜に」の形にする。

Wordsチェック　次の英語は日本語に，日本語は英語になおしなさい。

□(1)　culture　　　　　（　　　　　　）　　□(2)　scary　　　　　（　　　　　　）

□(3)　高さが〜ある　　_____　　　　　□(4)　ride の過去形　_____

---

1 〔　〕内の語句を並べかえて，日本文に合う英文を書きなさい。

(1)　私はエリにかばんをあげました。　〔 gave / I / a bag / Eri 〕.

_____

(2)　私はあなたにラケットを買ってあげましょう。

〔 a racket / I / buy / will / you 〕.

_____

(3)　私の姉は私をケンと呼びます。

〔 calls / Ken / my sister / me 〕.

_____

(4)　彼らは彼らのネコをタマと呼びます。

〔 their cat / they / Tama / call 〕.

_____

ここがポイント

(1)(2)「(人)に(もの)を〜する」
〈動詞＋人＋もの〉で表す。

ここがポイント

(3)(4)「AをBと呼ぶ」
〈call ＋A＋B〉で表す。

2 次の英文は朝美が，動画の撮影をしながら話した内容です。これを読んで，あとの問いに答えなさい。

Hi, Josh. Look. We're now in Merlion Park. I'll （ ① ） you the Merlion. It's a symbol of Singapore. "Mer" means "sea." The Merlion has the body of a fish and the head of a lion. ②It's 8.6 meters tall, and it weighs 70 tons. A lot of people are taking pictures of it. There are some gift shops near the park. ③[for / bought / everyone / some / I / gifts]. I'll give you these Merlion cookies, Josh.

(1) ①の（ ）に適する語を下から選び，記号で答えなさい。

ア see　　イ show　　ウ watch　　　　（　　）

(2) 下線部②の英文を日本語になおしなさい。

（　　　　　　　　　　　　　　　　　　　　　　　　　　　）

UP (3) 下線部③の〔 〕内の語を並べかえて，意味の通る英文にしなさい。

(4) 次の文が本文の内容と合っていれば〇，異なっていれば×を（ ）に書きなさい。

１．朝美はお土産屋さんの中で撮影をしている。　　（　　）

２．マーライオンはライオンの体を持っている。　　（　　）

３．朝美はジョシュにクッキーをあげるつもりだ。　（　　）

3 次の文を（ ）内の指示にしたがって書きかえるとき，＿＿に適する語を書きなさい。

(1) Mr. Sato teaches us math. （ほぼ同じ内容の文に）

Mr. Sato teaches math ＿＿＿＿＿＿＿＿＿＿＿．

(2) My father made me lunch. （ほぼ同じ内容の文に）

My father made lunch ＿＿＿＿＿＿＿＿＿＿＿．

(3) We call this flower *sakura*. （下線部を問う疑問文に）

＿＿＿＿＿＿＿ do you ＿＿＿＿＿＿＿ this flower?

4 次の日本文に合うように，＿＿に適する語を書きなさい。

(1) 私は今日，買い物に行くつもりです。

I'm going to ＿＿＿＿＿＿＿＿＿＿ today.

(2) バスは私たちを3,000メートルの高さまで連れていきました。

The bus ＿＿＿＿＿ us up ＿＿＿＿＿ 3,000 meters.

(3) 私はリサと日本語で意思の疎通をしました。

I ＿＿＿＿＿＿＿＿＿ Lisa in Japanese.

表現メモ

(2)
● ~ meter(s) tall 「高さが~メートルある」
● weigh ~ 「~の重さがある」

ミス注意

(3)「私はみんなにいくつかの贈り物を買いました」という意味の文。前置詞のforがあることに注意。。

ここがポイント

〈動詞＋人＋もの〉
→〈動詞＋もの＋to[for]＋人〉
● toを用いる動詞 show, give, tell, teachなど。
● forを用いる動詞 buy, makeなど。

まるごと暗記

●「買い物に行く」 go shopping
●「~を…に連れていく」 take ~ to …
●「~と意思の疎通をする」 communicate with ~

Unit 1

解答 ▶ p.3

確認のワーク ステージ **1** 〔Let's Talk **1**〕ホテルでのトラブル— 苦情を言う・謝る — 読聞書話

📖 **教科書の** 要点　苦情を言う表現，謝罪の表現 🎵 a06

I have a problem with my room.　　私の部屋に問題があります。
「～に問題があります」

The air conditioner doesn't work.　エアコンが故障しています。
「～が故障しています」

I apologize for the trouble.　　問題をおわびいたします。
「～をおわびいたします」

要点

●苦情を言うときの表現
□ I have a problem with ～.　　～に問題があります。
□ ～ don't[doesn't] work.　　（機械など）が故障しています[動きません]。
□ ～ is[are] too noisy. ～がとてもうるさいです。　□ There is[are] no ～. ～がありません。

●謝るときの表現
□ I apologize for ～.　　　　　～をおわびいたします。
□ We regret the inconvenience.　ご不便をおかけして申し訳ございません。
□ Please forgive the delay.　　お待たせして申し訳ございません。

●依頼するときの表現
□ Can you ～?　　～してもらえますか。　□ Could you ～?　　～してくださいませんか。
□ Could I have ～?　　～をいただけますか。

Words チェック　次の英語は日本語に，日本語は英語になおしなさい。

□(1)　trouble　　　（　　　　　）　　□(2)　apologize　　（　　　　　）
□(3)　certainly　　（　　　　　）　　□(4)　right away　（　　　　　）
□(5)　客，泊まり客　_____　　　　□(6)　店員，フロント係　_____
□(7)　we will の短縮形　_____　　　□(8)　となりの部屋の（2語）_____

1 次の日本文に合うように，＿＿＿に適する語を書きなさい。

(1)　トイレに問題があります。　　　　　　　　　トイレ：restroom
　　　I have a ＿＿＿＿＿＿＿ ＿＿＿＿＿＿＿ the restroom.

(2)　私の部屋の電灯が故障しています。
　　　The lights in my room don't ＿＿＿＿＿＿＿.

(3)　お待たせしたことをおわびいたします。
　　　I ＿＿＿＿＿＿＿ ＿＿＿＿＿＿＿ the delay.　　delay：遅延

(4)　となりの部屋の人々がうるさいです。
　　　The people next ＿＿＿＿＿＿＿ are too ＿＿＿＿＿＿＿.

ここが ポイント
(1)(2)苦情を伝える表現
●「～に問題があります」
I have a problem
with ～.
●「～が故障しています」
～ don't[doesn't] work.

📖 check：～を調べる［チェックする］　　Excuse me.：すみません。［失礼ですが。］

2 次のホテルでの対話文を読んで，あとの問いに答えなさい。

Guest: Excuse me. ①手伝ってもらえますか。 I have some
problems with my room.

Clerk: What are ②the problems?

Guest: The shower doesn't work. And the air conditioner is
too noisy. ③〔 take / could / them / care / you / of 〕?

Clerk: Certainly.

(1) 下線部①を下のように英語で表すとき，＿＿に適する語を書き
なさい。

Can ＿＿＿＿＿＿＿＿ ＿＿＿＿＿＿＿＿ me?

(2) 下線部②について，宿泊客が説明していることを2つ日本語で
書きなさい。

( )

( )

(3) 下線部③が「それらに対応してくださいませんか」という意味
になるように，〔 〕内の語を並べかえなさい。

ここが ポイント

依頼する表現

● 「～してもらえますか」
Can you ～?

● 「～してくださいませ
んか」
Could you ～?

● 「～をいただけますか」
Could I have ～?

3 〔 〕内の語句を並べかえて，日本文に合う英文を書きなさい。

(1) ご不便をおかけしたことをおわびいたします。

〔 apologize / I / the inconvenience / for 〕.

(2) 私たちの部屋にカップが1つもありません。

〔 no / in / are / cups / there 〕 our room.

＿＿＿＿＿＿＿＿＿＿＿＿＿＿＿＿＿ our room.

(3) タオルをもう1枚いただけますか。

〔 towel / could / another / I / have 〕?

(4) すぐに調べてもらえますか。

〔 it / can / away / check / you / right 〕?

思い出そう

There is[are] ～.
「～があります[いま
す]」という意味。There
is[are] no ～.は「～が
1つも[少しも]ない」
という意味になる。

4 次のようなとき，英語でどのように言うか書きなさい。

(1) 自分のベッドに問題があることを伝えるとき。

(2) 自分の部屋のテレビが故障していることを伝えるとき。

がんばろう！

Grammar for Communication 1 ５つの文構造

解答　p.4

読聞書話

まとめ

① ５つの文構造

● 英語の文は，主に以下の４つの働きをする語句で組み立てられている。

働き	記号	説明
主語	S	文のはじめに置かれて「～は[が]」の意味を表す語句。
動詞	V	go，play，know，be 動詞などの動作や状態を表す語。
目的語	O	動詞の動作の対象を表す語句。「～を」「～に」と訳すことが多い。
補語	C	主語や目的語の状態や様子について説明をする語句。

● 英語の文は，動詞の種類により文の形が決まる。

● 文の形は動詞のあとに続く語句によって，５つの文構造に分類できる。

① SV の文…主語と動詞のみでできている文。

Many people　came　to the party.　　たくさんの人々がパーティーに来ました。
　　S　　　　　　V　　修飾語

② SVC の文…補語が主語の説明をしている文。主語＝補語の関係。

John　is　a student.　　ジョンは生徒です。（ジョン＝生徒）
　S　　V　　C　S＝Cの関係

③ SVO の文…目的語が１つある文。

I　bought　a new bike.　　私は新しい自転車を買いました。（私≠自転車）
S　　V　　O　S≠Oの関係

④ SVOO の文…目的語が２つある文。

I　will give　you　my car.　　私はあなたに私の車をあげましょう。
S　　V　　O　　O　O≠Oの関係　　　　　（あなた≠車）

⑤ SVOC の文…補語が目的語の説明をしている文。目的語＝補語の関係。

They　call　me　Ken.　　彼らは私をケンと呼びます。（私＝ケン）
　S　　V　　O　　C　O＝Cの関係

練習

1 次の文がどの文構造に当たるか，下から選び，記号で答えなさい。

(1) The door opened.　　　　　　　　　　（　　　）

(2) My father was a soccer player.　　　（　　　）

(3) Hana wants a dog.　　　　　　　　　（　　　）

(4) Tom ate some sandwiches.　　　　　（　　　）

(5) The singer became famous.　　　　　（　　　）

(6) My dog is by the tree.　　　　　　　（　　　）

ア SV　　イ SVC　　ウ SVO

主語と動詞のあとにある語句の関係に注目しよう。

2 下線部①，②の語句が，O（目的語），C（補語）のどちらに当たるか書きなさい。

(1) She bought ①me ②a bag.　　　　　　　　① (　　) ② (　　)

(2) My parents called ①the woman ②Aya.　　① (　　) ② (　　)

(3) Mike showed ①us ②a picture of his friends.　① (　　) ② (　　)

(4) We call ①this fruit ②a banana.　　　　　① (　　) ② (　　)

3 次の英文を日本語になおしなさい。

(1) The house looked very old.

(　　　　　　　　　　　　　　　　　　　　　　　　　　　　　)

(2) My aunt usually calls me Taro.　　Taro：タロウ（人名）

(　　　　　　　　　　　　　　　　　　　　　　　　　　　　　)

(3) The teacher teaches us science and math.

(　　　　　　　　　　　　　　　　　　　　　　　　　　　　　)

4 次の文を（　）内の指示にしたがって書きかえるとき，＿＿に適する語を書きなさい。

(1) My sister was a junior high school student.　（「～になった」という文に）

My sister ＿＿＿＿＿＿＿＿ a junior high school student.

(2) Eri runs fast.　（ほぼ同じ内容の文に）

Eri ＿＿＿＿＿＿＿＿ a fast ＿＿＿＿＿＿＿＿.

(3) There is a stadium in our town.　（ほぼ同じ内容の文に）

We ＿＿＿＿＿＿＿＿ a stadium in our town.

(4) My cousin gave me a bat.　（ほぼ同じ内容の文に）

My cousin gave a bat ＿＿＿＿＿＿＿＿ ＿＿＿＿＿＿＿＿.

文の形を
意識して！

5 〔　〕内の語句を並べかえて，日本文に合う英文を書きなさい。

(1) 伊藤先生はタクにおもしろいことを話しました。

〔 thing / Taku / an interesting / told / Ms. Ito 〕.

＿＿＿＿＿＿＿＿＿＿＿＿＿＿＿＿＿＿＿＿＿＿＿＿＿＿＿＿

(2) 彼女のクラスメイトは彼女をケイと呼びます。

〔 call / Kei / her / her classmates 〕.

＿＿＿＿＿＿＿＿＿＿＿＿＿＿＿＿＿＿＿＿＿＿＿＿＿＿＿＿

(3) 兄は私に机を作ってくれました。

〔 a desk / my brother / me / for / made 〕.

＿＿＿＿＿＿＿＿＿＿＿＿＿＿＿＿＿＿＿＿＿＿＿＿＿＿＿＿

(4) あなたたちはこの食べ物を何と呼びますか。

〔 do / call / this / what / food / you 〕?

＿＿＿＿＿＿＿＿＿＿＿＿＿＿＿＿＿＿＿＿＿＿＿＿＿＿＿＿

定着のワーク ステージ **2** ▶ Unit 0 〜 ▶ Grammar for Communication 1 　読聞書話

解答 p.4

1 LISTENING　対話と質問を聞いて，答えとして適切な絵を選び，記号で答えなさい。♪ l01

ア　イ　ウ　エ

（　　　）

2 次の文を（　）内の指示にしたがって書きかえるとき，＿＿＿に適する語を書きなさい。

(1) I cleaned my room.（過去進行形の文に）

I ＿＿＿＿＿＿＿ ＿＿＿＿＿＿＿ my room.

(2) We'll come back soon.（否定文に）

We ＿＿＿＿＿＿＿ ＿＿＿＿＿＿＿ back soon.

(3) There aren't any books in his room.（ほぼ同じ内容の文に）

There are ＿＿＿＿＿＿＿ books in his room.

(4) I showed my ticket to her.（ほぼ同じ内容の文に）

I showed ＿＿＿＿＿＿＿＿＿＿＿＿＿＿＿＿＿＿.

3 〔　〕内の語句を並べかえて，日本文に合う英文を書きなさい。

(1) トムはロンドンに住むつもりですか。

〔 London / Tom / in / to / is / live / going 〕?

＿＿＿＿＿＿＿＿＿＿＿＿＿＿＿＿＿＿＿＿＿＿＿＿

(2) 私はあなたにケーキを買いました。〔 you / bought / a cake / I 〕.

＿＿＿＿＿＿＿＿＿＿＿＿＿＿＿＿＿＿＿＿＿＿＿＿

(3) 私たちはこの動物を英語でライオンと呼びます。

〔 this / call / in / animal / we / a lion 〕 English.

＿＿＿＿＿＿＿＿＿＿＿＿＿＿＿＿＿ English.

4 次の日本文に合うように，＿＿＿に適する語を書きなさい。

(1) オーストラリアは日本から遠いです。

Australia is ＿＿＿＿＿＿＿＿＿＿＿＿＿＿＿ Japan.

(2) 私は彼を山まで連れていきました。

I ＿＿＿＿＿＿＿ him ＿＿＿＿＿＿＿ the mountain.

(3) 私は予約をするつもりです。

I'm going to ＿＿＿＿＿＿＿ a ＿＿＿＿＿＿＿.

重要ポイント

2 (2) We'll は We will の短縮形。

(3)「彼の部屋には1冊も本がありません」という意味。

(4)

テストに出る!

「(人)に(もの)を〜する」

show, give, buy, teach などは〈動詞＋人＋もの〉で表すことができる。

3 (1) be going to 〜の疑問文。

(2)〈動詞＋人＋もの〉の語順に。

(3)

得点力をUP

「AをBと呼ぶ」

〈call ＋ A ＋ B〉で表す。Aには「人・もの」が，Bにはその「名前」がくる。

4 (1)「日本から」という日本語に注目。

(2)「〜 を…に連れていく」は take 〜 to …。

(3)「予約」は reservation。

❺ 次の英文は，朝美がジョシュに送ったメールの一部です。これを読んで，あとの問いに答えなさい。

①あのね，何だと思う？　I'm going to visit
Singapore during the "Golden Week" holidays.
It's my first trip abroad. I'm so excited.
I'm going to stay with my aunt and her husband.
They're going to ②show me (　　　　).
How about you?

レベル UP (1)　下線部①の意味になるように，＿＿＿に適する語を書きなさい。

＿＿＿＿＿＿＿　＿＿＿＿＿＿＿ ?

(2)　下線部②が「私を案内する」という意味になるように，（　）に適する語を書きなさい。

(3)　次の文が本文の内容と合っていれば〇，異なっていれば×を（　）に書きなさい。

　１．朝美は海外旅行に行ったことがある。　　　　（　　　）

　２．朝美はおばのところに泊まる予定だ。　　　　（　　　）

　３．朝美はジョシュの休暇の予定を知っている。　（　　　）

(4)　本文の内容に合うように，次の質問に答える英文を完成させなさい。

　　Which country is Asami going to visit?

　　― She ＿＿＿＿＿＿＿＿＿＿＿＿＿＿＿ .

❻ 次の日本文を（　）内に示された語数の英語になおしなさい。

(1)　彼らはそのとき，テニスをしていました。（５語）

(2)　彼女は今日，買い物に行くでしょうか。（５語）
　　― はい，行くでしょう。（３語）

＿＿＿＿＿＿＿＿＿＿＿＿＿＿＿＿＿＿＿＿

＿＿＿

(3)　私はそれを買うつもりはありません。（６語）

(4)　私は彼にいくつかの贈り物をあげました。（６語）

(5)　あなたはあなたのお父さんを何と呼びますか。（６語）

重要ポイント

❺ (1)「～を推測する」という意味の語を使う。

(2)「案内する」＝「あちこち見せる」

(3)１．本文３行目参照。

　２．本文４行目参照。

　３．本文６行目参照。

　　How about you? とたずねている。

(4)

得点力をUP

疑問詞で始まる疑問文への答え方
①疑問文の主語を代名詞にする。
②肯定文の語順にする。
③答えとなる語句を続ける。

❻ (1)過去進行形の文。

(2) will の疑問文と答えの文。

(3) be going to ～の否定文。

(4)語数で〈人＋もの〉か〈もの＋ to ＋人〉か判断する。

(5) What で始め，あとは疑問文の語順に。

ちょっと BREAK　英語で「観覧車」は Ferris wheel です。では，「ジェットコースターは？」　➡答えは次のページ

実力判定テスト　ステージ **3**　**Unit 0 〜 Grammar for Communication 1**

解答　p.5

30分　/100　読聞書話

1 LISTENING　ジョンとアヤの対話を聞いて，下のジョンの休暇の予定についてのメモを完成させなさい。　l02　2点×3(6点)

> ジョンの休暇の予定
> ・ジョンは(1)(　　　　　　　　　　)といっしょにサイクリングに行く。
> ・ジョンは(2)(　　　　　　　　　　)に行って(3)(　　　　　　　　　　)に乗る。

2 次の日本文に合うように，＿＿に適する語を書きなさい。　3点×4(12点)

(1) 東京スカイツリーは高さが634メートルあります。

Tokyo Skytree is 634 ＿＿＿＿＿＿＿ ＿＿＿＿＿＿＿.

(2) 私は明日，あなたを案内することができます。

I can ＿＿＿＿＿＿＿ ＿＿＿＿＿＿＿ ＿＿＿＿＿＿＿ tomorrow.

(3) 昨夜，となりの家の人がとてもうるさかったです。

The people ＿＿＿＿＿＿＿ ＿＿＿＿＿＿＿ were very noisy last night.

(4) 問題をおわびいたします。

I ＿＿＿＿＿＿＿ ＿＿＿＿＿＿＿ your trouble.

3 次の各組の文がほぼ同じ内容になるように，＿＿に適する語を書きなさい。　3点×3(9点)

(1) { The name of this dog is Shiro.
　　 We ＿＿＿＿＿＿＿ this dog ＿＿＿＿＿＿＿.

(2) { Ms. Ito is our English teacher.
　　 Ms. Ito ＿＿＿＿＿＿＿ ＿＿＿＿＿＿＿ ＿＿＿＿＿＿＿.

(3) { I'm going to buy him a shirt.
　　 I'm going to buy a shirt ＿＿＿＿＿＿＿ ＿＿＿＿＿＿＿.

4 次の文を(　)内の指示にしたがって書きかえなさい。　3点×4(12点)

(1) Meg studies Japanese history. （be going to 〜 を使った未来の文に）

(2) He will be busy next week. （疑問文に）

(3) The train didn't run fast. （過去進行形の文に）

(4) There are <u>five</u> girls in the soccer team. （下線部をたずねる疑問文に）

目標	●未来を表す文を正しく使いましょう。 ●〈動詞＋人＋もの〉や〈call ＋ A ＋ B〉 などの文構造を理解しましょう。	自分の得点まで色をぬろう！

自分の得点まで色をぬろう！

😣 がんばろう！	😓 もう一歩	😊 合格！

0　　　　　　　　　　　　　60　　80　　100点

5 次の朝美たちの車内での対話文を読んで，あとの問いに答えなさい。　　　(計25点)

Asami: ①〔 to / are / do / we / what / going 〕today?

Uncle: First, we're going to visit Merlion Park.

Asami: Is the park far （　②　） here?

Uncle: No, it's not. You'll see the Merlion soon.

Asami: ③待ちきれません。

(1) 下線部①の〔　〕内の語を並べかえて，意味の通る英文にしなさい。　　　(5点)

　　　　　　　　　　　　　　　　　　　　　　　　　　　　　　　　　　today?

(2) ②の（　）に適する語を書きなさい。　　　(4点)

(3) 下線部③の意味になるように，＿＿＿に適する語を書きなさい。　　　(4点)

　　　　　　　　　　　　　　　　　　　　　　.

レベル
UP (4) 本文の内容に合うように，次の質問に英語で答えなさい。　　　6点× 2 (12点)

　　１．Where will Asami and her uncle go first?

　　２．Can Asami see the Merlion soon?

よく
出る **6** 次の日本文を（　）内に示された語数の英語になおしなさい。　　　6点× 4 (24点)

(1) タク(Taku)は私にキャンディーを１つくれました。（５語）

(2) 父は私に１冊の古い本を見せてくれました。（８語）

(3) あなたの町には動物園がありますか。（７語）— いいえ，ありません。（３語）

　　　　　　　　　　　　　　　　　　　　　　—

(4) 私は今日の午後，宿題をするつもりです。（６語）

7 次の質問に，あなた自身の答えを英語で書きなさい。　　　6点× 2 (12点)

(1) What are you going to do next Sunday?

(2) What do your friends call you?

定期テスト対策　予想問題　第1回 p.114 ～ 115

解答　p.6

Unit 2 Food Travels around the World ① 読聞書話

教科書の 要点 接続詞 when ♪ a07

When I watch TV, I see many interesting dishes.
　「〜(の)ときに」　　コンマで区切る

私はテレビを見るとき，たくさんの興味深い料理を見ます。

= I see many interesting dishes **when** I watch TV.

要点
- 単語と単語や，文と文をつなぐ働きをする言葉を接続詞という。
- 接続詞の when は「〜(の)ときに」という時を表す意味のまとまりを作り，文をくわしくする。
- when のまとまりは，文の前半にも後半にも置ける。前半に置くときはコンマ(,)で区切る。

プラス when のまとまりの中では，未来のことがらも現在形で表す。
　　　例 Tell me when he comes.　彼が来たら，私に教えてください。

Wordsチェック 次の英語は日本語に，日本語は英語になおしなさい。

□(1) even 　　　（　　　　　　　　）　　□(2) recipe 　　　（　　　　　　　　）

□(3) 〜を耳にする 　　　　　　　　　　　□(4) 変わる，変化する

□(5) 種類 　　　　　　　　　　　　　　　□(6) hear の過去形

1 例にならい，次の２つの文を when を使って１つの文にし，できた文を日本語になおしなさい。

例 I'm free. I read books. → When I'm free, I read books.
　私はひまなとき，本を読みます。

(1) She got up. It was sunny.

　_____, it was sunny.

　（　　　　　　　　　　　　　　　　　　　　）

(2) He was a child. He lived in the U.K.

　_____, he lived in the U.K.

　（　　　　　　　　　　　　　　　　　　　　）

(3) I eat chocolate. I'm tired.

　I eat chocolate _____.

　（　　　　　　　　　　　　　　　　　　　　）

ここが ポイント

接続詞when
when は「〜(の)ときに」と時を表す接続詞。
when 〜のまとまりは文の前半にも後半にも置くことができる。

when をどこに置くかな。

2 次の日本文に合うように，＿＿に適する語を書きなさい。

(1) あなたは多くの種類の動物を見ることができます。
　You can see many _____ animals.

(2) 私はよくあなたの友達について聞きます。
　I often _____ your friend.

 hear は [híər]，heard は [hə́ːrd] と発音するよ。

表現メモ
- 「〜種類の…」
　〜 kind(s) of …
- 「〜について聞く」
　hear of [about] 〜

解答 p.6

ステージ 1 **Unit 2** Food Travels around the World ② 読聞書話

Unit 2

教科書の 要点　接続詞 if　♪a08

If you have time, we can go.　　　もし時間があれば，私たちは行くことができます。

「(もし)〜ならば」　コンマで区切る

= We can go if you have time.

要点

● 接続詞の if は「(もし)〜ならば」と条件を表す意味のまとまりを作る。
● if のまとまりは，文の前半にも後半にも置ける。前半に置くときはコンマ(,)で区切る。
プラス when と同様に，if 〜のまとまりの中では，未来のことがらも現在形で表す。
例 If it is sunny tomorrow, I will play tennis.　もし明日晴れたら，私はテニスをします。

Words チェック 次の英語は日本語に，日本語は英語になおしなさい。

□(1) India　　　　　　（　　　　　　　）　□(2) originally　　　　　（　　　　　　　）

□(3) 外国，国外　　o＿＿＿＿＿＿　　　　□(4) いつか，そのうち ＿＿＿＿＿＿＿

1 例にならい，次の2つの文を if を使って1つの文にし，できた
文を日本語になおしなさい。

例 I have time.　I'll go shopping.

　→ If I have time, I'll go shopping.

　もし時間があれば，私は買い物に行くでしょう。

(1) You have a fever.　I can help you.

　＿＿＿＿＿＿＿＿＿＿＿＿＿＿＿＿＿, I can help you.

　（　　　　　　　　　　　　　　　　　　）

(2) I won't be busy.　I'll visit the museum.

　＿＿＿＿＿＿＿＿＿＿＿＿＿＿＿, I'll visit the museum.

　（　　　　　　　　　　　　　　　　　　）

(3) She will be happy.　He will come tomorrow.

　She will be happy ＿＿＿＿＿＿＿＿＿＿＿＿＿.

　（　　　　　　　　　　　　　　　　　　）

ここがポイント

接続詞 if
if は「(もし)〜ならば」
と条件を表す接続詞。if
〜のまとまりは文の前半
にも後半にも置くことが
できる。

ミス注意

if 〜のまとまりの中で
は，未来のことがらも現
在形で表す。

2 次の日本文に合うように，　　に適する語を書きなさい。

(1) メグは日本の文化に興味があります。

　Meg is ＿＿＿＿＿＿ ＿＿＿＿＿＿ Japanese culture.

(2) ジョシュはバスケットボールがじょうずでしょう。

　You ＿＿＿＿＿＿, Josh plays basketball well.

表現メモ

●「〜に興味がある」
　be interested in 〜
●「ねえ」「〜でしょう」
　you know

解答　p.7

確認のワーク **ステージ1** **Unit 2** Food Travels around the World ③ 読聞書話

教科書の 要点 接続詞 that ♪ a09

Curry came to Japan from India.　カレーはインドから日本に来ました。

↓

I　think　(that) curry came to Japan from India.　私はカレーはインドから日本に来たと思います。

主語　　動詞　「〜ということ」。省略できる　　that 〜が think の目的語

要点

● 接続詞の that は「〜ということ」という意味でまとまりを作り，動詞の目的語になる。

● think that 〜で「〜と思う」という意味を表す。〈動詞＋that 〜〉の形をとる動詞には次のようなものがある。

　□ know that 〜　〜だと知っている　　□ hope that 〜　〜ということを望む

　□ say that 〜　　〜と言う　　　　　　□ hear that 〜　〜ということを耳にする

プラス 文の動詞が過去形のとき，ふつう that のまとまりの中の動詞も過去形になる。

　　例 I thought (that) she lived there.　私は彼女がそこに住んでいると思いました。

Wordsチェック 次の英語は日本語に，日本語は英語になおしなさい。

□(1) thick　（　　　　　　　）　　□(2) produce　（　　　　　　　）

□(3) chef　（　　　　　　　）　　□(4) 世紀，100年　＿＿＿＿＿＿

□(5) 販売　＿＿＿＿＿＿　　　　　□(6) 会社　＿＿＿＿＿＿

1 例にならい，「私は〜と思います」という文を書きなさい。

例 Meg is kind. → I think that Meg is kind.

(1) This movie is exciting.

＿＿＿＿＿＿＿＿＿＿＿＿＿＿＿＿

(2) Aya plays the piano.

＿＿＿＿＿＿＿＿＿＿＿＿＿＿＿＿

(3) Hiro will be a good tennis player.

＿＿＿＿＿＿＿＿＿＿＿＿＿＿＿＿

ここが ポイント

「〜と思う」の文
〈主語＋ think (that) 〜.〉
で表す。that は省略できる。

2 次の英文の下線部を日本語になおしなさい。

(1) He knows that you practice hard.

　彼は（　　　　　　　　　　　　　）と知っています。

(2) I hope that it will be sunny tomorrow.

　私は（　　　　　　　　　　　　　）とよいと思います。

まるごと 暗記

〈動詞＋ that 〜〉
● know that 〜
　（〜だと知っている）
● hope that 〜
　（〜ということを望む）
● say that 〜
　（〜と言う）
● hear that 〜　（〜ということを耳にする）

easy：やさしい，簡単な　　difficult：難しい，困難な

3 次の英文は料理の文化に関する本の一部です。これを読んで，あとの問いに答えなさい。

①Many people think curry came to Japan directly from India. But do you know that it really came from the U.K.?

In the 18th century, special curry spices came to the U.K. from India, and curry became popular. Later, a British company produced curry powder for sale. ②The cooking of curry became easy.

 Unit 2

(1) 下線部①の英文を日本語になおしなさい。

(　　　　　　　　　　　　　　　　　　)

レベルUP (2) 下線部②の理由は何ですか。具体的に日本語で答えなさい。

(　　　　　　　　　　　　　　　　　　)

 よく出る (3) 本文の内容に合うように，次の質問に4語以内の英語で答えなさい。

1. Did curry come to Japan from the U.K.?

_____

2. When did curry become popular in the U.K.?

_____

表現メモ

● come from ～
「～出身である，～から来ている」
● for sale
「売り物の」

よく出る **4** 〔　〕内の語句を並べかえて，日本文に合う英文を書きなさい。

(1) 私は彼女は英語を話せると思います。

I〔 she / speak / think / can 〕English.

I _____ English.

(2) 父は忙しいといつも言います。

My father〔 that / he / always / says 〕is busy.

My father _____ is busy.

(3) あなたは彼が有名な歌手だと知っていますか。

Do〔 he / a famous singer / you / is / know 〕?

Do _____ ?

 思い出そう

(2)頻度を表す副詞
always(いつも) などの頻度を表す副詞はふつう，一般動詞の前，be動詞のあとに置く。

WRITING Plus 🖊

あなたの友達を1人選び，その人物について(1)どんな人だと思っているか，(2)どんなことを知っているか，を伝える文を英語で書きなさい。

(1) 友達がどんな人か

_____

(2) 友達について知っていること

_____

確認のワーク ステージ **1** **Unit 2** Food Travels around the World ④ 読聞書話

解答 p.7

教科書の 要点 接続詞 because a10

I do not eat sushi **because** I do not like raw fish.

「(なぜなら)〜だから」

私は生魚が好きではないので、すしを食べません。

= **Because** I do not like raw fish, I do not eat sushi.

コンマで区切る

要点
- ●接続詞の because は「(なぜなら)〜だから」と理由を表す意味のまとまりを作る。
- **プラス** Why 〜? と理由を問う疑問文に対しては、Because 〜.(〜だから)の形で答えることができる。
  - 例 Why do you like him? — Because he is kind.
    あなたはなぜ彼が好きなのですか。— 彼が親切だからです。

Wordsチェック 次の英語は日本語に、日本語は英語になおしなさい。

- □(1) wrap （　　　　　　　）
- □(2) the U.S. （　　　　　　　）
- □(3) 生の ＿＿＿＿＿＿＿
- □(4) 〜を創造する ＿＿＿＿＿＿＿

1 例にならい、次の2つの文を because を使って1つの文にし、できた文を日本語になおしなさい。

例 I like soccer.　It's fun. → I like soccer because it's fun.
　サッカーは楽しいので、私はサッカーが好きです。

(1) I was happy.　I won the game.

　I was happy ＿＿＿＿＿＿＿＿＿＿＿＿＿＿＿＿＿.

　（　　　　　　　　　　　　　　　　　）

(2) She didn't do her homework.　She was tired.

　She didn't do her homework ＿＿＿＿＿＿＿＿＿＿＿.

　（　　　　　　　　　　　　　　　　　）

(3) He likes animals.　He wants to be a vet.

　＿＿＿＿＿＿＿＿＿＿＿＿＿＿＿, he wants to be a vet.

　（　　　　　　　　　　　　　　　　　）

ここが ポイント

接続詞 because
becauseは「(なぜなら)〜だから」と理由を表す接続詞。because 〜 のまとまりは文の前半にも後半にも置くことができる。

because 〜は
理由を表す！

2 次の日本文に合うように、＿＿に適する語を書きなさい。

(1) ここに数冊の本があります。

　＿＿＿＿＿＿ ＿＿＿＿＿＿ some books.

(2) 私はある歌手にちなんで私のイヌをコタロウと名づけました。

　I ＿＿＿＿＿＿ my dog Kotaro ＿＿＿＿＿＿ a singer.

 **表現メモ**

- ●「ここに〜があります」
  Here is[are] 〜.
- ●「〜にちなんでAをBと名づける」
  name A B after 〜

🐾 raw は [rɔ́ː]、because は [bikɔ́z] と発音するよ。[ɔː] は「オー」と伸ばす音だよ。

解答 ▶ p.8

確認 のワーク　ステージ 1　**Let's Talk 2** ていねいなお願い— 許可を求める・依頼する —　読 聞 書 話

Unit 2 ～ Let's Talk 2

教科書の 要点　許可を求める表現，依頼する表現　 a11

May I ask you a favor? — Sure.
「～してもよいですか」

１つお願いしてもよろしいですか。
— もちろん。

Could you take our picture? — All right.
「～してくださいませんか」

私たちの写真を撮ってくださいませんか。
— いいですよ。

要点

● May I ～?は「～してもよいですか」とていねいに許可を求める表現。Can I ～?(～してもよいですか)よりもていねいな言い方。

● Could you ～?は「～してくださいませんか」とていねいに依頼する表現。Can you ～?(～してくれますか)，Please ～.(～してください)よりもていねいな言い方。

● 返事のし方には次のようなものがある。

【許可する・引き受ける】□ Sure.　□ No problem.　□ All right.　□ OK.

【許可しない・断る】May I ～?　→ □ I'm sorry, but you can't.

Could you ～? → □ I'm sorry, but I can't.　※主語のちがいに注意

Words チェック　次の英語は日本語に，日本語は英語になおしなさい。

□(1)　ask ～ a favor　(　　　　　　　)　　□(2)　Say cheese!　(　　　　　　　)

□(3)　メニュー　_____　　□(4)　折り返し電話する(2語)　_____

1 次の英文を日本語になおしなさい。

(1)　May I use your computer?

(　　　　　　　　　　　　　　　)

(2)　Could you open the window?

(　　　　　　　　　　　　　　　)

まるごと暗記

● 許可を求める表現
May I ～?
(～してもよいですか)

● 依頼する表現
Could you ～?
(～してくださいませんか)

2 次の日本文に合うように，＿＿に適する語を書きなさい。

(1)　メニューをいただけますか。

May _____ have a menu?

(2)　水をくださいませんか。

_____ _____ give me some water?

(3)　あなたにお願いがあるのですが。

I'd like to ask _____ a _____.

(4)　あとで折り返し電話をしてもよいですか。

Can I _____ _____ later?

 表現メモ

● 「～にお願いする」
ask ～ a favor

● 「折り返し電話する」
call back

Grammar for Communication 2 接続詞

解答 p.8

読聞書話

まとめ

① 接続詞

● 単語と単語や，文と文をつなぐ働きをする言葉を接続詞という。

● 接続詞 when（〜（の）ときに）は時，if（（もし）〜ならば）は条件，because（（なぜなら）〜だから）は理由を表すまとまりを作る。

● when, if, because の作るまとまりは文の前半にも後半にも置くことができる。前半に置くときは，コンマ(,)で区切る。

● when や if が作るまとまりの中では，未来のことでも現在形で表す。

● because の文は，why（なぜ）の疑問文の答えとしても使う。

時 My brother was watching TV　when I came home.　私が家に帰ったとき，弟はテレビを見ていました。
「〜（の）ときに」

= When I came home, my brother was watching TV.

コンマで区切る

条件 If you are free,　please help me.　もしひまなら，私を手伝ってください。
「（もし）〜ならば」

Let's go to the zoo　if it is sunny next Sunday.　もし今度の日曜日に晴れたら，動物園に行きましょう。
現在形を使う　未来を表す語句

理由 I can't go to the party　because I'm busy.　私は忙しいので，パーティーに行くことができません。
「（なぜなら）〜だから」

Why are you tired? — Because I had baseball practice.　なぜあなたは疲れているのですか。— 野球の練習があったからです。
「なぜ」

● 接続詞 that（〜ということ）は考えや意見を表すまとまりを作り，動詞の目的語になる。

● 接続詞の that は省略されることが多い。

意見・考え I　think　(that) math is a lot of fun.　私は数学はとても楽しいと思います。
主語　動詞　「〜ということ」　目的語

練習

 1 次の英文を日本語になおしなさい。

(1) I listen to music when I am free.

(　　　　　　　　　　　　)

(2) If you like apples, I'll give you some.

(　　　　　　　　　　　　)

(3) I didn't know that he was a doctor.

(　　　　　　　　　　　　)

(4) Because he had a headache, he didn't go to school.

(　　　　　　　　　　　　)

接続詞の作るまとまりが，どこからどこまでかを考えよう。

Grammar for Communication 2

2 次の日本文に合うように、＿＿＿に適する語を書きなさい。

(1) もし彼が明日来たら，この箱を彼にあげてください。

Give him this box ＿＿＿＿＿＿＿ ＿＿＿＿＿＿＿ ＿＿＿＿＿＿＿ tomorrow.

(2) 私は子供のとき，つりが大好きでした。

＿＿＿＿＿＿＿ ＿＿＿＿＿＿＿ ＿＿＿＿＿＿＿ a child, I liked fishing very much.

(3) 私は彼らがまもなく到着すると思います。

I think ＿＿＿＿＿＿＿ ＿＿＿＿＿＿＿ will arrive soon.

レベルUP (4) 私は宇宙飛行士になれたらよいと思っています。

I ＿＿＿＿＿＿＿ ＿＿＿＿＿＿＿ ＿＿＿＿＿＿＿ be an astronaut.

(5) 雨だったので，マイクは家にいました。

Mike stayed at home ＿＿＿＿＿＿＿ ＿＿＿＿＿＿＿ ＿＿＿＿＿＿＿ rainy.

よく出る 3 次の各組の文がほぼ同じ内容になるように，＿＿＿に適する語を書きなさい。

(1) I went to Ann's house.　She was watching TV then.

＿＿＿＿＿＿＿ ＿＿＿＿＿＿＿ went to Ann's house, she was watching TV.

(2) Josh was sleepy, so he went to bed early.

Josh went to bed early ＿＿＿＿＿＿＿ ＿＿＿＿＿＿＿ was sleepy.

(3) Mika loves Tom.　Everyone knows it.

Everyone ＿＿＿＿＿＿＿ ＿＿＿＿＿＿＿ Mika loves Tom.

(4) Practice hard.　You can be a great player.

＿＿＿＿＿＿＿ ＿＿＿＿＿＿＿ practice hard, you can be a great player.

(5) He is cool.　I think so.

I ＿＿＿＿＿＿＿ ＿＿＿＿＿＿＿ is cool.

4 〔 〕内の語句を並べかえて，日本文に合う英文を書きなさい。

(1) コーヒーは苦いので，私はコーヒーを飲みません。

I don't 〔 bitter / because / coffee / it's / drink 〕.

I don't ＿＿＿＿＿＿＿＿＿＿＿＿＿＿＿＿.

(2) もしあなたが歴史に興味があるのなら，この本を楽しむことができます。

〔 interested / if / are / in / you / history 〕, you can enjoy this book.

＿＿＿＿＿＿＿＿＿＿＿＿＿＿, you can enjoy this book.

(3) 私たちはまたあなたが私たちを訪ねてくれることを望んでいます。

〔 will / us / you / again / hope / visit / we / that 〕.

(4) 海で泳ぐときは注意しなさい。

Be 〔 the sea / you / careful / swim / when / in 〕.

Be ＿＿＿＿＿＿＿＿＿＿＿＿＿＿＿＿.

解答　p.9

定着のワーク　ステージ2　**Unit 2** 〜 **Grammar for Communication 2**　読聞書話

🎧 **1 LISTENING**　対話と質問を聞いて，答えとして適切な絵を選び，記号で答えなさい。♪ l03

ア　イ　ウ $y = ax^2$　エ

（　　　）

2 次の文の（　）に適する語を下から選び，記号を○で囲みなさい。

(1) I listen to this song （　　　） I'm sad.

　ア　that　　　　イ　what　　　ウ　when

(2) *A:* Why are you making a cake?

　B: （　　　） tomorrow is Bob's birthday.

　ア　Because　　　イ　If　　　　ウ　When

(3) I think （　　　） she is a great artist.

　ア　it　　　　　イ　that　　　ウ　this

(4) Let's go shopping if you （　　　） free tomorrow.

　ア　are　　　　イ　were　　　ウ　will be

3 〔　〕内の語句や符号を並べかえて，日本文に合う英文を書きなさい。

(1) 私は彼が私のプレゼントを気に入ることを望んでいます。

　〔 will / my / he / I / like / hope 〕 present.

　_____ present.

(2) 私は映画が好きなので，よくその映画館に行きます。

　I often go to 〔 I / because / movies / the theater / like 〕.

　I often go to _____ .

(3) あなたが疲れているならば，私がその仕事をしましょう。

　〔 tired / if / are / I'll / you / , 〕 do the job.

　_____ do the job.

4 次の日本文に合うように，＿＿に適する語を書きなさい。

(1) あなたは音楽に興味がありますか。

　Are you _____ music?

(2) これらの絵は売り物ではありません。

　These pictures are not _____ .

(3) 私は2切れのケーキがほしいです。

　I want _____ of cake.

重要ポイント

2

テストに◎出る！

まとまりを作る接続詞

● when 〜
　「〜（の）ときに」
● if 〜「（もし）〜ならば」
● because 〜
　「（なぜなら）〜だから」
● that 〜「〜ということ」

(4)

得点力をUP

ifのまとまりの中では未来のことでも現在形で表す。

3 (1) hope that 〜のthatが省略された形。

(2)「私は映画が好きなので」をbecause 〜で表す。

(3)「（もし）〜ならば」はif 〜。文の前半に置く場合は，if 〜のまとまりのあとにコンマをつける。

4 (1)「〜に興味がある」はbe interested in 〜。

(2)「売り物の」＝「販売のための」

(3)「2切れ」とあるので，複数形にすることに注意。

5 次の英文はジョシュが授業で行ったスピーチの一部です。これを読んで，あとの問いに答えなさい。

I like cooking. ①〔 watch / I / when / TV 〕, I see many interesting dishes. There are ②many kinds of curry recipes in Japan: curry and rice, curry pilaf, curry noodles, and even curry bread.

(1) 下線部①の〔　〕内の語を並べかえて，意味の通る英文にしなさい。

_____

(2) 下線部②の具体例を 4 つ，日本語で書きなさい。
(　　　　　　　　　　) (　　　　　　　　　　)
(　　　　　　　　　　) (　　　　　　　　　　)

(3) 本文の内容に合うように，次の質問に英語で答えなさい。
What does Josh like doing?
— He _____ .

6 次の文を（　）内の指示にしたがって書きかえるとき，_____ に適する語を書きなさい。

(1) He is very friendly, so we like him.（ほぼ同じ内容の文に）
_____ _____ is very friendly, we like him.

(2) They bought a house. I hear it.（ that を使って 1 文に）
I hear _____ bought a house.

(3) I think he is tall.（下線部を過去形にして）
I _____ he _____ tall.

7 次の日本文を英語になおしなさい。

(1) もしあなたが忙しければ，私が夕食を作ります。

_____

(2) 私はあなたならこれができると思います。

_____

(3) 彼女は子供が好きなので，先生になりたいと思っています。

_____

(4) 私は彼が病気だとは知りませんでした。

_____

(5) 彼らは学校に行くとき，そのバスに乗ります。

_____

ちょっと BREAK 「100 年」は century です。では「1000 年」は？　➡答えは次のページ

Unit 2 ~ Grammar for Communication 2

重要ポイント

5 (1)「私はテレビを見るとき」という意味を表すようにする。
(2) ~ kind(s) of …で「~種類の…」という意味。
(3) 本文 1 行目参照。

6 (1) so は「だから，それで」という意味。
(2)「彼らが家を買ったということを耳にしている」と考える。
(3)

得点力を UP
〈動詞の過去形＋that ~〉
〈動詞＋that ~〉の動詞が過去形のときは，ふつう that のまとまりの中の動詞も過去形にする。

7 (1) if を使う。
(2) think (that) ~の形を使う。
(3) because を使う。
(4) know (that) ~の形を使う。
(5) when を使う。「(乗り物など)に乗る」は take や use を使って表す。

実力判定テスト　ステージ3　**Unit 2 〜 Grammar for Communication 2**　30分　/100

解答　p.9

1 LISTENING　ソウタのお別れのスピーチを聞いて，その内容に合うように，＿＿＿に適する語を書きなさい。　♪ l04　3点×2(6点)

(1)　When Sota went to the school first, he didn't know ＿＿＿＿＿

＿＿＿＿＿＿　＿＿＿＿＿＿ .

(2)　Sota had a good time at the school ＿＿＿＿＿＿ all his classmates were very

＿＿＿＿＿＿＿＿＿ him.

2 次の日本文に合うように，＿＿＿に適する語を書きなさい。　3点×5(15点)

(1)　この動物園には多くの種類の鳥がいます。

There are many ＿＿＿＿＿＿　＿＿＿＿＿＿ birds in this zoo.

(2)　あのTシャツは売り物ですか。　Is that T-shirt ＿＿＿＿＿＿　＿＿＿＿＿＿ ?

(3)　私はときどき，そのお店について聞きます。

I sometimes ＿＿＿＿＿＿　＿＿＿＿＿＿ the shop.

(4)　両親はある俳優にちなんで私をユイと名づけました。

My parents ＿＿＿＿＿＿　＿＿＿＿＿＿ Yui ＿＿＿＿＿＿ an actor.

(5)　あとで折り返し電話をします。　I'll ＿＿＿＿＿＿＿＿＿ later.

3 次の各組の文がほぼ同じ内容になるように，＿＿＿に適する語を書きなさい。　4点×3(12点)

(1)　{ I have a lot of homework, so I can't watch the game.

＿＿＿＿＿＿　＿＿＿＿＿＿ have a lot of homework, I can't watch the game.

(2)　{ Chinese is interesting to Lisa.

Lisa is ＿＿＿＿＿＿　＿＿＿＿＿＿ Chinese.

(3)　{ Will he come? I don't think so.

I don't think ＿＿＿＿＿＿　＿＿＿＿＿＿ come.

4 〔　〕内の語句を並べかえて，日本文に合う英文を書きなさい。　4点×3(12点)

(1)　あなたにいくつか質問をしてもよいですか。

〔 some / may / questions / I / you / ask 〕?

(2)　彼女はギターをじょうずに演奏できるそうです。

〔 well / I / play / can / hear / the guitar / she 〕.

(3)　私をそのお寺に連れていってくださいませんか。

〔 the temple / take / could / to / you / me 〕?

目標 ● when, if, that, because などの接続詞の働きを理解し，使いこなせるようにしましょう。

自分の得点まで色をぬろう!

😫 がんばろう! 😆 もう一歩 😊 合格!

0 　　　　　　　60 　80 　100点

5 次の朝美とジョシュの対話文を読んで，あとの問いに答えなさい。 (計25点)

Asami: There's a good curry restaurant near my house.

Josh: Really? I want to go ① there sometime.

Asami: Meg and Kaito will go there this Sunday.

　　　② 〔 have / time / you 〕, we can go with them.

Josh: Great! I want to eat curry pilaf.

Asami: Sounds good. ③ねえ, curry and rice originally

　　　came to Japan from overseas.

(1) 下線部①が指す場所を説明するとき，（　）に適する日本語を書きなさい。 (4点)

　（　　　　　　　　　　　　　）の近くにある（　　　　　　　　　　　　）のレストラン

(2) 下線部②が「もし時間があれば」という意味になるように，〔　〕内の語を並べかえなさい。ただし1語不足している語があります。 (5点)

_____

(3) 下線部③の日本語を2語の英語になおしなさい。 (4点)

_____ _____ ,

(4) 本文の内容に合うように，次の質問に英語で答えなさい。 6点×2(12点)

レベルUP 1. When will Asami and Josh go to the restaurant?

_____

2. What does Josh want to eat at the restaurant?

_____

よく出る 6 次の日本文を英語になおしなさい。 6点×3(18点)

(1) 彼は子供のとき，理科が得意でした。

_____

(2) 私は彼女が早く元気になるとよいと思います。

_____

(3) 私は今日は朝食を食べなかったので，お腹が空いています。

_____

7 次のようなとき，英語でどのように言うか書きなさい。ただし，「〜」の部分は自分で考えること。 6点×2(12点)

(1) 「もしお金を持っていたら〜を買う」と相手に伝えるとき。

_____

(2) 「〜は重要だと思う」と相手に伝えるとき。

_____

確認のワーク　ステージ 1　**Unit 3** My Future Job ①　読聞書話

教科書の 要点　不定詞（副詞的用法・目的）　♪ a12

We use computers **to do** many things.

動詞を修飾　〈to ＋動詞の原形〉「〜するために」

私たちはたくさんのことをするためにコンピュータを使います。

要点

● 「〜するために」と動作の目的を表すときは，〈to ＋動詞の原形〉を使う。
● 〈to ＋動詞の原形〉の形を不定詞という。
● 動作の目的を表す不定詞は，動詞を修飾する副詞と同じ働きをする。（副詞的用法・目的）

Wordsチェック　次の英語は日本語に，日本語は英語になおしなさい。

□(1)　should 　　　（　　　　　　　）　　□(2)　progress 　　　（　　　　　　　）

□(3)　disappear 　　（　　　　　　　）　　□(4)　（〜を）学ぶ，習う

□(5)　現れる，姿を現す　　　　　　　　　□(6)　life の複数形

1 絵を見て例にならい，「ケン(Ken)は〜するために…へ行きました」という文を書きなさい。

library / read a book

(1) park / play tennis

(2) the sea / swim

(3) 弘前 HIROSAKI / Hirosaki / visit his aunt

例　Ken went to the library to read a book.

(1)　Ken went to the park ＿＿＿＿＿＿＿＿＿＿＿ tennis.

(2)　Ken went to ＿＿＿＿＿＿＿＿＿＿＿＿＿＿ .

(3)　＿＿＿＿＿＿＿＿＿＿＿＿＿＿＿＿＿＿＿＿

ここが ポイント

不定詞の副詞的用法
〈to ＋動詞の原形〉
「〜するために」

2 次の日本文に合うように，＿＿＿に適する語を書きなさい。

(1)　私たちはキャンプに行くために早く起きました。

We got up early ＿＿＿＿＿＿＿＿＿＿＿＿ camping.

(2)　彼は音楽を勉強するためにロンドンに行くでしょう。

He will go to London ＿＿＿＿＿＿＿＿＿＿ music.

(3)　私はその試合を見るために家にいました。

I stayed at home ＿＿＿＿＿＿＿＿＿＿＿ the game.

(4)　アンは友達に会うために京都を訪れました。

Ann visited Kyoto ＿＿＿＿＿＿＿＿＿＿＿ her friend.

ミス注意

toのあとの動詞の形
toのあとの動詞は，文の主語が三人称単数でも常に原形。

 life の複数形の lives は [láivz] と発音するよ。

確認 のワーク　ステージ **1**　▶**Unit 3** My Future Job ②　　読 聞 書 話

教科書の 要点　不定詞（副詞的用法・原因）　♪ a13

I am surprised　**to see** this.　　　　私はこれを見て驚いています。

形容詞を修飾　　〈to ＋動詞の原形〉「〜して」

要点

● 「〜して」と感情の原因を表すときは，〈to ＋動詞の原形〉を使う。

● この不定詞は，感情を表す形容詞を修飾し，副詞と同じ働きをする。（副詞的用法・原因）

● 〈be 動詞＋感情を表す形容詞＋ to 〜〉には次のようなものがある。

　□ be happy to 〜　〜してうれしい　　□ be excited to 〜　〜してわくわくしている

　□ be sad to 〜　　　〜して悲しい　　　□ be sorry to 〜　　〜して残念だ

Unit 3

Wordsチェック　次の英語は日本語に，日本語は英語になおしなさい。

□(1)　career　　　　　　（　　　　　　　　）　□(2)　advice　　　　　　（　　　　　　　　）

□(3)　according to 〜　（　　　　　　　　）　□(4)　translator　　　　（　　　　　　　　）

□(5)　記事　_____　□(6)　驚いた，びっくりした　_____

□(7)　未来に，将来に（3語）_____　□(8)　here is の短縮形　_____

1 絵を見て例にならい，「私は〜して…です」という文を書きなさい。

surprised / get the present

happy / see you

sad / read the book

excited / watch the game

例　I am surprised to get the present.

(1)　I am happy _____ _____ you.

(2)　I am _____ .

(3)　_____

ここが ポイント

原因を表す不定詞の副詞的用法

〈to ＋動詞の原形〉が感情を表す形容詞を修飾し，「〜して」とその原因を表す。

2 次の日本文に合うように，____に適する語を書きなさい。

(1)　私たちはそのことを知ってとても残念です。

　　We're very _____ _____ know that.

(2)　私は彼の話を聞いて驚きました。　　　　　　話：story

　　I was _____ _____ hear his story.

(3)　彼はコアラを見てわくわくしていました。

　　He was _____ to _____ the koala.

形容詞のあとに不定詞だね。

解答 p.11

確認のワーク　ステージ1　Unit 3　My Future Job ③　読聞書話

教科書の 要点 不定詞（形容詞的用法） ♪a14

We have various things **to translate.**　翻訳すべきものはいろいろあります。

名詞を修飾　〈to ＋動詞の原形〉「〜すべき, 〜するための」

要点

●「〜すべき」「〜するための」と(代)名詞を説明するときは，〈to ＋動詞の原形〉を使う。

●この不定詞は，(代)名詞を修飾する形容詞と同じ働きをする。（形容詞的用法）

●形容詞的用法の不定詞は修飾する(代)名詞のあとに置く。

プラス something to 〜で「何か〜するもの」という意味になる。 例 something to drink（何か飲むもの）
形容詞と不定詞が something を修飾する場合，〈something ＋形容詞＋ to 〜〉の語順になる。
例 I want something hot to eat.　私は何か温かい食べ物がほしいです。
〈-thing ＋形容詞＋ to 〜〉の語順

Wordsチェック 次の英語は日本語に，日本語は英語になおしなさい。

□(1) explain （　　　　　）　□(2) develop （　　　　　）

□(3) specific （　　　　　）　□(4) translate （　　　　　）

□(5) 文 ＿＿＿＿＿　□(6) いろいろな ＿＿＿＿＿

□(7) 〜を続ける ＿＿＿＿＿　□(8) know の過去形 ＿＿＿＿＿

1 絵を見て例にならい,「彼には〜すべき [するための] …があります」という文を書きなさい。

例 a picture / show you　(1) some subjects / learn　(2) some books / read　(3) many friends / help him

例　He has a picture to show you.

(1)　He has some subjects ＿＿＿＿＿＿＿＿＿＿.

(2)　He has ＿＿＿＿＿＿＿＿＿＿.

(3)　＿＿＿＿＿＿＿＿＿＿

ここが ポイント

不定詞の形容詞的用法
・「〜すべき」,「〜するための」の意味で名詞，代名詞を修飾する。
・〈to ＋動詞の原形〉は修飾する名詞，代名詞のあとに置く。

2 次の英文の下線部を日本語になおしなさい。

(1)　He has a lot of homework to do.

彼には（　　　　　　　　　　）があります。

(2)　There are some places to visit in this town.

この町には（　　　　　　　　　　）があります。

know の過去形の knew は [njúː] と発音するよ。「新しい」の new と同じ発音だよ。

3 次の英文は，朝美が職業体験で出会った翻訳者の田中さんから聞いた話をまとめたものの一部です。これを読んで，あとの問いに答えなさい。

Ms. Tanaka said, "You should also have ①日本語の深い知識. You need to develop your sense of language."

She also said, "② We have various things (　　) (　　). Sometimes we need general knowledge, and sometimes we need specific knowledge. If you are interested in something, you should continue to learn about it. It can be your strength (　③　) the future."

(1) 下線部①を英語になおすとき，＿＿に適する語を書きなさい。
a ＿＿＿＿ ＿＿＿＿ ＿＿＿＿ Japanese

(2) 下線部②が「翻訳すべきものはいろいろあります」という意味になるように，（　）に適する語を書きなさい。
We have various things ＿＿＿＿ ＿＿＿＿ .

(3) ③の（　）に適する語を書きなさい。 ＿＿＿＿

(4) 次の文が田中さんが発言した内容と合っていれば○，異なっていれば×を（　）に書きなさい。
１．言語の感覚を発達させることが必要だ。 （　）
２．翻訳者には特定の知識は必要ではない。 （　）
３．興味がなくても学び続けることが重要だ。 （　）

思い出そう
(1) A of B
A of B で「B の A」という意味。

ここがポイント
(4)内容に関する○×問題
○×問題では設問で使われている語句をヒントにして本文の該当箇所を探す。日本語の場合は，英語の単語に言いかえて考えてみるとよい。

Unit 3

4 〔　〕内の語句を並べかえて，日本文に合う英文を書きなさい。

(1) 私は今日すべきことがたくさんあります。
I 〔 do / a lot / things / have / of / to 〕 today.
I ＿＿＿＿ today.

(2) これは家族といっしょに見るべき映画です。
This is 〔 with / see / your family / a movie / to 〕.
This is ＿＿＿＿ .

WRITING Plus 🖊
あなたは山の中で道に迷っていると，ある家を見つけました。(1)，(2)のような状況のとき家の主人に英語で何と言えばよいか考えて書きなさい。ただし something を使うこと。

(1) （飲み物を切らしている）何か飲む物がほしい。
＿＿＿＿

(2) （寒くて体が冷えている）何か温かい食べ物がほしい。
＿＿＿＿

確認のワーク　ステージ1　Unit 3 My Future Job ④
Let's Write 1　留守番電話のメッセージへの返信 ─メール─

読 聞
書 話

教科書の 要点　「〜するの[こと]は…です」の文　♪a15

It is important to use AI effectively.　人工知能を効果的に使うことが重要です。

形式上の主語 ← 本当の主語

要点

● 〈It is … ＋ to ＋動詞の原形 〜.〉で「〜するの[こと]は…です」という意味になる。

● この It は形式的に置かれた主語で「それ」という意味はない。本当の主語は to 〜の部分。

プラス　〈to ＋動詞の原形〉を文の始めに置いた形にもできる。ただし, to 〜の主語が長いときはふつう
It is … to 〜. で表す。　例 To use AI effectively is important.
　　　　　　　　　　　　　　　　　　主語

Wordsチェック　次の英語は日本語に, 日本語は英語になおしなさい。

□(1)　necessary　　（　　　　　　）　　□(2)　reason　　（　　　　　　）

□(3)　through　　（　　　　　　）　　□(4)　meaning　　（　　　　　　）

□(5)　筆者, 作家　　＿＿＿＿＿　　□(6)　感情, 気持ち　　＿＿＿＿＿

□(7)　〜をとらえる　　＿＿＿＿＿　　□(8)　人間, 人　　＿＿＿＿＿

□(9)　全てのもの[こと]　　＿＿＿＿＿　　□(10)　〜(と…)の間で[に, の]　　＿＿＿＿＿

1 絵を見て例にならい, 「〜することは…です」という文を書きなさい。

important / study math

I am...
necessary / speak English

easy / cook tempura

fun / skate

例　It is important to study math.

(1)　It is necessary ＿＿＿＿＿＿＿＿＿ English.

(2)　It is ＿＿＿＿＿＿＿＿＿＿＿＿＿ .

(3)　＿＿＿＿＿＿＿＿＿＿＿＿＿

ここがポイント

〈It is … ＋ to ＋動詞の
原形 〜.〉
・「〜することは…です」
という意味。
・It は形式的な主語で,
to 以下が本当の主語。

2 次の英文を日本語になおしなさい。

(1)　It is very difficult to understand his ideas.

（　　　　　　　　　　　　　　　　　　）

(2)　It is interesting to learn about foreign countries.

（　　　　　　　　　　　　　　　　　　）

bridge：橋

3 次のトムの留守番電話のメッセージとアヤの返事のEメールを読んで，あとの問いに答えなさい。

〈トムの留守番電話のメッセージ〉

Hi, Aya. This is Tom. We're going to give a presentation about our career day next Friday. I want to talk about it with you. Can we meet at the school library at three thirty tomorrow?

〈アヤのメール〉

About Our Career Day
Hi, Tom.
Thank you （ ① ） your call. I'm free tomorrow afternoon.
I'm attaching the pictures of the fish market to this e-mail.
I'm looking forward to ②(talk) about our career day with you.
See you,
Aya

(1) ①の（ ）に適する語を書きなさい。

(2) ②の（ ）内の語を適する形にかえなさい。

(3) 本文の内容に合うように，次の質問に英語で答えなさい。

1. Where will Tom and Aya meet?

2. What did Aya attach to the e-mail?

表現メモ
● Thank you for ～.
「～をありがとう」
● look forward to ～
「～を楽しみに待つ」
※このtoは前置詞。

4 次の職業体験に関する表をもとに，例にならいそれぞれの人物になったつもりで，「私は～するために…へ行きました」という文を書きなさい。

人物	行き先	目的
例 マイク	書店	1日働く
(1) エミ	生花店	夢の仕事について知る
(2) ケン	郵便局	そこでの仕事を学ぶ
(3) アン	コンビニ	職業体験をする

まるごと暗記

職場を表す語句
bookstore（書店）
flower shop（生花店）
post office（郵便局）
convenience store
（コンビニエンスストア）
fish market（魚市場）

例 I went to a bookstore to work for a day.

(1) I went to a ＿＿＿＿＿＿ ＿＿＿＿＿＿ to ＿＿＿＿＿ about my dream job.

(2) I went to a ＿＿＿＿＿＿＿＿＿＿＿＿＿＿＿＿＿ jobs there.

(3) I ＿＿＿＿＿＿＿＿＿＿＿＿＿＿＿＿＿＿ my work experience.

Grammar for Communication 3　不定詞

読 聞
書 話

まとめ

不定詞〈to +動詞の原形〉の意味と使い方

① 名詞的用法

● 「～すること」「～であること」という意味で，動詞の目的語や文の主語になる。名詞と同様の働きをする。　※前置詞のあとには置けない。

● 不定詞を目的語にとる動詞には want, need, try, like などがある。

□ want to ～　　～したい　　　　　　　　　□ need to ～　　～する必要がある
□ try to ～　　　～しようと試みる，努力する　□ like to ～　　～することが好きだ

● 〈It is … + to +動詞の原形～.〉は「～することは…だ」という意味。

I want to read the book.　　　　　　　　　私はその本が読みたいです。
　動詞　　　動詞 want の目的語

To play soccer is fun.　　　　　　　　　　サッカーをすることは楽しいです。
　主語
= 　　It　　　is fun to play soccer.
　　形式的な主語　　　　本当の主語

② 副詞的用法

● 「～するために」という意味で動作の目的を表したり，「～して」という意味で感情の原因を表したりする。動詞や形容詞を修飾する副詞と同様の働きをする。

I got up early to do my homework.　　　　私は宿題をするために早く起きました。
　動詞　　　　　　動作の目的

I am happy to hear that.　　　　　　　　　私はそれを聞いてうれしいです。
　形容詞　　　感情の原因

③ 形容詞的用法

● 「～すべき」「～するための」という意味で(代)名詞を修飾し，形容詞と同様の働きをする。

Do you have anything to eat?　　　　　　何か食べるものを持っていますか。
　　　　代名詞

I have a lot of homework to do.　　　　　私にはすべき宿題がたくさんあります。
　　　　　　名詞

練習

1 下線部の不定詞が名詞的用法の場合はア，副詞的用法の場合はイ，形容詞的用法の場合はウと（　）に書きなさい。

〈to +動詞の原形〉がどのような意味かを考えよう。

(1) Emi likes to sing songs.　　　　　　　　　（　　）

(2) I was surprised to see Ann there.　　　　（　　）

(3) There are many places to visit in Osaka.　（　　）

(4) We're practicing hard to win the game.　（　　）

(5) I want something to drink on the train.　（　　）

2 次の日本文に合うように，＿＿＿に適する語を書きなさい。

(1) 私は将来，看護師になりたいです。

I ＿＿＿＿＿＿ ＿＿＿＿＿＿＿＿ ＿＿＿＿＿＿ a nurse in the future.

(2) 彼女は野菜を買うためにスーパーマーケットに行きました。

She went to the supermarket ＿＿＿＿＿＿ ＿＿＿＿＿＿ some vegetables.

(3) カレーを作ることは簡単です。

＿＿＿＿＿＿＿ is easy ＿＿＿＿＿＿＿ ＿＿＿＿＿＿ curry.

(4) 私はその記事を読んで悲しかったです。

I was ＿＿＿＿＿＿＿ ＿＿＿＿＿＿＿ the article.

(5) 私に何か言うべきことはありますか。

Do you have ＿＿＿＿＿＿ ＿＿＿＿＿＿ ＿＿＿＿＿＿ me?

3 次の各組の文がほぼ同じ内容になるように，＿＿＿に適する語を書きなさい。

(1) { We went swimming at the beach.
    { We went to the beach ＿＿＿＿＿＿ ＿＿＿＿＿＿ .

(2) { To study history is important.
    { ＿＿＿＿＿＿ is important ＿＿＿＿＿＿ ＿＿＿＿＿＿ history.

(3) { We had no food.
    { We had ＿＿＿＿＿＿ ＿＿＿＿＿＿ ＿＿＿＿＿＿ .

(4) { Ken was excited because he got the e-mail.
    { Ken was excited ＿＿＿＿＿＿ ＿＿＿＿＿＿ the e-mail.

(5) { Ms. Ito is an English teacher.
    { Ms. Ito's job is ＿＿＿＿＿＿ ＿＿＿＿＿＿ English.

4 〔 〕内の語句を並べかえて，日本文に合う英文を書きなさい。

(1) メグはドアを開けようと試みました。 〔 to / the door / tried / Meg / open 〕.

_____

(2) 彼らは家族と暮らすために一生懸命に働きました。

〔 worked / with / they / to / their family / live / hard 〕.

_____

(3) 彼らにはそれについて話し合う時間がありませんでした。

〔 no / to / had / about / they / time / it / talk 〕.

_____

(4) あなたがパーティーを楽しまなかったと知って残念です。

I'm sorry 〔 to / that / didn't / know / the party / you / enjoy 〕.

I'm sorry _____ .

(5) 動物の写真を撮ることはおもしろいです。

〔 animals / interesting / is / to / pictures / take / it / of 〕.

_____

解答 p.13

確認のワーク　ステージ 1　Stage Activity 1　A Message to Myself in the Future　読聞書話

教科書の 要点　好きなこと，得意なこと，興味があることを示す表現　 a16

I like playing[to play] soccer.
　〔好きなこと〕
私はサッカーをするのが好きです。

I'm good at communicating with people.
　　　　　　　〔得意なこと〕
私は人とコミュニケーションをとるのが得意です。

I'm interested in foreign countries.
　　　　　　　　〔興味のあること〕
私は外国に興味があります。

I think you can[will] be a good player.
　　　　　　　　　　〔職業など〕
私はあなたはよい選手になれる[なる]と思います。

要点

● like 〜ing[to 〜]で「〜するのが好きだ」，be good at 〜ingで「〜するのが得意だ」，be interested in 〜で「〜に興味がある」という意味。

● 相手に合うと思う仕事や職業などを伝えるときは，I think you can[will] be 〜.（あなたは〜になれる[なる]と思います）などを使うとよい。

♦Wordsチェック　次の英語は日本語に，日本語は英語になおしなさい。

□(1)　introduce 　　　（　　　　　　　　　）　　□(2)　improve 　　　（　　　　　　　　　）

□(3)　work out 　　　（　　　　　　　　　）　　□(4)　腕前，技術

□(5)　伝言，メッセージ　　　　　　　　　　　　□(6)　teach の過去形

1 次のマイが書いたメモを参考に，あとの問いに答えなさい。

〈マイのメモ〉
① 英語を勉強するのが好き
② 人と話すのが得意
③ 日本の文化に興味がある

(1)　①〜③の　　　に適する語を書きなさい。

　① I like 　　　　　　　　　　　　　 English.

　② I'm good 　　　　　　　　　　　　　 with people.

　③ I'm 　　　　　　　　　　　　　 Japanese culture.

(2)　マイに合うと思う職業を伝える文を完成させなさい。

　I think you can be 　　　　　　　　　　　　　　　.

2 次の日本文に合うように，　　　に適する語を書きなさい。

(1)　ああ，わかりました。　Oh, 　　　　　　　　　　　　.

(2)　私の考えについてどう思いますか。

　　　　　　　　　　 do you think 　　　　　　　　 my idea?

ここがポイント

「〜すること」
不定詞〈to ＋動詞の原形〉と動名詞〈動詞の ing 形〉で表すことができる。

ミス注意

● 目的語に不定詞・動名詞・両方のどれをとるかは動詞によって異なる。

● 前置詞のあとには不定詞は置けない。

表現メモ

● I see.
「なるほど，わかった」

● What do you think of[about] 〜?
「あなたは〜についてどう思いますか」

⟡ message は [mésidʒ] と発音するよ。日本語の「メッセージ」とは異なるので気をつけよう。

 **仕事や職業を表す言葉**

⭐ 仕事や職業を表す言葉を覚えましょう。

●芸術・芸能

☐ actor 俳優
☐ cartoonist マンガ家
☐ comedian コメディアン
☐ dancer ダンサー
☐ illustrator イラストレーター
☐ musician 音楽家
☐ singer 歌手
☐ voice actor 声優

●スポーツ

☐ athlete 運動選手，陸上競技の選手
☐ baseball player 野球選手
☐ figure skater フィギュアスケート選手
☐ soccer player サッカー選手
☐ tennis player テニス選手

●医療・介護・福祉

☐ care worker 介護福祉士
☐ dentist 歯科医
☐ doctor 医師
☐ nurse 看護師

●建築

☐ architect 建築家
☐ carpenter 大工

●食に関するもの

☐ baker パン焼き職人
☐ confectioner 菓子職人
☐ cook コック

●農業・園芸

☐ farmer 農場主
☐ florist 生花店の店主
☐ gardener 植木屋，造園業者

●公共サービス・教育

☐ fire fighter 消防士
☐ police officer 警察官
☐ politician 政治家
☐ teacher 教師

●交通

☐ bus driver バス運転手
☐ flight attendant 客室乗務員
☐ pilot パイロット

●コンピュータ・ゲーム

☐ game designer ゲームデザイナー
☐ programmer プログラマー

●美容・服飾

☐ fashion designer ファッションデザイナー
☐ hairstylist 美容師

●研究・科学

☐ astronaut 宇宙飛行士
☐ scientist 科学者

●動物に関するもの

☐ zookeeper 動物園の飼育係
☐ vet 獣医師

Stage Activity 1

Let's Read 1 History of Clocks ①

読 聞
書 話

解答 p.13

●次の説明文を読み，あとの問いに答えなさい。

　①Ancient people〔 to / the time / used / nature / read 〕. About 6,000 years ago, Egyptians used the sun. They put sticks in the ground, and the shadows told them the time. ②These were some of the first clocks in the world.

　At night, people could not use the sun. About 3,500 years ago, Egyptians started to measure time without it. They put water in pots. The pots had tiny holes in them. The water decreased ③少しずつ. The lines in the pots told them the time.

←穴

5

Question

(1)　下線部①が「古代の人々は時間を知るために自然を使いました」という意味になるように，〔　〕内の語句を並べかえなさい。

　　Ancient people _____.

(2)　下線部②の英文を日本語になおしなさい。

　　(　　　　　　　　　　　　　　　　　　　　　　　　　　　　　　　　　)

(3)　下線部③の日本語を３語の英語になおしなさい。

　　_____　_____　_____

(4)　次の文が本文の内容と合っていれば〇，異なっていれば×を（　）に書きなさい。

　　１．古代エジプト人は地面に刺した棒の影をもとに時間を確認していた。　（　　　）

　　２．つぼを使った時計では，水の蒸発を利用して時間を確認していた。　（　　　）

(5)　本文の内容に合うように，次の質問に４語の英語で答えなさい。

　　When did Egyptians start to measure time without the sun?

　　— _____

Word Box BIG

次の英語は日本語に，日本語は英語になおしなさい。

(1)　however　（　　　　　　）　(2)　ground　（　　　　　　）

(3)　burn　（　　　　　　）　(4)　for example　（　　　　　　）

(5)　long ago　（　　　　　　）　(6)　穴　_____

(7)　〜を始める　s_____　(8)　太陽，日　_____

(9)　火，炎　_____　(10)　夜に（は）　_____

解答 ▶ p.13

Let's Read 1 History of Clocks ②

読 聞
書 話

● 次の説明文を読み，あとの問いに答えなさい。

　　　About 500 years ago, ①people improved their clocks.　They used springs to power the clocks.　The springs were small and light.　So people could move the clocks easily.　Eventually, people began to carry watches.

　　　Today, we have clocks and watches everywhere.　②This is the result of many great inventions and many people's efforts.　Even now, clocks and watches are　5 improving.

　　　We cannot really see time, but ancient people tried ③to recognize it.　They used different ideas and technologies to measure it.　When we look at our clocks and watches, we can easily see the time.　　　　　10

④Now [those ancient people / it / of / recognize / time / the wisdom / is / to].

Let's Read 1

Question

(1)　次の文が下線部①を説明する文になるように，（　）に適する日本語を書きなさい。

　　動力の供給に（　　　　　　　）を使い，簡単に時計を（　　　　　　　）ようになった。

(2)　下線部②の This が指す内容を具体的に日本語で説明しなさい。

　　（　　）

(3)　下線部③と同じ用法の〈to ＋動詞の原形〉を含む文を下から選び，記号で答えなさい。

　　ア　I went to see a baseball game.　　　イ　Tom started to study Chinese.

　　ウ　I didn't have anything to do.　　　　　　　　　　　　　　　　（　　　　）

(4)　下線部④が「今やそれらの古代の人々の知恵を認識すべき時です」という意味になるように，〔　〕内の語句を並べかえなさい。

　　Now _____.

Word Box BIG

次の英語は日本語に，日本語は英語になおしなさい。

(1)　result　　　　（　　　　　　　）　　(2)　everywhere　（　　　　　　　）

(3)　technology　（　　　　　　　）　　(4)　bell　　　　（　　　　　　　）

(5)　effort　　　　（　　　　　　　）　　(6)　重い　　　_____

(7)　軽い　　　_____　　(8)　〜を動かす　_____

(9)　〜を(持ち)運ぶ　_____　　(10)　begin の過去形　_____

解答 p.14

定着のワーク ステージ 2 **Unit 3 ～ Let's Read 1** 読 聞 書 話

1 LISTENING 対話と質問を聞いて, 答えとして適切な絵を選び, 記号で答えなさい。 ♪ 105

ア イ ウ エ

( )

2 次の(1)～(4)の下線部と同じ用法の 〈to ＋動詞の原形〉 を含む文を下から選び, 記号で答えなさい。

(1) Bob visited Mai to help her. ( )

(2) I have something to tell Lisa. ( )

(3) Aya was surprised to see me there. ( )

(4) We liked to go fishing in the river. ( )

　ア London has many interesting places to visit.

　イ I got up early to make breakfast.

　ウ You need to wash your hands before dinner.

　エ I'm very happy to be a member of this team.

3 次の各組の文がほぼ同じ内容になるように, ＿＿＿ に適する語を書きなさい。

(1) I went to the library. I wanted to borrow a book.
　 I went to the library ＿＿＿＿＿＿＿＿＿＿＿＿ a book.

(2) Meg was sad when she heard his words.
　 Meg was sad ＿＿＿＿＿＿＿＿＿＿＿＿ his words.

(3) Swimming is fun.
　 ＿＿＿＿＿＿＿ is fun to ＿＿＿＿＿＿＿.

4 次の日本文に合うように, ＿＿＿ に適する語を書きなさい。

(1) ちょっと見てくれますか。
　 Can you ＿＿＿＿＿＿ a ＿＿＿＿＿＿ ?

(2) 私は将来, 北海道に住みたいです。
　 I want to live in Hokkaido ＿＿＿＿＿＿ the ＿＿＿＿＿＿ .

(3) 新聞によれば, 彼は元気です。
　 ＿＿＿＿＿＿＿＿＿＿ the newspaper, he is fine.

重要ポイント

2

テストに 出る!

不定詞の用法
● 名詞的用法
　「～すること」
● 副詞的用法(目的)
　「～するために」
● 副詞的用法(原因)
　「～して」
● 形容詞的用法
　「～するための」
　「～すべき」

3 (1)「本を借りるために図書館に行った」
(2)「彼の言葉を聞いて悲しかった」
(3)「泳ぐことは楽しい」

4 (1)「ちらりと見る」は take a look。
(2)「将来, 未来」は the future。
(3) 情報源を示すときに使う表現。

5 次の英文を読んで，あとの問いに答えなさい。

①We use 〔 do / computers / many things / to 〕.
We use them to work, to learn, and to communicate.
Today, many computers have AI. The progress of
AI is changing our lives. Some jobs will disappear,
and new ones will appear.

(1) 下線部①の〔　〕内の語句を並べかえて，意味の通る英文にしな
さい。

We use _____ .

(2) 次の文が本文の内容と合っていれば○，異なっていれば×を
（　）に書きなさい。

１．コンピュータは連絡の手段として使われる。　　　　（　　　）

２．AI の進歩により私たちの生活は変化している。　　　（　　　）

３．AI の進歩であらゆる仕事がなくなるだろう。　　　　（　　　）

(3) 本文の内容に合うように，次の質問に英語で答えなさい。

What do many computers have today?

— _____

6 〔　〕内の語句を並べかえて，日本文に合う英文を書きなさい。

(1) 私たちには何も飲むものがありませんでした。

〔 have / to / didn't / drink / we / anything 〕.

_____

(2) テレビを長く見すぎることはよくありません。

〔 good / it / watch / not / TV / is / to 〕 too long.

_____ too long.

(3) 彼は時間をチェックするために腕時計を見ました。

He 〔 to / the time / looked / his watch / check / at 〕.

He _____ .

7 次の日本文を英語になおしなさい。

(1) 私はそれを聞いて残念です。

_____

(2) 彼は科学者になるために一生懸命に勉強しました。

_____

(3) あなたに電話をする時間がありませんでした。（I had で始めて）

_____

(4) 歯をみがくことは重要です。　（It's で始めて）

重要ポイント

5 (1)「私たちはたくさん
のことをするためにコン
ピュータを使う」という
意味の英文にする。

(3)本文３行目参照。

6 (1) anything to ～ の
形を使う。

得点力を UP

(2)〈It is …＋to＋動詞
の原形～.〉の文でよく
使われる形容詞
good（よい）
easy（簡単な）
difficult, hard（難しい）
necessary（必要な）
important（重要な）
interesting（おもしろい）

(3)目的を表す副詞的用法の
不定詞。

7 (1)「残念で」は sorry
を使う。

(2)副詞的用法の不定詞を使
う。

(3)「～する時間」は time to
～。

(4)「歯をみがく」は brush
your teeth で表せる。

　　太陽が作る影から時間がわかる「日時計」。英語で何と言う？　　➡答えは次のページ

Unit 3 ～ Let's Read 1

実力判定テスト ステージ **3** ▶Unit 3 〜 Let's Read 1

30分 /100

読 間 書 話

1 LISTENING 対話を聞いて、その内容と合っていれば○、異なっていれば×を（ ）に書きなさい。

♪ l06 3点×2(6点)

(1) アキラは今度の土曜日に予定が入っている。 （ ）

(2) アキラはすき焼きを作るのは簡単だと思っている。 （ ）

2 次の日本文に合うように、＿＿に適する語を書きなさい。 3点×4(12点)

(1) 昨日は折り返し電話をしなくてごめんなさい。

I'm ＿＿＿＿＿＿＿＿＿＿＿ I didn't call back yesterday.

(2) 夜にコーヒーを飲んではいけません。

Don't drink coffee ＿＿＿＿＿＿＿ ＿＿＿＿＿＿＿.

(3) 彼は英語を少しずつ学びました。

He learned English ＿＿＿＿＿＿ ＿＿＿＿＿＿ ＿＿＿＿＿＿.

(4) 私はスポーツが好きです。例えば、私はサッカーとテニスをします。

I like sports. ＿＿＿＿＿＿ ＿＿＿＿＿＿, I play soccer and tennis.

3 次の各組の文がほぼ同じ内容になるように、＿＿に適する語を書きなさい。 4点×4(16点)

(1) { I was happy because I could work with you.
I was happy ＿＿＿＿＿＿ ＿＿＿＿＿＿ with you.

(2) { You can see many things in Osaka.
There are many ＿＿＿＿＿ ＿＿＿＿＿ ＿＿＿＿＿ in Osaka.

(3) { Ann came to Kyoto because she wanted to meet her old friend.
Ann came to Kyoto ＿＿＿＿＿＿ ＿＿＿＿＿＿ her old friend.

(4) { To climb mountains is a lot of fun.
＿＿＿＿＿＿ is a lot of fun ＿＿＿＿＿＿ mountains.

4 〔 〕内の語を並べかえて、日本文に合う英文を書きなさい。 4点×3(12点)

(1) あなたは自分の技術を改善し続けるべきです。

〔 continue / skills / should / you / to / improve / your 〕.

(2) 毎日、運動をすることが必要です。

〔 out / necessary / it / is / work / to 〕 every day.

＿＿＿＿＿＿＿＿＿＿＿＿＿ every day.

(3) あなたはこの自転車についてどう思いますか。

〔 think / do / this / you / what / bike / of 〕?

＿＿＿＿＿＿＿＿＿＿＿＿＿＿＿

ちょっとBREAKの答え sundial[sʌ́ndàiəl], sun clock[sʌ́n klák] などと言います。

● 〈to ＋動詞の原形〉の用法と意味を理解しましょう。●自分に合うと思う仕事について言えるようにしましょう。

目標

自分の得点まで色をぬろう!

😣がんばろう!	😐もう一歩	😊合格!
0	60　80	100点

5 次のメグと朝美の対話文を読んで，あとの問いに答えなさい。 (計24点)

Meg: Look. ①(　　　　) an article about our future jobs.

Asami: (　②　)

Meg: It says some jobs will disappear in the future.

Asami: Really? How about translators, my dream job?

Meg: Let's see . . . . Oh, I'm surprised to see ③this.
④(　　　)(　　　) this article, AI will take some translation jobs away.

(1) 下線部①が「ここに私たちの未来の仕事についての記事があります」という意味になるように，( )に適する語を書きなさい。 (4点)

(2) ②の( )に適する文を下から選び，記号で答えなさい。 (4点)

　　ア　How do you say it?　　イ　What does it say?　　ウ　Why do you say it?

(　　　)

(3) 下線部③の this が指す内容を具体的に日本語で書きなさい。 (6点)

(　　　　　　　　　　　　　　　　　　　　　　　　　　　　　　)

(4) 下線部④が「この記事によれば」という意味になるように( )に適する語を書きなさい。

_____ _____ this article, (4点)

(5) 本文の内容に合うように，次の質問に英語で答えなさい。 (6点)

What does Asami want to be in the future?

―

6 次の日本文を英語になおしなさい。 5点×4(20点)

(1) 私はその本を読んでわくわくしました。 （不定詞を使って）

(2) 家のそうじをする時間です。 （It's で始めて）

(3) 何か食べるものを私にください。 （Please で始め，不定詞を使って）

(4) 彼はその美術館に行くためにバスに乗りました。 （He で始めて）

7 次の質問に，あなた自身の答えを英語で書きなさい。 (10点)

When did you start to study English?

―

 ステージ 1 **Unit 4** Homestay in the United States ① 読聞書話

解答 p.16

教科書の **要点** 〈have to ＋動詞の原形〉 ♪ a17

| 肯定文 | You **have to speak** English. | あなたは英語を話さなければなりません。 |

「〜しなければならない」　動詞の原形

| 否定文 | You **do not have to speak** perfect English. | あなたは完璧な英語を話さなくてもよいです。 |

「〜しなくてよい」　動詞の原形

要点

● 〈have to ＋動詞の原形〉で「〜しなければならない」という意味を表す。
● 否定文は〈do not[don't] have to ＋動詞の原形〉で表し，「〜しなくてよい」という意味になる。
● 主語が三人称単数の場合，has to 〜を使う。否定文は does not[doesn't] have to 〜となる。
● 疑問文は〈Do[Does]＋主語＋ have to ＋動詞の原形 〜?〉で表す。答えるときも do[does] を使う。
プラス 過去の文では had to 〜を使う。
　　　例 You had to speak English yesterday. あなたは昨日，英語を話さなければなりませんでした。

Words チェック 次の英語は日本語に，日本語は英語になおしなさい。

□(1) perfect 　　　(　　　　　　　) 　　□(2) follow 　　(　　　　　　　　)
□(3) 一員，メンバー 　　_____ 　　□(4) 規則，ルール 　　_____

1 絵を見て例にならい，「〜は…しなければなりません」という文を書きなさい。

例　I / clean my room　　(1) I / do my homework　　(2) Kayo / help her mother　　(3) Rei / walk to school

例　I have to clean my room.

(1) I _____ _____ do my homework.

(2) Kayo _____ her mother.

(3) _____

ここがポイント

「〜しなければならない」
〈have[has] to ＋動詞の原形〉で必要性や義務を表す。

2 次の日本文に合うように，＿＿＿に適する語を書きなさい。

(1) 私たちは明日，早く起きなくてよいです。

　　We _____ _____ to get up early tomorrow.

(2) アヤは毎日，夕食を作らなければなりませんか。

　　_____ Aya _____ _____ cook dinner every day?

ここがポイント

have[has] to 〜の否定文・疑問文
否定文は〈do[does] not have to ＋動詞の原形〉，疑問文は〈Do[Does] ＋主語＋ have to ＋動詞の原形 〜?〉で表す。

 have to は [hǽftu(ː) / hǽfta]，has to は [hǽstu(ː) / hǽstə] と発音するよ。

確認のワーク　ステージ1　**Unit 4** Homestay in the United States ② 読聞書話

教科書の 要点 助動詞 must

a18

肯定文 **You must** come home early.　あなたは早く帰って来なければなりません。
　　　　「〜しなければならない」　動詞の原形

否定文 **You must not** go out alone.　あなたはひとりで外に出てはいけません。
　　　　「〜してはならない」　動詞の原形

要点

● 〈must ＋動詞の原形〉で「〜しなければならない」という意味を表す。
● 否定文は〈must not[mustn't]＋動詞の原形〉で表し，「〜してはならない」という意味になる。
● 疑問文は〈Must ＋主語＋動詞の原形 〜?〉で表す。答えるときは，〈Yes, 主語＋ must.〉や〈No, 主語＋ don't[doesn't] have to.〉を使う。No で答えるときに must を使わないことに注意。

プラス will などのほかの助動詞といっしょに用いるときは must ではなく，have to を使う。また must には過去形がないので，過去の文では have[has] to の過去形 had to を使う。
　例 I will have to meet her tomorrow.　私は明日，彼女に会わなければならないでしょう。
　　 I had to meet her yesterday.　　　私は昨日，彼女に会わなければなりませんでした。

Words チェック 次の英語は日本語に，日本語は英語になおしなさい。

□(1) safe （　　　　　　　）　□(2) alone （　　　　　　　）

□(3) 若い，幼い ＿＿＿＿＿＿　□(4) 外出する（2語）＿＿＿＿＿＿

1 次の日本文に合うように，＿＿に適する語を書きなさい。

(1) あなたは皿を洗わなければなりません。
　 You ＿＿＿＿＿＿＿＿ the dishes.

(2) 私たちはほかの人に親切にしなければなりません。
　 We ＿＿＿＿＿＿＿＿ kind to other people.

(3) あなたはここでサッカーをしてはいけません。
　 You ＿＿＿＿＿＿＿＿ play soccer here.

(4) 私は家にいなければなりませんか。
　 ― いいえ，いなくてもよいです。
　 ＿＿＿＿＿＿＿＿ stay at home?
　 ― No, you ＿＿＿＿＿＿＿＿ .

ここが ポイント

● 「〜しなければならない」
〈must ＋動詞の原形〉で義務や命令を表す。
● 「〜してはならない」
〈must not ＋動詞の原形〉で禁止を表す。

ミス注意

(4) must の疑問文に No で答えるときは，don't [doesn't] have to を使う。

2 次の文を（　）内の指示にしたがって書きかえなさい。

(1) You must study hard.　（will を使って未来の文に）
　 You will ＿＿＿＿＿＿＿＿ .

(2) I must practice the piano.　（過去の文に）
　 I ＿＿＿＿＿＿＿＿ .

must not の短縮形 mustn't は [mʌ́snt] と発音するよ。

解答 p.16

確認のワーク　ステージ1　Unit 4　Homestay in the United States ③
Let's Write 2　ホームステイのお礼状 —手紙—

読 聞 書 話

教科書の 要点 　動名詞　♪a19

I finished using the bathroom.
主語　　動詞　　　　　　　　　　　　　　目的語
〈動詞の ing 形〉「〜すること」

私は浴室を使い終わりました。

Playing games was fun.
主語(三人称単数扱い)　　　　動詞

ゲームをするのは楽しかったです。

要点

- ●「〜すること」は〈動詞の ing 形〉で表すことができる。これを動名詞という。
- ●動名詞は文の主語や目的語になる，前置詞のあとに置くなど，名詞と同様の働きをする。
- プラス　動名詞と不定詞のどちらを目的語にとるかは，動詞によって異なる。

動名詞を目的語にとる	enjoy, finish, stopなど
不定詞を目的語にとる	want, hopeなど
不定詞・動名詞の両方を目的語にとる	like, start, beginなど

Wordsチェック　次の英語は日本語に，日本語は英語になおしなさい。

- □(1) case （　　　　　　　）
- □(2) such （　　　　　　　）
- □(3) especially （　　　　　　　）
- □(4) carefully ＿＿＿＿＿＿＿
- □(5) 〜を節約する ＿＿＿＿＿＿＿
- □(6) 趣味 ＿＿＿＿＿＿＿
- □(7) 〜を傷つける ＿＿＿＿＿＿＿
- □(8) keep の過去形 ＿＿＿＿＿＿＿

1 絵を見て例にならい，「〜は…して[することを]楽しみました」という文を書きなさい。

例　Emi / read a book

(1) the boys / play soccer

(2) Bob / make origami

(3) she / run in the park

例　Emi enjoyed reading a book.
(1) The boys ＿＿＿＿＿＿＿＿＿＿ soccer.
(2) Bob ＿＿＿＿＿＿＿＿＿＿＿＿＿＿ .
(3) ＿＿＿＿＿＿＿＿＿＿＿＿＿＿＿

ここが ポイント
動名詞〈動詞のing形〉
「〜すること」の意味で名詞の働きをし，文の主語や目的語になる。

2 次の文の＿＿に，（　）内の語を適する形（1語）にかえて書きなさい。

(1) I enjoy ＿＿＿＿＿＿ the guitar. (play)
(2) ＿＿＿＿＿＿ to music is fun. (listen)
(3) They stopped ＿＿＿＿＿＿ . (talk)
(4) Mike is good at ＿＿＿＿＿＿ pictures. (draw)

まるごと 暗記
動名詞のみを目的語にとる動詞
enjoy, finish, stop など

food：食べ物　　water：水

❸ 次の中学生の慎のホームステイに関する感想を読んで，あとの問いに答えなさい。

Last night, ①[finished / when / the bathroom / I / using], my host mother said, "Your shower was too long. ②You should finish it in ten minutes." I said to her, "Why do I have to do it so quickly? I can't finish washing in such a short time." She said, "Because we must save water. We need to take our showers (③)." What should I do?

(1) 下線部①の〔 〕内の語句を並べかえなさい。

_____

思い出そう

(1) **when**
when ～で「～(の)とき に」という意味。when のあとは文〈主語＋動 詞 ～〉が続く。

レベルUP (2) 次の文が慎のホストマザーが下線部②のように発言した理由を 表す文になるように，_____ に適する語を書きなさい。

Shin's host mother wants to _____ _____.

(3) ③に適する語を本文中から探して書きなさい。 _____

よく出る (4) 次の文が本文中の内容と合っていれば〇，異なっていれば×を （ ）に書きなさい。

１．ホストマザーは慎のシャワーが長いと言った。 （   ）

２．慎はいつも10分間でシャワーを浴びている。 （   ）

よく出る **❹** 次の日本文に合うように，_____ に適する語を書きなさい。

(1) アヤは私の友達の１人です。

Aya is _____ my _____.

(2) 私はそんなに大きなかばんを持っていません。

I don't have _____ _____ big bag.

(3) 結局，私は彼のことを理解できませんでした。

_____ _____, I couldn't understand him.

(4) トムもマイクも両方，パーティーに来ました。

_____ Tom _____ Mike came to the party.

(5) メイは歌い続けました。

Mei _____.

表現メモ

●「～の１つ[１人]」
one of ～
●「そんなに～な…」
〈such a[an] ＋ 形容 詞＋名詞〉
●「結局」after all
●「～も…も両方」
both ～ and …
●「～し続ける」
keep ～ing

WRITING Plus

与えられた語句を使って，(1)あなたが週末にするのを楽しむこと，(2)あなたがするのが得 意なことを伝える文を書きなさい。

(1) _____

on weekends：週末に

(2) _____

be good at ～：～がじょうず[得意]だ

文法
のまとめ**4** **Grammar for Communication 4** 助動詞

解答 p.17

まとめ

① 助動詞

● can, will など, 動詞に意味を加える働きをする言葉を助動詞という。
● 助動詞は〈助動詞＋動詞の原形〉の形で使う。

助動詞	意味（働き）	例
can	～することができる（能力・可能） ～してもよい（許可）	He can run fast.　彼は速く走ることができます。 You can use this computer. あなたはこのコンピュータを使ってもよいです。
will	～するつもりだ（意志） ～だろう（予測） <small>be going to ～で似た意味を表せる。</small>	I will call you tomorrow. 私は明日, あなたに電話するつもりです。 She will visit Japan.　彼女は日本を訪れるでしょう。
may	～かもしれない（推量） ～してもよい（許可）	He may come back.　彼は戻るかもしれません。 You may use my bike. あなたは私の自転車を使ってもよいです。
must	～しなければならない（義務） <small>have[has] to ～で似た意味を表せる。</small>	You must read the book. あなたはその本を読まなければなりません。

② 助動詞の否定文・疑問文

● 否定文は〈主語＋助動詞＋ not ＋動詞の原形 ～.〉で表す。can は cannot[can't] を使う。

否定文 He cannot 　run fast.　　　　　　　　彼は速く走ることができません。
[can't]　　 動詞の原形

She will 　not visit Japan.　　　　　　彼女は日本を訪れないでしょう。
[won't]　 助動詞のあとに not

He may 　not come back.　　　　　　彼は戻って来ないかもしれません。

You must not read the book.　　　　　　あなたはその本を読んではいけません。
[mustn't]　 「～してはいけない」という意味になる　don't[doesn't] have to ～は「～しなくてよい」

● 疑問文は, 主語の前に助動詞を置き,〈助動詞＋主語＋動詞の原形 ～?〉で表す。

疑問文 Can he 　 　run fast?　　　　　　彼は速く走ることができますか。
助動詞を主語の前に

Will she 　 　visit Japan?　　　　　　彼女は日本を訪れるでしょうか。
動詞の原形

May I 　 　use your bike?　　　　　　あなたの自転車を使ってもよいですか。

Must I 　 　read the book?　　　　　　私はその本を読まなければなりませんか。
答えるときは, Yes, you must. / No, you don't have to.

練習

1 次の日本文に合うように，＿＿＿に適する語を書きなさい。

(1) 授業はすぐに始まるでしょう。
The class ＿＿＿＿＿＿ ＿＿＿＿＿＿ soon.

(2) 彼女はじょうずに泳ぐことができません。
She ＿＿＿＿＿＿ ＿＿＿＿＿＿ well.

(3) 電車は遅れて到着するかもしれません。
The train ＿＿＿＿＿＿ ＿＿＿＿＿＿ late.

(4) 図書館で食べ物を食べてはいけません。
You ＿＿＿＿＿＿ ＿＿＿＿＿＿ eat in the library.

(5) テレビを見てもよいですか。— もちろん。
＿＿＿＿＿＿ ＿＿＿＿＿＿ watch TV? — ＿＿＿＿＿＿.

> 助動詞の文は，動詞の原形を使うよ。

2 次の文を（ ）内の指示にしたがって書きかえるとき，＿＿＿に適する語を書きなさい。

(1) I visit Singapore every year. （下線部を next に）
＿＿＿＿＿＿ ＿＿＿＿＿＿ Singapore next year.

(2) I must save money. （過去の文に）
I ＿＿＿＿＿＿ ＿＿＿＿＿＿ save money.

(3) Don't run in the classroom. （ほぼ同じ内容の文に）
You ＿＿＿＿＿＿ run in the classroom.

(4) Please give me some water. （ほぼ同じ内容の文に）
＿＿＿＿＿＿ ＿＿＿＿＿＿ give me some water?

3 〔 〕内の語句を並べかえて，日本文に合う英文を書きなさい。

(1) リサは日本の歴史に興味があるかもしれません。
〔 in / Lisa / be / Japanese history / may / interested 〕.

(2) ケンは月曜日は，数学を勉強しないでしょう。
〔 not / math / will / Ken / on / study 〕 Monday.
＿＿＿＿＿＿ ＿＿＿＿＿＿ Monday.

(3) 私のためにドアを開けてくださいませんか。
〔 open / could / me / for / you / the door 〕?

(4) 私たちはバスに乗らなければなりませんか。
〔 have / take / we / a bus / do / to 〕?

定着のワーク　ステージ2　Unit 4 ～ Grammar for Communication 4　読 聞 書 話

解答 p.17

🎧 **1 LISTENING** 対話と質問を聞いて，答えとして適切な絵を選び，記号で答えなさい。 ♪ 107

ア　イ　ウ　エ

（　　　　）

👑よく出る **2** 次の文の（　）内から適する語句を選び，記号で答えなさい。

(1) Lisa（ ア have　イ has　ウ must ）to write to John.

(2) Ken stopped（ ア walk　イ walking　ウ to walk ）then.

(3) I want（ ア study　イ studying　ウ to study ）abroad.

(4) Must I go home now?

— No, you（ ア must　イ mustn't　ウ don't have to ）.

(1)（　　　　） (2)（　　　　） (3)（　　　　） (4)（　　　　）

レベルUP **3** 次の各組の文がほぼ同じ内容になるように，＿＿＿に適する語を書きなさい。

(1) ┌ I started to play the guitar four years ago.
　　└ I started ＿＿＿＿＿＿ the guitar four years ago.

(2) ┌ We cooked curry together. It was fun for us.
　　└ We ＿＿＿＿＿ ＿＿＿＿＿ curry together.

(3) ┌ Take off your shoes here.　　　　　take off：脱ぐ
　　└ You ＿＿＿＿＿ take off your shoes here.

(4) ┌ Don't talk in the library.
　　└ You ＿＿＿＿＿ ＿＿＿＿＿ talk in the library.

👑よく出る **4** 次の日本文に合うように，＿＿＿に適する語を書きなさい。

(1) 駅に車で迎えに来てくれますか。

Can you ＿＿＿＿＿ me ＿＿＿＿＿ at the station?

(2) 将棋は私の趣味の1つです。

Shogi is ＿＿＿＿＿ ＿＿＿＿＿ my ＿＿＿＿＿.

(3) 父も母も両方忙しいです。

＿＿＿＿＿ my father and mother ＿＿＿＿＿ busy.

(4) 結局，彼女は姿を現しませんでした。

＿＿＿＿＿ ＿＿＿＿＿, she didn't appear.

重要ポイント

2 (1)あとに to がある。
主語は三人称単数。

(2)(3)

テストに 出る！

動詞の目的語
●動名詞のみをとる動詞
enjoy, finish, stop など
●不定詞のみをとる動詞
want, hope など

(4) must の疑問文に No で答えるときは don't[doesn't] have to を使う。

3 (1)動名詞を使って言いかえる。

(2) enjoy 〜ing の形に。

(3)(4)

得点力をUP

命令文と must
●動詞の原形 〜.
⇄ You must 〜.
● Don't 〜.
⇄ You must not 〜.

4 (1)「車で〜を迎えに行く」は pick 〜 up。

(2) one of 〜（〜の1つ[1人]）のあとは複数形の名詞が続く。

(3) both 〜 and … は複数扱い。

(4)「結局」→「全てのあとで」

5 次の留学情報サイトの記事を読んで，あとの問いに答えなさい。

①ホームステイの間, you are a member of the family. You are not a (　②　). ③[to / you / the house rules / follow / have]. If you have any questions, ask your host family. ④It is important to communicate with them.

(1) 下線部①を３語の英語になおしなさい。

(2) ②の(　)に適する語を下から選び，記号で答えなさい。
　　ア clerk　　イ guest　　ウ parent　　　　(　　)

(3) 下線部③が「あなたは家での決まりごとに従わなければなりません」という意味になるように，〔　〕内の語句を並べかえなさい。

(4) 下線部④の英文を日本語になおしなさい。
　(　　　　　　　　　　　　　　　　　　　　)

6 〔　〕内の語を並べかえて，日本文に合う英文を書きなさい。

(1) 英語を話すことは私にとって難しいです。
　〔 is / English / me / for / speaking / difficult 〕.

(2) あなたはくつを洗い終えましたか。
　〔 finish / your / you / shoes / did / washing 〕?

(3) あなたは何も食べ物を持って来なくてよいです。
　〔 any / have / don't / food / to / bring / you 〕.

(4) 私の父は車でそこに行く必要があります。
　〔 needs / there / my / to / father / by / go / car 〕.

7 次の日本文を英語になおしなさい。

(1) 写真を撮ることはおもしろいです。（動名詞を使って）

(2) 私の姉はダンスをするのが得意です。（動名詞を使って）

(3) あなたは今，寝なければなりません。（have を使って）

(4) この川で泳いではいけません。（You で始めて）

重要ポイント

5 (1)「～の間」は during。
(2)直前の文に「あなたは家族の一員だ」とある。
(3)「～しなければならない」を have to で表す。
(4)〈It is …＋ to ＋動詞の原形 ～.〉の文。

6 (1)「英語を話すこと」が主語。

得点力をUP
動名詞の位置
動名詞は文頭に置いて主語になるほか，動詞のあとや，前置詞のあとに置くことができる。

(2)「～し終える」は finish ～ing。
(3)「～しなくてよい」は don't have to ～。
(4)「～する必要がある」は need to ～。

7 (1)主語が動名詞の文。
(2)「～が得意だ」を be good at ～で表す。
(3)「～しなければならない」を have to ～で表す。
(4)「～してはいけない」は must not を使う。

Unit 4 ～ Grammar for Communication 4

 BREAK ホストファミリーの父親［母親］は host father[mother]。その子供は？　　➡答えは次のページ

実力判定テスト ステージ **3** **Unit 4 〜** **Grammar for Communication 4** 30分 /100

解答 p.18

読 聞
書 話

1 LISTENING　対話を聞いて，その内容に合うように，次の質問に日本語で答えなさい。

108　3点×2(6点)

(1)　ケンは明日何をしなければなりませんか。　　　　　　（　　　　　　　　　　　　）

(2)　メグはケンにどのような提案をしましたか。　　　　　（　　　　　　　　　　　　）

2 次の日本文に合うように，　　に適する語を書きなさい。　　　3点×4(12点)

(1)　そのように短い時間でその仕事をすることはできません。

I can't do the job in ＿＿＿＿＿＿＿＿ ＿＿＿＿＿＿＿＿ time.

(2)　それは私がいちばん好きな映画の1つです。

That is ＿＿＿＿＿＿ ＿＿＿＿＿＿ my favorite ＿＿＿＿＿＿.

(3)　私たちは野球もサッカーも両方します。

We play ＿＿＿＿＿＿ baseball ＿＿＿＿＿＿ soccer.

(4)　すぐにお返事がもらえることを願っています。

I hope to ＿＿＿＿＿＿ ＿＿＿＿＿＿ you soon.

3 次の各組の文がほぼ同じ内容になるように，　　に適する語を書きなさい。　　4点×4(16点)

(1) { Playing the piano is fun.
＿＿＿＿＿＿ is fun ＿＿＿＿＿＿ ＿＿＿＿＿＿ the piano.

(2) { Don't eat too much.
You ＿＿＿＿＿＿ ＿＿＿＿＿＿ too much.

(3) { Tom began to clean the room.
Tom ＿＿＿＿＿＿ ＿＿＿＿＿＿ the room.

(4) { Ann has a lot of homework to do.
Ann ＿＿＿＿＿＿ ＿＿＿＿＿＿ a lot of homework.

4 〔　〕内の語句を並べかえて，日本文に合う英文を書きなさい。　　4点×3(12点)

(1)　ヒロは英語の歌を歌うのが得意です。

〔 English / is / good / songs / at / Hiro / singing 〕.

＿＿＿＿＿＿＿＿＿＿＿＿＿＿＿＿＿＿＿＿＿＿＿＿＿＿＿＿

(2)　私たちはこの本を読まなければなりませんか。

〔 read / we / book / must / this 〕?

＿＿＿＿＿＿＿＿＿＿＿＿＿＿＿＿＿＿＿＿＿＿＿＿＿＿＿＿

(3)　私の母は新しいことを試すのが好きです。

〔 new / likes / trying / my mother / things 〕.

＿＿＿＿＿＿＿＿＿＿＿＿＿＿＿＿＿＿＿＿＿＿＿＿＿＿＿＿

ちょっとBREAKの答え　男の子なら host brother，女の子なら host sister と言います。

5 次の海斗とウィルソンさんの対話文を読んで，あとの問いに答えなさい。　　　　(計24点)

Kaito:　　　　(　①　)

Mrs. Wilson:　Yes. You must come home (　②　) six.

Kaito:　　　　Six o'clock? Isn't that a little early?

Mrs. Wilson:　Well, we have dinner at six.

Kaito:　　　　③なるほど.

Mrs. Wilson:　And ④if you have a special plan later in the evening, you must not go out alone.

(1)　①の(　)に適する文を下から選び，記号で答えなさい。　　　　(4点)

　　ア　Are there any house rules?　　　イ　Do you know about our house rules?

　　ウ　What house rules do you have?　　　　　　　　　　　　　(　　　　)

(2)　②の(　)に適する語を下から選び，記号で答えなさい。　　　　(4点)

　　ア　by　　　イ　on　　　ウ　with　　　　　　　　　　　　(　　　　)

(3)　下線部③を2語の英語になおしなさい。　＿＿＿＿＿＿＿＿＿＿．(4点)

(4)　下線部④の英文を日本語になおしなさい。　　　　(6点)

　　(　　　　　　　　　　　　　　　　　　　　　　　　　　　　　　)

(5)　本文の内容に合うように，次の質問に英語で答えなさい。　　　　(6点)

　　What do they do at six?

　　—

6 次の日本文を英語になおしなさい。　　　　5点×4(20点)

(1)　私はそのいすを作り終えました。　（動名詞を使って）

(2)　あなたは外国に旅行することに興味がありますか。　（abroad を使って）

(3)　あなたは傘を持っていかなくてもよいです。　（have を使って）

(4)　英語を話そうと努力し続けなさい。　（keep を使って）

7 次の質問に，あなた自身の答えを英語で書きなさい。　　　　5点×2(10点)

(1)　What do you have to do at home?

(2)　What did you enjoy doing when you were a small child?

Unit 4 〜 Grammar for Communication 4

確認のワーク　ステージ 1　**Unit 5** Universal Design ①

解答 ▶ p.19

読 聞 書 話

教科書の 要点　〈疑問詞＋ to ＋動詞の原形〉　♪ a20

I　know　**how to** use these products.　私はこれらの製品の使い方を知っています。
主語　動詞　〈疑問詞＋ to ＋動詞の原形〉　目的語

要点

● 〈how to ＋動詞の原形〉は「どのように～するか」「～する方法，～のし方」，〈what to ＋動詞の原形〉は，「何を～すべきか」という意味を表す。
● 〈疑問詞＋ to ＋動詞の原形〉の表現には，ほかに次のようなものがある。
　□ where to ～　どこで[へ]～すべきか　　□ when to ～　いつ～すべきか
　□ which to ～　どれを～すべきか

Words チェック　次の英語は日本語に，日本語は英語になおしなさい。
□(1)　facility　　（　　　　　　　）　　□(2)　exhibition　　（　　　　　　　）
□(3)　製品　　＿＿＿＿＿＿＿　　□(4)　デザイン

1 絵を見て例にならい，「私は～のし方を知っています」という文を書きなさい。

play the guitar　　cook curry　　swim well　　use a computer

例　I know how to play the guitar.
(1)　I know ＿＿＿＿＿＿＿＿＿＿ cook curry.
(2)　I know ＿＿＿＿＿＿＿＿＿＿＿＿ well.
(3)　I know ＿＿＿＿＿＿＿＿＿＿＿＿ .

ここが ポイント
「～のし方」
〈how to ＋動詞の原形〉
で表す。

2 次の日本文に合うように，＿＿に適する語を書きなさい。
(1)　私はどのように E メールを書くか学びたいです。
　　I want to learn ＿＿＿＿＿＿＿＿＿ write
　　e-mails.
(2)　彼は彼女に何を言うべきかわかりませんでした。
　　He didn't know ＿＿＿＿＿＿＿＿＿ say to her.
(3)　あなたはどこへ行くべきか知っていますか。
　　Do you know ＿＿＿＿＿ to ＿＿＿＿＿ ?
(4)　アンはいつ話すのをやめるべきかわかっています。
　　Ann knows ＿＿＿＿＿ to ＿＿＿＿＿ talking.

まるごと 暗記
〈疑問詞＋ to ＋動詞の原形〉
● how to ～
　「どのように～するか」
　「～する方法」
● what to ～
　「何を～すべきか」
● where to ～
　「どこで[へ]～すべきか」
● when to ～
　「いつ～すべきか」
● which to ～
　「どれを～すべきか」

design は [dizáin] と読む。g の文字は発音しないよ。

確認のワーク　ステージ 1　▶Unit 5 Universal Design ②　読 聞 書 話

教科書の 要点　〈動詞＋人＋疑問詞＋ to ＋動詞の原形〉　 a21

I can show you how to use these products.

主語　〔動詞〕　〔(人)〕　〔〈疑問詞＋ to ＋動詞の原形〉〕

私はこれらの製品の使い方を
あなたに見せることができます。

要点

● 〈show ＋人＋もの〉の「もの」の位置に how to 〜を置くと，「(人)に〜のし方を見せる」という意味になる。

● 〈動詞＋人＋もの〉の文は，「もの」の位置に〈疑問詞＋ to ＋動詞の原形〉を置いて，〈動詞＋人＋疑問詞＋ to ＋動詞の原形〉とすることができる。

Wordsチェック　次の英語は日本語に，日本語は英語になおしなさい。

□(1) jar （　　　　　　　）　□(2) braille （　　　　　　　）

□(3) feature （　　　　　　　）　□(4) over here （　　　　　　　）

□(5) 職員，従業員 ＿＿＿＿＿＿　□(6) 役に立つ　h＿＿＿＿＿＿

1 次の日本文に合うように，＿＿＿に適する語を書きなさい。

(1) 私に何をすべきか教えてください。

Tell ＿＿＿＿＿＿ ＿＿＿＿＿＿ ＿＿＿＿＿＿ do.

(2) 私は彼にどちらを買うべきかたずねました。

I asked ＿＿＿＿＿＿ ＿＿＿＿＿＿ ＿＿＿＿＿＿ buy.

(3) 私はあなたにどこでひと休みするべきか示すことができます。

I can show ＿＿＿＿＿＿ ＿＿＿＿＿＿ ＿＿＿＿＿＿ take a rest.

(4) 私たちにテニスのし方を教えてください。

Please teach ＿＿＿＿＿＿ ＿＿＿＿＿＿ ＿＿＿＿＿＿ play tennis.

> 思い出そう
>
> 〈動詞＋人＋もの〉の形をとる動詞
> show（見せる，示す）
> tell（話す，教える）
> teach（教える）
> ask（たずねる）など

2 〔　〕内の語句を並べかえて，日本文に合う英文を書きなさい。

(1) 私たちは伊藤先生にいつ戻るべきかたずねました。

〔 to / asked / we / Ms. Ito / back / when / come 〕.

＿＿＿＿＿＿＿＿＿＿＿＿＿＿＿＿＿＿＿＿＿＿＿

(2) 東京でどこを訪れるべきか私に教えてください。

〔 where / in / tell / visit / me / to 〕 Tokyo.

＿＿＿＿＿＿＿＿＿＿＿＿＿＿＿＿＿ Tokyo.

(3) この窓の開け方を私に見せてくれませんか。

Can you 〔 this window / how / show / open / me / to 〕?

Can you ＿＿＿＿＿＿＿＿＿＿＿＿＿＿＿＿＿ ?

> ここがポイント
>
> 〈動詞＋人＋疑問詞＋ to 〜〉の文の作り方
> ①〈主語＋動詞＋人〉の順に並べる。
> ②〈疑問詞＋ to ＋動詞の原形〉のまとまりを続ける。

braille は [bréil] と発音するよ。

Unit 5

確認のワーク　ステージ1　**Unit 5** Universal Design ③

解答 p.20

読聞書話

教科書の要点　〈be 動詞＋形容詞＋ that 〜〉 a22

I **am sure that** these ideas help many people.　私はこれらの考えが，多くの人々を助けると確信しています。

形容詞　接続詞　〈主語＋動詞〜〉が続く

要点

● be sure that 〜は「〜だと確信している[きっと〜だ]」という意味を表す。

● この that は接続詞なので，あとに〈主語＋動詞 〜〉を続ける。またこの that は省略できる。

● 〈be 動詞＋形容詞＋ that 〜〉には，ほかに次のようなものがある。

　□ be glad[happy] that 〜　〜してうれしい　□ be sad that 〜　　　〜して悲しい
　□ be sorry that 〜　〜してすまない[残念だ]　□ be surprised that 〜　〜して驚いている

Words チェック　次の英語は日本語に，日本語は英語になおしなさい。

□(1) common　(　　　　　)　□(2) finger　(　　　　　)

□(3) stairs　(　　　　　)　□(4) もっとよい，よくなって　＿＿＿＿

□(5) 赤ん坊　＿＿＿＿　□(6) 〜を持つ，つかむ　＿＿＿＿

□(7) うれしい　g＿＿＿＿　□(8) 〜をひく，ひっぱる　＿＿＿＿

1 絵を見て例にならい，「私は〜だと確信しています」という文を書きなさい。

this bike is useful

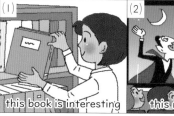this book is interesting

this movie is fun

she is popular

例　I'm sure that this bike is useful.

(1) I'm ＿＿＿＿＿＿＿＿＿＿ this book is interesting.

(2) I'm ＿＿＿＿＿＿＿＿＿＿＿＿＿ .

(3) ＿＿＿＿＿＿＿＿＿＿＿＿＿

2 次の英文を下線部に注意して日本語になおしなさい。

(1) I'm glad that you liked my present.

　(　　　　　　　　　　　　　　　)

(2) I'm surprised that she won the game.

　(　　　　　　　　　　　　　　　)

(3) I'm sad that you're not here.

　(　　　　　　　　　　　　　　　)

まるごと暗記

〈be動詞＋形容詞＋ that 〜〉
be sure that 〜
「〜だと確信している[きっと〜だ]」
be glad[happy] that 〜
「〜してうれしい」
be sad that 〜
「〜して悲しい」
be sorry that 〜
「〜してすまない[残念だ]」
be surprised that 〜
「〜して驚いている」

 shape：形　idea：考え，アイディア

3 メグのユニバーサルデザインに関する発表の英文を読んで，あとの問いに答えなさい。

①I'm 〔 I / glad / find / that / could 〕 other examples in our city. Look at these pictures. Do you see the braille on the handrail? People can read ②it with their fingers. Do you see ③the ramp by the stairs? If you're in a wheelchair, or pulling heavy luggage, you can use the ramp. It also helps the elderly and people with babies and small children.

I think these ideas are wonderful. I'm (　④　) that they help many people.

(1) 下線部①の〔　〕内の語を並べかえて，意味の通る英文にしなさい。

I'm _____ other examples in our city.

(2) 下線部②が指すものを5語の英語で書きなさい。

_____

(3) 下線部③が役立つ人の例として本文で述べられていないものを下から選び，記号で答えなさい。

ア　車いすに乗った人　イ　お年寄り　ウ　目の不自由な人

（　　　）

(4) ④の（　）に適する語を下から選び，記号で答えなさい。

ア　busy　　イ　kind　　ウ　sure　　　　　（　　　）

Unit 5

4 〔　〕内の語句を並べかえて，日本文に合う英文を書きなさい。

(1) きっとケンは来るでしょう。

〔 come / that / sure / will / Ken / I'm 〕.

_____

(2) あなたがこの町に興味を持ってくれてうれしいです。

I'm 〔 got / this town / in / happy / you / interested 〕.

I'm _____ .

WRITING (Plus) ✏

与えられた語句を使って，(1)自分がうれしいと思っていること，(2)自分が驚いていることを伝える文を書きなさい。

(1) _____

be glad that ～：～してうれしい

(2) _____

be surprised that ～：～して驚いている

確認のワーク ステージ 1 **Let's Talk 3** 電車の乗りかえ —道案内—

解答 p.20 読聞書話

教科書の 要点 　乗り物での行き方をたずねる[教える]表現　♪a23

Could you tell me how to get to Raffles Place Station?

「〜を教えてくださいませんか」　「〜への行き方」　　　　　　目的地

— Take the East West Line.

「〜に乗ってください」　　路線など

ラッフルズ・プレイス駅への行き方を教えてくださいませんか。
— 東西線に乗ってください。

要点

●乗り物での行き方をたずねるときは，Could you tell me how to get to 〜?（私に〜への行き方を教えてくださいませんか）などと言う。

●答えるときは，「〜に乗る，〜を利用する」という意味の take を使い，Take 〜.（〜（線）に乗ってください）などと言う。

●乗り物での行き方についてよく使う表現

□ I'd like to go to 〜.　　　　　　　〜まで行きたいです。
□ Which line should I take?　　　　何線[どの路線]に乗ればよいですか。
□ Will you tell me which train to take?　どの電車に乗ればよいか教えてもらえますか。
□ How long does it take?　　　　　どのくらい時間がかかりますか。
□ How many stops is 〜 from here?　〜はここからいくつめの駅ですか。

Wordsチェック 次の英語は日本語に，日本語は英語になおしなさい。

□(1)　downtown　　　（　　　　　　　）　□(2)　west　　　　（　　　　　　　）
□(3)　My pleasure.　（　　　　　　　）　□(4)　路線　　　＿＿＿＿＿＿＿＿
□(5)　東，東部　　　＿＿＿＿＿＿＿＿　□(6)　（電車など）を乗りかえる

1 次の日本文に合うように，＿＿＿に適する語を書きなさい。

(1)　横浜への行き方を教えてくださいませんか。
　　Could you tell me ＿＿＿＿＿＿＿＿＿＿ get to Yokohama?

(2)　中央線に乗ってください。
　　You should ＿＿＿＿＿ the Chuo Line.

(3)　どのくらい時間がかかりますか。
　　How ＿＿＿＿＿ does ＿＿＿＿＿ take?

(4)　次の駅で電車を乗りかえてください。
　　＿＿＿＿＿＿＿＿＿＿＿＿ at the next station.

(5)　京都はここからいくつめの駅ですか。
　　How ＿＿＿＿＿ stops is Kyoto ＿＿＿＿＿ here?

(6)　どの電車に乗ればよいか教えてもらえますか。
　　Will you tell me ＿＿＿＿＿＿＿＿＿ to take?

ここがポイント

(1)「〜への行き方を教えてくださいませんか」とていねいにたのむときは，Could you tell me how to get to 〜?と言う。how to get to 〜で「〜への行き方」の意味。

ミス注意

(6)「どの…を〜すればよいか」は〈which ＋名詞＋ to ＋動詞の原形〉で表す。whichのあとに名詞が入ることもあるので注意。

2 次の対話文を読んで，あとの問いに答えなさい。

Man: Excuse me. ①[go / the Midori Museum / I'd / to / to / like].

Aya: You should take the Kita Line, and change trains at Hinode Station.

Man: (②   )

Aya: Take the Higashi Line, and get off at Midori Station. It's three stops from Hinode Station.

Man: Thank you very much.

Aya: My (③).

get off：降りる

(1) 下線部①が「みどり美術館に行きたいです」という意味になるように，〔 〕内の語句を並べかえなさい。

_____

(2) ②の（ ）に適する文を下から選び，記号で答えなさい。

ア　How long does it take from here?

イ　Which line should I take from there?

ウ　Would you like to know which train to take?　　(　　　)

(3) ③の（ ）に適する語を書きなさい。　_____

(4) 本文の内容に合うように，次の質問に英語で答えなさい。

1．Which line should the man take to get to Hinode Station?

_____

2．How many stops is Midori Station from Hinode Station?

_____

まるごと暗記

乗り物での行き方について
てよく使う表現

Which line should I take?
(何線に乗ればいいですか)

How long does it take?
(どのくらい時間がかか
りますか)

How many stops is 〜
from here?
(〜はここからいくつめ
の駅ですか)

Let's Talk 3

3 〔Word Box〕 路線図を参考に，_____ に適する語を入れて対話文を完成しなさい。現在地は，浜辺駅です。数字は英語で書きなさい。

南線(Minami Line)路線図　　　　　　　　　　　　　　　※数字は所要時間(分)

5	0	5	10	15	20	25
滝(Taki)	浜辺(Hamabe)	桜(Sakura)	朝日(Asahi)	富士(Fuji)	若葉(Wakaba)	柳(Yanagi)

(1) A: Will you tell me which line to take to get to Wakaba Station?

B: You should _____ the _____

_____.

(2) A: How many stops is Yanagi Station from here?

B: It's _____ _____ _____ here.

(3) A: How long does it take to get to Fuji Station?

B: It'll _____ about _____ _____.

ことばメモ

take の意味
①(写真を)撮る
②取る
③持って[連れて]いく
④選ぶ，買う
⑤(乗り物)に乗る
⑥(時間が)かかる

解答 p.21

定着のワーク　ステージ2　▶ Unit 5 〜 ▶ Let's Talk 3

読 聞
書 話

🎧 **1 LISTENING** 対話と質問を聞いて，答えとして適切な絵を選び，記号で答えなさい。♪ 109

ア 　イ 　ウ 　エ

（　　　　）

2 次の文の（　）内から適する語句を選び，記号で答えなさい。

(1) I don't know where （ ア stay　イ staying　ウ to stay ）.

(2) I'm glad （ ア about　イ that　ウ to ） I met you.

(3) Can you tell （ ア I　イ my　ウ me ） which bus to take?

(4) Change （ ア train　イ a train　ウ trains ） here.

(1) (　　　　) (2) (　　　　) (3) (　　　　) (4) (　　　　)

3 次の各組の文がほぼ同じ内容になるように，＿＿＿に適する語を書きなさい。

(1) { I was late. I'm sorry.
　　 I'm sorry ＿＿＿＿＿＿＿＿ I was late.

(2) { How can I get there? Do you know it?
　　 Do you know ＿＿＿＿＿＿＿ ＿＿＿＿＿＿＿ get there?

(3) { What should I buy? Please tell it to me.
　　 Please tell ＿＿＿＿＿＿＿ ＿＿＿＿＿＿＿
　　 buy.

4 次の日本文に合うように，＿＿＿に適する語を書きなさい。

(1) こちらに来てください。
　　 Please come ＿＿＿＿＿＿＿＿＿.

(2) あなたのおかげで，その仕事を終えました。
　　 I finished the job, ＿＿＿＿＿＿＿ ＿＿＿＿＿＿＿ you.

(3) この製品はお年寄りの手助けになるでしょう。
　　 This product will help the ＿＿＿＿＿＿＿.

(4) どのくらいの時間がかかりますか。
　　 How ＿＿＿＿＿＿＿ does it ＿＿＿＿＿＿＿?

(5) 私たちはのぼるにつれて，疲れました。
　　 We got tired ＿＿＿＿＿＿＿ we went up.

重要ポイント

2

(1)(3)

テストに◎出る！

〈疑問詞＋to 〜〉

● how to 〜
「どのように〜するか」
「〜のし方」

● what to 〜
「何を〜すべきか」

● where to 〜
「どこで[へ]〜すべきか」

● when to 〜
「いつ〜すべきか」

● which to 〜
「どれを〜すべきか」

3

(1)

得点力をUP

〈be動詞＋形容詞＋
that 〜〉

that のあとに続く文
が，その前の感情を表
す形容詞の理由や原因
を表す。

4 (3)「年配の」という意
味の形容詞を使う。〈the
＋形容詞〉で「〜な人々」
という意味。

(4)「（時間が）かかる」は
take。

(5)「〜するにつれて」とい
う意味の接続詞。

5 次のイベントのお知らせを読んで，あとの問いに答えなさい。

Designs and Products for Everyone

In this exhibition, you can see and touch some universal design products first-hand.
①You will learn〔to / them / how / use〕easily. ②You will also learn where to find universal design facilities in our city. Please come and learn.

(1) 下線部①の〔 〕内の語を並べかえて，意味の通る英文にしなさい。

You will learn _____ easily.

(2) 下線部②の英文を日本語になおしなさい。

( )

(3) 次の文がイベントの内容と合っていれば○，異なっていれば×を（ ）に書きなさい。

1．ユニバーサルデザインの製品を紹介している。 （ ）

2．展示物に直接ふれることはできない。 （ ）

6 〔 〕内の語句を並べかえて，日本文に合う英文を書きなさい。

(1) ミキは昼食に何を食べるべきかわかりませんでした。
Miki didn't know〔lunch / to / for / eat / what〕.
Miki didn't know _____ .

(2) トムはきっとすぐによくなるでしょう。
I'm〔well / that / will / sure / get / Tom〕soon.
I'm _____ soon.

(3) 私は彼にいつ宿題をすべきかたずねました。
I asked〔to / my homework / when / do / him〕.
I asked _____ .

7 次の日本文を英語になおしなさい。

(1) 何線に乗ればよいですか。（which, should を使って）

(2) 障壁を取り除くよりよい方法を知っていますか。（way を使って）

(3) 母は私にピアノのひき方を教えました。（taught を使って）

(4) 私は彼が学校に来なくて驚きました。（that を使って）

ちょっとBREAK universal design の universal はどういう意味？ ➡答えは次のページ

重要ポイント

5 (1)「それらの使い方」
(2) where to find ～は「～がどこにあるか」などと訳すとよい。
(3)本文1行目参照。

6 (1) what to ～の形に。
(2) I'm sure that ～. の文。that 以下は文〈主語＋（助）動詞 ～〉が続く。
(3)
得点力をUP
〈動詞＋人＋疑問詞＋to ～〉
〈動詞＋人＋もの〉の「もの」の位置に〈疑問詞＋to ～〉を置く。

7 (1)「(路)線」は line,「乗る」は take。
(2)「障壁」は barrier(s)。「取り除く」は remove。
(3)「～のし方」は how to ～。
(4)「彼が学校に来なくて」を接続詞 that でまとめる。

Unit 5 ～ Let's Talk 3

実力判定テスト　ステージ3　Unit 5 〜 Let's Talk 3　30分　/100　読聞書話　解答 p.22

1 LISTENING 対話を聞いて，その内容に合うように，（　）に適する日本語を書きなさい。

♪ l10　3点×2(6点)

(1) メグは（　　　　　　　　　　　　　　　　）について悩んでいた。

(2) メグはケンに（　　　　　　　　　　　　　　）を教えるだろう。

2 次の日本文に合うように，＿＿＿に適する語を書きなさい。　3点×4(12点)

(1) 1980年代に彼女はその学校を創立しました。

In 1980s, she ＿＿＿＿＿＿＿＿ the school.

(2) 私たちはどこで電車を乗りかえればよいですか。

Where should we ＿＿＿＿＿＿＿ ＿＿＿＿＿＿＿？

(3) どの路線に乗るべきか教えてください。

Please tell me ＿＿＿＿＿＿ line ＿＿＿＿＿＿ take.

(4) 助けてくれてどうもありがとう。— どういたしまして。

Thank you very much for your help. — My ＿＿＿＿＿＿＿.

3 次の各組の文がほぼ同じ内容になるように，＿＿＿に適する語を書きなさい。　4点×3(12点)

(1) {
Mike can't swim.

Mike doesn't know ＿＿＿＿＿＿ ＿＿＿＿＿＿ swim.
}

(2) {
Hiro was glad to see Ann there.

Hiro was glad ＿＿＿＿＿＿ he saw Ann there.
}

(3) {
When should I call him? I want to know that.

I want to know ＿＿＿＿＿＿ ＿＿＿＿＿＿ call him.
}

4 〔　〕内の語句を並べかえて，日本文に合う英文を書きなさい。　4点×4(16点)

(1) どこでチケットを手に入れるべきか知っていますか。

〔 to / a ticket / you / where / get / do / know 〕?

(2) トムはあなたに何をするべきか教えてくれるでしょう。

〔 to / will / Tom / you / do / teach / what 〕.

(3) 彼女がそんなにじょうずに歌えることにみんな驚きました。

〔 could / so / was / she / everyone / sing / surprised / well 〕.

(4) みどり駅はここから5駅目です。 〔 five / from / is / here / Midori Station / stops 〕.

ちょっとBREAKの答え　universal には「普遍的な」や「全ての人々の」という意味があります。

目標
● 〈疑問詞＋ to ＋動詞の原形〉, 〈be 動詞＋形容詞＋ that 〜〉を理解しましょう。
●乗り物に関する表現を覚えましょう。

自分の得点まで色をぬろう!
| 😣がんばろう! | | 😊もう一歩 | 😄合格! |
0　　　　　　　　　　60　　80　　100点

5 次のイベント会場での職員とメグの対話文を読んで, あとの問いに答えなさい。(計24点)

Staff: Look over here. ①I〔you / how / use / can / to / show〕 these universal design products.

Meg: Why is this jar a universal design?

Staff: Look (　②　). Do you see the bumps?

Meg: Yes.

Staff: ③(　　　　)(　　　　) the bumps, we can open it easily. It also has braille for blind people. This jar has some very helpful (　④　).

(1) 下線部①の〔　〕内の語を並べかえて, 意味の通る英文にしなさい。 (6点)

I ＿＿＿＿＿＿＿＿＿＿＿＿＿＿＿＿＿＿＿＿ these universal design products.

(2) ②, ④の(　)に適する語を下から選び, 記号で答えなさい。 4点×2(8点)

② ア carefully　　イ quickly　　ウ suddenly (　　　)

④ ア facilities　　イ features　　ウ fingers (　　　)

(3) 下線部③が「そのでこぼこのおかげで」という意味になるように, (　)に適する語を書きなさい。 ＿＿＿＿＿＿＿＿＿＿ the bumps (4点)

(4) 本文の内容に合うように, 次の質問に英語で答えなさい。 (6点)
Why is the jar helpful for blind people?
— ＿＿＿＿＿＿＿＿＿＿＿＿＿＿＿＿＿＿＿＿

6 次の日本文を英語になおしなさい。 6点×3(18点)

(1) 明日はきっと晴れるでしょう。　（that を使って）
＿＿＿＿＿＿＿＿＿＿＿＿＿＿＿＿＿＿＿＿

(2) 彼女は私に何を料理すべきかたずねました。　（to を使って）
＿＿＿＿＿＿＿＿＿＿＿＿＿＿＿＿＿＿＿＿

(3) どのくらい時間がかかりますか。　（it を使って）
＿＿＿＿＿＿＿＿＿＿＿＿＿＿＿＿＿＿＿＿

7 次のようなとき, 英語でどのように言うか書きなさい。 6点×2(12点)

(1) 図書館までの行き方を教えてくれるようたのむとき。　（Could で始めて）
＿＿＿＿＿＿＿＿＿＿＿＿＿＿＿＿＿＿＿＿

(2) 今日, 遅刻したので悲しいと伝えるとき。　（that を使って）
＿＿＿＿＿＿＿＿＿＿＿＿＿＿＿＿＿＿＿＿

Unit 5 〜 Let's Talk 3

確認のワーク ステージ**1** **Unit 6** Research Your Topic ① 解答 p.23 読聞書話

教科書の **要点** 比較級の文／最上級の文 ♪a24

| This movie is | old. | | この映画は古いです。 |

↓

比較級の文 This movie is　**older**　**than** that one.　この映画はあの映画よりも古いです。
「…よりも～」　　　　　　　　　　　 -er をつける │「…よりも」

要点1

● 2つのものや2人の人を比べて「…よりも～」と言うときは，形容詞や副詞の比較級を使い，〈比較級＋ than …〉で表す。比較級は，形容詞や副詞の語尾に-er がついた形。

●「AとBではどちらがより～ですか」とたずねるときは，〈Which[Who] is ＋比較級，A or B ?〉で表す。「人」について聞くときはふつう who を使う。

例 Who is taller, John or Ken?　ジョンとケンではどちらのほうが背が高いですか。

| This movie is | old. | | この映画は古いです。 |

↓

最上級の文 This movie is　**the oldest**　**of** the three.　この映画は3本の中でいちばん古い
「…(の中)でいちばん～」　　　 -est をつける │「…の中で」　　　　です。

要点2

● 3つ以上のものや3人以上の人を比べて「…(の中)でいちばん～」と言うときは，形容詞や副詞の最上級を使い，〈the ＋最上級＋ of[in] …〉で表す。最上級は，形容詞や副詞の語尾に-estがついた形。

●「…(の中)でどれ[だれ]がいちばん～ですか」とたずねるときは，〈Which[Who] is the ＋最上級＋ of[in] …?〉で表す。「人」について聞くときはふつう who を使う。

例 Which bridge is the longest of the three?　3つの中でどの橋がいちばん長いですか。

プラス 「～の中で」は〈of ＋複数を表す語句〉，〈in ＋場所・範囲を表す語句〉で表す。

例 John is the tallest in my class.　ジョンは私のクラスでいちばん背が高いです。

Wordsチェック 次の英語は日本語に，日本語は英語になおしなさい。

□(1)　neighbor　　　（　　　　　　　）　　□(2)　quiz　　　（　　　　　　　）

□(3)　～を研究[調査]する ＿＿＿＿＿　　□(4)　話題，トピック ＿＿＿＿＿

1 次の語の比較級・最上級を書きなさい。

　　　　　　　　　　　　[比較級]　　　　[最上級]

(1)　new（新しい）　　　＿＿＿＿＿　　＿＿＿＿＿

(2)　nice（すてきな）　　＿＿＿＿＿　　＿＿＿＿＿

(3)　hot（暑い）　　　　＿＿＿＿＿　　＿＿＿＿＿

(4)　happy（幸せな）　　＿＿＿＿＿　　＿＿＿＿＿

まるごと暗記

比較級，最上級の作り方
・eで終わる語 → -r, -st
・語尾が〈短母音＋子音字〉
　→ 子音字を重ねて
　　 -er, -est
・語尾が〈子音字＋y〉
　→ y をiにかえて -er,
　　 -est

〈Which[Who] is ＋比較級，A or B?〉の疑問文はふつう A を上げ調子（↗），B を下げ調子（↘）で読む。

2 絵を見て例にならい，＿＿＿に適する語を書きなさい。

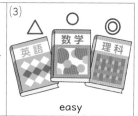

例 12歳 14歳 13歳 Emi Kumi Aya old

(1) India Japan Australia large

(2) big

(3) 英語 数学 理科 easy

例　１．Aya is older than Emi.

　　２．Kumi is the oldest of the three.

(1)　１．India is ＿＿＿＿＿＿＿＿＿＿＿＿ Japan.

　　２．Australia is ＿＿＿＿＿＿＿＿＿＿＿＿ of the three.

(2)　１．The cat is ＿＿＿＿＿＿＿＿＿＿＿＿ the bird.

　　２．The tiger ＿＿＿＿＿＿＿＿＿＿＿＿

　　　　＿＿＿＿＿＿＿＿＿＿ of the three.

(3)　１．Math is ＿＿＿＿＿＿＿＿＿＿＿＿ English for me.

　　２．Science ＿＿＿＿＿＿＿＿＿＿＿＿

　　　all the subjects for me.

ここがポイント

● 比較級の文
「…よりも～」
〈比較級 (-er) + than …〉

● 最上級の文
「…（の中）でいちばん～」
〈the + 最上級 (-est) + of[in] …〉

---

3 次の日本文に合うように，＿＿＿に適する語を書きなさい。

(1) トムは今週，リサよりも忙しいです。

　　Tom is ＿＿＿＿＿＿＿ ＿＿＿＿＿＿＿ Lisa this week.

(2) このバッグはあのバッグよりも小さいです。

　　This bag is ＿＿＿＿＿＿＿＿＿＿＿ that one.

(3) ケンは私たちみんなの中でいちばん背が高いです。

　　Ken is the ＿＿＿＿＿＿＿＿＿＿＿ us all.

(4) この神社は日本でいちばん古いです。

　　This shrine is ＿＿＿＿＿＿＿ ＿＿＿＿＿＿＿

　　＿＿＿＿＿＿＿ Japan.

ことばメモ

前の名詞のかわりの one
one は前に出てきた名詞のくり返しを避けるために使われる。

ミス注意

「…（の中）で」
・複数を表す語句が続く → of
・場所・範囲を表す語句が続く → in

---

4 〔　〕内の語句や符号を並べかえて，日本文に合う英文を書きなさい。

(1) この自転車とあの自転車ではどちらのほうが軽いですか。

　　〔 or / lighter / which / this bike / is / , 〕 that one?

　　＿＿＿＿＿＿＿＿＿＿＿＿＿＿＿＿＿＿＿＿ that one?

(2) あなたの家族の中でだれがいちばん若いですか。

　　〔 is / your family / the youngest / who / in 〕?

　　＿＿＿＿＿＿＿＿＿＿＿＿＿＿＿＿＿＿＿＿

(3) 〔(2)に答えて〕 私の妹です。　〔 sister / is / my 〕.

　　＿＿＿＿＿＿＿＿＿＿＿＿＿＿＿＿＿＿＿＿

ここがポイント

●〈Which[Who] is + 比較級, A or B?〉
「AとBではどちらがより～ですか」

●〈Which[Who] is the + 最上級 + of[in] …?〉
「…（の中）でどれ[だれ]がいちばん～ですか」

Unit 6

確認のワーク　ステージ1　**Unit 6** Research Your Topic ②

解答 p.23

読聞書話

教科書の 要点　more, most を使った比較級, 最上級　♪ a25

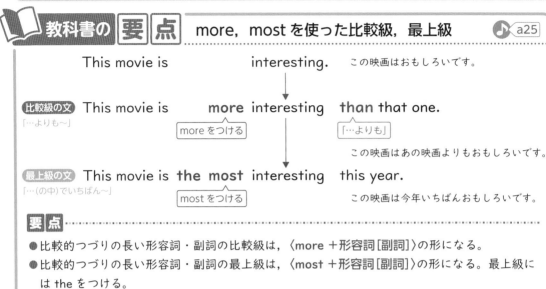

This movie is　　　　　　　interesting.　この映画はおもしろいです。

比較級の文　This movie is　**more** interesting　**than** that one.
「…よりも〜」　　　　　　more をつける　　　　　「…よりも」
　　　　　　　　　　　　　　　　　　　　この映画はあの映画よりもおもしろいです。

最上級の文　This movie is　**the most** interesting　this year.
「…(の中)でいちばん〜」　　　most をつける
　　　　　　　　　　　　　　　　　　　　この映画は今年いちばんおもしろいです。

要点

● 比較的つづりの長い形容詞・副詞の比較級は,〈more ＋形容詞[副詞]〉の形になる。
● 比較的つづりの長い形容詞・副詞の最上級は,〈most ＋形容詞[副詞]〉の形になる。最上級には the をつける。

Words チェック 次の英語は日本語に, 日本語は英語になおしなさい。

□(1)　comedy　（　　　　　　　）　　□(2)　fiction　（　　　　　　　）

□(3)　〜に答える　＿＿＿＿＿＿　　□(4)　アクション, 行動　＿＿＿＿＿＿

1 次のグラフは, アヤのクラスでの, 好きなスポーツについてのアンケート結果です。これを見て, アヤになったつもりで例にならい, ＿＿＿ に適する語を書きなさい。

好きなスポーツ

サッカー
野球
テニス
バスケットボール
その他
0　2　4　6　8　10　12　人

ここがポイント

more, most をつけて比較級・最上級を作る形容詞
・語尾が -ful, -ous, -ing などの語 useful, beautiful, famous, interesting
・3音節以上の語 popular (pop-u-lar), difficult (dif-fi-cult)

例　[テニスとバスケットボールを比べて]

Tennis is more popular than basketball in my class.

(1)　[野球とテニスを比べて]

＿＿＿＿＿＿ is more popular than ＿＿＿＿＿＿ in my class.

(2)　Soccer is ＿＿＿＿＿＿ than baseball in my class.

(3)　Soccer is the ＿＿＿＿＿＿ in my class.

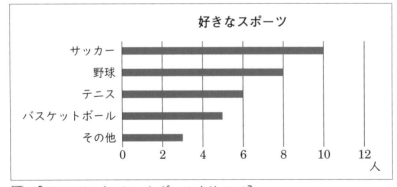

more は [mɔ́ːr], most は [móust] と発音するよ。

2 次の文を（ ）内の指示にしたがって書きかえるとき， ___ に適する語を書きなさい。

(1) This dictionary is useful.（than mine を加えて）

This dictionary is _____ _____ than mine.

(2) This book is exciting.（of all を加えて最上級の文に）

This book is the _____ _____ of all.

(3) English is easier than math for me.（ほぼ同じ内容の文に）

Math is _____ _____ than English for me.

ここが ポイント

more，the most を使った比較の文
● 「…よりも〜」
〈more ＋形容詞＋
than …〉
● 「…（の中）でいちばん〜」
〈the most ＋形容詞
＋ of[in] …〉

3 次の日本文に合うように， ___ に適する語を書きなさい。

(1) あなたの絵は私のよりも美しいです。

Your picture is _____ _____ than mine.

(2) このマンガはあのマンガよりもおもしろいです。

This comic is _____ _____ than that one.

(3) 彼は日本でいちばん人気のある作家です。

He is the _____ _____ writer in Japan.

(4) この俳優とあの俳優ではどちらのほうが有名ですか。

Who is _____ _____, this actor or that one?

(5) あなたにとっていちばん大切なものは何ですか。

What is the _____ _____ thing for you?

まるごと 暗記

more や most がついて比較級，最上級になる形容詞
beautiful(美しい)
delicious(おいしい)
exciting(わくわくする)
famous(有名な)
interesting(おもしろい)
useful(役に立つ)
wonderful(すばらしい)
difficult(難しい)
important(重要な)
popular(人気のある)

Unit 6

4 次のマミが書いたメモをもとに，例にならい，マミになったつもりで，「—は私にとっていちばん〜な…です」という英文になるように ___ に適する語を書きなさい。

		好きなもの	理由
例	教科	国語	いちばんおもしろい
(1)	スポーツ	テニス	いちばんわくわくする
(2)	食べ物	すし	いちばんおいしい
(3)	本	「坊ちゃん」	いちばんすばらしい
(4)	映画	「となりのトトロ」	いちばん美しい

ここが ポイント

「いちばん〜な…」
〈the ＋最上級＋名詞〉で表す。つづりの長い形容詞の場合〈the most ＋形容詞＋名詞〉となる。

例 Japanese is the most interesting subject to me.

(1) Tennis is the _____ _____ sport to me.

(2) Sushi is the _____ _____ _____ to me.

(3) *Botchan* is _____ _____ _____ to me.

(4) *My Neighbor Totoro* is _____ _____ _____ _____ to me.

 Unit 6 Research Your Topic ③

解答 p.24

読 聞
書 話

教科書の 要点　better と best

♪ a26

I like animated movies **the best** of all.　私は全ての中でアニメ映画がいちばん好きです。

「いちばん」

要点

● good, well, very much の比較級は **better**, 最上級は **best** となる。

● 「…よりも〜のほうが好きだ」は like 〜 better than … で表す。また, 「…(の中)で〜がいちばん好きだ」は like 〜 the best of[in] …で表す。

例 I like animated movies **better than** action movies.
　私はアクション映画よりもアニメ映画のほうが好きです。

Wordsチェック　次の英語は日本語に, 日本語は英語になおしなさい。

□(1) horror 　　(　　　　　　　) 　　□(2) percent 　　(　　　　　　　)

□(3) 話, 物語 　　_____ 　　□(4) グラフ, 図表 　　_____

1 絵を見て例にならい, 「私は…の中で〜がいちばん好きです」という文を書きなさい。

例 soccer / all sports 　(1) summer / all seasons 　(2) cats / all animals 　(3) math / all the subjects

例 I like soccer the best of all sports.

(1) I like summer _____ _____ of all

seasons.

(2) I like _____ all animals.

(3) _____

ここがポイント

like 〜 the best of[in] …
「…(の中)で〜がいちば
ん好きだ」

2 次の英文を日本語になおしなさい。

(1) Akira is the best runner in our class.

(　　　　　　　　　　　　　　　　　　)

(2) Winter is the best season for skating.

(　　　　　　　　　　　　　　　　　　)

(3) My mother likes green better than pink.

(　　　　　　　　　　　　　　　　　　)

まるごと暗記

good, well の比較変化
good – better – best
well – better – best

ここがポイント

like 〜 better than …
「…よりも〜のほうが好
きだ」

　same：同じ, 同一の　ふつう前に the をつける。

3 次の英文はジョシュが自分のクラスで行った調査について発表したものです。これを読んで、あとの問いに答えなさい。

Please look at the graphs. ①(　　　)(　　　) our research, ninety-five percent of our classmates like movies. (　②　) for the kind of movies, fifteen of our classmates like animated movies the best. Nine of them like action movies the best, and science fiction got the same number. Five like other kinds, ③~のような love stories, comedies, or horror movies.

④~の結果として our research, we found that animated movies are the most popular in our class.

(1) 下線部①が「私たちの調査によれば」という意味になるように、( )に適する語を書きなさい。

_____ _____ our research

(2) ②の( )に適する語を書きなさい。

_____

(3) 下線部③を2語、④を4語の英語になおしなさい。

③ _____ _____

④ _____

(4) 本文の内容に合うように、次の質問に英語で答えなさい。

1. How many Josh's classmates like science fiction the best?

_____

2. What movies are the most popular in Josh's class?

_____

4 次の日本文に合うように、_____ に適する語を書きなさい。

(1) あなたはどんな種類の本が好きですか。

What _____ _____ books do you like?

(2) この学級の半分より多くの人が海外へ行きたいと思っています。

_____ _____ half of the class wants to go abroad.

表現メモ
- 「~によれば」 according to ~
- 「~について言えば」 as for ~
- 「…のような~」 ~ such as …
- 「(~の)結果として」 as a result (of ~)

ここがポイント
(4)疑問詞が主語の疑問文への答え方
・be動詞の文
→〈主語＋be動詞.〉
・一般動詞の文
→〈主語＋do[does, did, 助動詞].〉

表現メモ
- 「どんな種類の~」 what kind of ~
- 「~より多くの人[もの、こと]」 more than ~

Unit 6

WRITING Plus ✏

自分のことについて、(1)英語と数学ではどちらの方が好きか、(2)全ての教科の中でいちばん好きな教科は何かを伝える文を書きなさい。

(1) _____

(2) _____

subject：教科

確認のワーク　ステージ 1　**Unit 6** Research Your Topic ④　読聞書話

教科書の 要点　〈as ＋原級＋ as …〉の文　♪a27

| This movie is | popular. | この映画は人気があります。 |

原級比較の文　This movie is **as** popular **as** that one.　この映画はあの映画と同じくらい人気があります。
「…と同じくらい〜」　　　　　　　　　　原級　　比べる相手

要点

● ２つのものや２人の人を比べて，「…と同じくらい〜」と言うときは，形容詞や副詞のもとの形（原級）を使い，〈as ＋原級＋ as …〉で表す。

● 否定文〈not as ＋原級＋ as …〉は，「…ほど〜ではない」という意味になる。

　例 She is not as tall as you.　彼女はあなたほど背が高くはありません。

Wordsチェック　次の英語は日本語に，日本語は英語になおしなさい。

□(1) feedback　　（　　　　　　　）　　□(2) content　　（　　　　　　　）

□(3) clearly　　（　　　　　　　）　　□(4) feel like 〜ing　（　　　　　）

□(5) 文字　　　_____　　□(6) （座席の）列　_____

□(7) 資料，データ　_____　　□(8) speak の過去形　_____

1 絵を見て例にならい，「…と同じくらい〜」という文を書きなさい。

例
Ken　Ryo
tall

(1) big　　(2) interesting

(3) swim / fast / Keita

例　Ken is as tall as Ryo.

(1) The white cat is _____ as the black one.

(2) Math is _____ science.

(3) Mike _____ .

ここがポイント

原級を使った比較
〈as ＋原級＋ as …〉で「…と同じくらい〜」，〈not as ＋原級＋ as …〉で「…ほど〜ではない」という意味。

2 次の日本文に合うように，＿＿＿に適する語を書きなさい。

(1) 父は母と同じくらいの年齢です。

　My father is as _____ my mother.

(2) 私のかばんはあなたのものほど重くないです。

　My bag is _____ heavy as yours.

(3) この映画は２番目に人気があります。

　This movie is the _____ popular.

表現メモ

・〈the ＋序数＋最上級〉「〜番目に…」

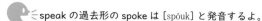
speak の過去形の spoke は [spóuk] と発音するよ。

確認のワーク　ステージ 1　**Let's Talk 4** 買い物 —申し出る・要望を伝える— 読 聞 書 話

📖 教科書の 要点　買い物で使う表現, 申し出る・要望を伝える表現 🎵 a28

Shall I　show you a bigger one?　もう少し大きいものを出しましょうか。

「〜しましょうか」　動詞の原形

— Yes, please.　—はい, お願いします。

要点

● 「〜しましょうか」と相手に何かを申し出るときは, Shall I 〜? と言う。

● 申し出を受けるときは, Yes, please.(はい, お願いします), 受けないときは No, thank you.
(いいえ, けっこうです)などと言う。

● 店員がよく使う表現

□ May I help you?	いらっしゃいませ[お手伝いしましょうか]。
□ What size[color] are you looking for?	どのサイズ[色]をおさがしですか。
□ How about this one?	こちらはいかがですか。
□ It looks nice on you.	お似合いです。

● 客がよく使う表現

□ Can I try this on?	試着してもよいですか。
□ Do you have anything a little cheaper?	もう少し安いものはありますか。
□ Do you have this in blue?	青いものはありますか。
□ I'm just looking. Thank you.	ちょっと見ているだけです。ありがとう。
□ How much is it?	それはいくらですか。
□ I'll take it.	それをいただきます。

Words チェック 次の英語は日本語に, 日本語は英語になおしなさい。

□(1) medium 　　　（　　　　　　　）　□(2) goods 　　　（　　　　　　　）

□(3) How much 〜? 　（　　　　　　　）　□(4) サイズ, 寸法 _____

□(5) 値段 _____　□(6) 客, 顧客 _____

よく出る **①** 次の日本文に合うように, ＿＿＿ に適する語を書きなさい。

(1) もう少し小さいものを出しましょうか。

　— はい, お願いします。／いいえ, けっこうです。

　_____ I show you a _____ one?

　— Yes, _____ . / No, _____ you.

(2) 何かお手伝いしましょうか。— ちょっと見ているだけです。

　_____ I help you? — I'm just _____ .

(3) このセーターはいくらですか。— 100ドルです。

　_____ _____ is this sweater?

　— _____ one hundred dollars.

ここが ポイント

申し出る表現
「〜しましょうか」と相手に申し出るときは Shall I 〜? と言う。Yes, please.(はい, お願いします), No, thank you.(いいえ, けっこうです)などと答える。

🍃「中くらいの, Mサイズの」の意味を表す medium は [míːdiəm] と発音するよ。

Unit 6 〜 Let's Talk 4

文法のまとめ⑤ **Grammar for Communication 5** 比較表現

解答 p.25

まとめ

① 比較級「…よりも〜」

● 「…よりも〜」は〈形容詞・副詞の比較級 + than …〉で表す。

● 比較級は，比較的つづりの短い単語は -er のついた形，長い単語は〈more +原級〉になる。

Mt. Fuji is high.

↓

Mt. Fuji is higher than Mt. Asama.

> 形容詞の語尾に -er　「…よりも」

I can swim fast.

↓

I can swim faster than Ken.

> 副詞の語尾に -er

Lake Biwa is　　　　famous.

↓

Lake Biwa is more famous than Lake Suwa.

> 〈more +原級〉

● 比較級・最上級の作り方

① そのまま -er，-est をつける
　long – longer – longest

② e で終わる語は -r，-st をつける
　nice – nicer – nicest

③ 語尾が〈子音字+ y〉の語は y を i にかえて -er，-est をつける
　happy – happier – happiest

④ 語尾が〈短母音+子音字〉の語は最後の文字を重ねて -er，-est をつける
　hot – hotter – hottest

⑤ 語尾が -ful，-ous，-ing などの語，3音節以上の語は前に more, most を置く。
　useful – more useful – most useful

● 不規則に変化する形容詞・副詞
　good – better – best
　well – better – best
　very much – better – best

② 最上級「いちばん〜」

● 「…（の中）でいちばん〜」は〈the +形容詞・副詞の最上級+ of[in] …〉で表す。

● 最上級は，比較的つづりの短い単語は -est のついた形，長い単語は〈most +原級〉になる。

Mt. Fuji is the highest of the five.

> 〈the +形容詞の語尾に -est〉　「…（の中）で」

I can swim the fastest in my class.

> 〈the +副詞の語尾に -est〉

Lake Biwa is the most famous lake in Japan.

> 〈the most +原級〉

● 「…（の中）で」の使い分け

① all，us，the five など複数を表す語句
　→ of …

② Japan，my class など場所・範囲を表す語句 → in …

③ as 〜 as … 「…と同じくらい〜」

● 「…と同じくらい〜」は，〈as +形容詞・副詞の原級+ as …〉で表す。

● 否定文の〈not as +形容詞・副詞の原級+ as …〉は「…ほど〜ではない」を意味する。

I can　swim　fast.

↓

I can　swim as fast as Ken.

> 〈as +原級+ as〉　比べる対象

I can't swim as fast as Hiro.

> 「…ほど〜ない」

「原級」とは形容詞や副詞のもとの形のことだよ。

練習

よく出る 1 次の日本文に合うように，＿＿＿に適する語を書きなさい。

(1) ナイル川(the Nile)は世界でいちばん長い川です。

The Nile is the ＿＿＿＿＿ ＿＿＿＿＿ ＿＿＿＿＿ the world.

(2) 弟は私よりも料理がじょうずです。

My brother cooks ＿＿＿＿＿ ＿＿＿＿＿ I.

(3) この本は5冊の中でいちばんおもしろいです。

This book is the ＿＿＿＿＿ ＿＿＿＿＿ ＿＿＿＿＿ the five.

(4) 私のかばんはあなたのよりも大きいです。

My bag is ＿＿＿＿＿ ＿＿＿＿＿ yours.

(5) メグのコンピュータは私のものと同じくらい新しいです。

Meg's computer is ＿＿＿＿＿ ＿＿＿＿＿ ＿＿＿＿＿ mine.

よく出る 2 次の各組の文がほぼ同じ内容になるように，＿＿＿に適する語を書きなさい。

(1) { This question is not as difficult as that one.

This question is ＿＿＿＿＿ ＿＿＿＿＿ that one.

(2) { This T-shirt is larger than that one.

That T-shirt is ＿＿＿＿＿ ＿＿＿＿＿ this one.

(3) { Soccer is more exciting than baseball to me.

Baseball is not ＿＿＿＿＿ ＿＿＿＿＿ soccer to me.

(4) { Mike runs faster than the other two boys.

Mike runs the ＿＿＿＿＿ ＿＿＿＿＿ the three boys.

3 〔 〕内の語句や符号を並べかえて，日本文に合う英文を書きなさい。

(1) 私のクラスでは，音楽が体育よりも人気があります。

〔 more / P.E. / music / than / is / popular 〕 in my class.

＿＿＿＿＿＿＿＿＿＿ in my class.

(2) 私は祖母と同じくらい早く起きます。

〔 up / my grandmother / early / I / get / as / as 〕.

(3) リサは私たちの学校でいちばん有名な生徒です。

〔 our school / the most / Lisa / student / is / famous / in 〕.

(4) この寺とあの寺ではどちらのほうが古いですか。

〔 or / is / older / temple / that / which / this / , 〕 one?

＿＿＿＿＿＿＿＿＿＿ one?

(5) 私は日本の全ての都市の中で神戸がいちばん好きです。

〔 all / Kobe / like / cities / the best / I / in / of 〕 Japan.

＿＿＿＿＿＿＿＿＿＿ Japan.

 解答 p.26

Stage Activity 2　Research and Presentation

教科書の 要点　調査結果を伝える表現　♪a29

割合を示す　Ninety percent of our classmates like watching movies.
「…のうち〜パーセント」
クラスメートのうち 90 パーセントが映画を見るのが好きです。

数を示す　Ten of our classmates like action movies the best.
「…のうち〜つ［人］」
クラスメートのうち 10 人はアクション映画がいちばん好きです。

わかったこと　We found that action movies are the most popular.
「(私たちは)〜だとわかりました」
アクション映画がいちばん人気があるとわかりました。

要点

● 「…のうち〜パーセント」と割合を示すときは，〈数＋ percent of …〉と言う。
● 「…のうち〜つ[人]」と数を示すときは，〈数＋ of …〉と言う。
● 調査についてわかったことを言うときは，We found that 〜.（〜だとわかりました）などを使う。ここでの found は「気がついた，わかった」という意味。

1 次の英文を日本語になおしなさい。

(1) Eighty-five percent of our classmates like animals.

(　　　　　　　　　　　　　　　　　　　　　)

(2) Fifteen of our classmates like pandas the best.

(　　　　　　　　　　　　　　　　　　　　　)

(3) We found that pandas are the most popular.

(　　　　　　　　　　　　　　　　　　　　　)

> **表現メモ**
> ●〈数＋ percent of …〉
> 「…のうち〜パーセント」
> ・〈数＋ of …〉
> 「…のうち〜つ[人]」
> ・We found that 〜.
> 「〜だとわかりました」

2 次の表はクラスで行った海外旅行についての調査結果です。ここからわかったことを示す英文を完成させなさい。表中の数は人数を示しています。

Q1 Do you want to travel abroad?	Yes	No			
	24	16			
Q2 Which country do you want to visit?	U.S.	U.K.	Australia	China	Others
	8	6	4	4	2

(1) ［海外旅行をしたい人の割合］

＿＿＿＿＿＿＿ percent of our classmates ＿＿＿＿＿＿＿ to travel abroad.

(2) ［アメリカを訪れたい人の数］

＿＿＿＿＿＿＿ our classmates ＿＿＿＿＿＿＿ to visit the U.S.

(3) ［調査からわかったこと］

We ＿＿＿＿＿＿＿ the U.S. is the ＿＿＿＿＿＿＿ popular.

percent は [parsént] と発音するよ。アクセントの位置に注意しよう。

Try! READING Let's Read 2 ▶ A Glass of Milk ①

読聞書話

● 次の物語を読んで，あとの問いに答えなさい。

　　Once, a poor young boy was selling candy door-to-door.
He was earning money to go to school.　He was very
hungry, but he had (　①　) coins.
　②〔 a house / went / the boy / sell / to / candy / to 〕.　He
③(　　　) (　　　) the door and a woman opened it.　5
She said, "I have no money for candy."　She was not
well-off herself.

Question ....

(1)　①の( )に適する語句を下から選び，記号で答えなさい。

　　ア　a lot of　　イ　many kinds of　　ウ　only a few　　　　　　　　（　　　）

(2)　下線部②が「その少年はキャンディーを売るためにある家に行きました」という意味に
　　なるように，〔 〕内の語句を並べかえなさい。

　　_____

(3)　下線部③が「ドアをノックしました」という意味になるように，( )に適する語を書き
　　なさい。　　　　　　　　　　　　　　　　_____ _____ the door

(4)　本文の内容に合うように，次の質問に 4 語以内の英語で答えなさい。

　　１．Why was the boy earning money?

　　_____

　　２．Was the woman rich?

WordBox BIG

1 次の英語は日本語に，日本語は英語になおしなさい。

(1)　knock　　　　　　　（　　　　　　　　）　　(2)　well-off　　　　　（　　　　　　　　）

(3)　door-to-door　　　（　　　　　　　　）　　(4)　かつて，昔　　_____

(5)　～をかせぐ　　_____　　(6)　彼女自身　　_____

2 次の日本文に合うように，＿＿＿に適する語を書きなさい。

(1)　コップ1杯の水をください。　　Give me a _____ water.

(2)　彼は今にも去ろうとしていました。　He was _____ leave.

(3)　トムはわずか数分前に来ました。　Tom came only a _____ minutes ago.

Stage Activity 2 〜 Let's Read 2

Let's Read 2　A Glass of Milk ②

解答　p.26

● 次の物語を読んで，あとの問いに答えなさい。

When he finished drinking the milk, the boy felt (　①　) better.　He took the coins out of his pocket, and said, "Thank you for the milk."　The woman replied, "(　②　) We don't need money for kindness."　Before he left, she said, "Be strong, young man, (　③　) you'll have a great future."　Thanks to her kindness, the boy felt stronger than before, and walked away ④にっこり笑って.

5

Question

(1)　①, ③の(　)に適する語を下から選び，記号で答えなさい。

　　① 　ア　many 　　　イ　more 　　　ウ　much 　　　　　　①(　　　)

　　③ 　ア　and 　　　　イ　but 　　　ウ　or 　　　　　　　③(　　　)

(2)　②の(　)に適する文を下から選び，記号で答えなさい。

　　ア　I'll be happy to pay. 　　　　イ　I think you should pay.

　　ウ　You don't need to pay. 　　　　　　　　　　　(　　　)

(3)　下線部④の意味になるように，＿＿＿＿に適する語を書きなさい。

　　＿＿＿＿＿　＿＿＿＿＿　＿＿＿＿＿

(4)　本文の内容に合うように，次の質問に英語で答えなさい。

　　Was the boy going to pay money for the milk at first?

　　—＿＿＿＿＿＿＿＿＿＿＿＿＿＿＿＿＿＿＿

Word Box BIG

1 次の英語は日本語に，日本語は英語になおしなさい。

(1)　reply 　　　　　　(　　　　　)　　(2)　kindness 　　　(　　　　　)

(3)　wonder 　　　　　(　　　　　)　　(4)　ポケット 　　　＿＿＿＿＿＿

(5)　(代金などを)払う　＿＿＿＿＿＿　　(6)　leave の過去形　＿＿＿＿＿＿

2 次の日本文に合うように，＿＿＿＿に適する語を書きなさい。

(1)　あなたが順調にやっているとよいと思います。

　　I hope you are ＿＿＿＿＿＿＿＿　＿＿＿＿＿＿＿＿.

(2)　マイクは私よりずっと忙しいです。

　　Mike is ＿＿＿＿＿＿＿＿＿＿＿＿＿＿ than I.

Let's Read 2　A Glass of Milk ③

読 聞
書 話

● 次の物語を読んで，あとの問いに答えなさい。

　　The years went (　①　) and the woman got old.　One day, she felt ill and fell down in front of her house.　The local doctor could not help her, so he sent her to a big hospital in the city.

　②The doctors (　　　)(　　　)(　　　) her an operation right away.　When she woke up, she was happy to be alive.　Then she realized, "I have no money for this operation.　What should I do?"

5

Question

(1)　①の(　)に適する語を下から選び，記号で答えなさい。

　　ア　along　　　イ　by　　　ウ　out　　　　　　　　　　(　　　)

(2)　下線部②が「医者たちはすぐに彼女に手術をしなければなりませんでした」という意味になるように，(　)に適する語を書きなさい。

　　_____　_____　_____

(3)　本文の内容に合うように，次の質問に英語で答えなさい。

　　１．Where did the woman fall down?

　　_____

　　２．Why did the local doctor send the woman to a big hospital?

　　_____

Let's Read 2

WordBox BIG

1 次の英語は日本語に，日本語は英語になおしなさい。

(1)　realize　　　(　　　　　)　　(2)　afraid　　　(　　　　　)

(3)　bill　　　　(　　　　　)　　(4)　内側に，内部に　_____

(5)　メモ，覚え書き　_____　　(6)　wake の過去形

2 次の日本文に合うように，_____に適する語を書きなさい。

(1)　車は私たちの前で止まりました。　The car stopped in _____ of us.

(2)　手術の代金を全額支払ってください。

　　Please pay _____ _____ for the operation.

(3)　私は結果を見るのがこわかったです。

　　I was _____ _____ see the results.

解答 p.27

定着のワーク　ステージ2　Unit 6 〜 Let's Read 2　読 聞 書 話

1 LISTENING　英文を聞いて，絵の内容と合っていれば○，異なっていれば×を（ ）に書きなさい。　♪ l11

(1) Keiko 13歳　Mike 15歳

(2)

(3) 好きな動物　イヌ 48　ネコ 27

(4) Lisa　Ana　Meg

( )　( )　( )　( )

2 次の文の（ ）内から適する語を選び，記号で答えなさい。

(1) This book is (ア more　イ most　ウ very) useful than that one.

(2) Your room is as (ア big　イ bigger　ウ biggest) as mine.

(3) This is the cutest (ア in　イ of　ウ than) the four.

(4) I get up the earliest (ア for　イ in　ウ of) my family.

(1) ( )　(2) ( )　(3) ( )　(4) ( )

3 次の各組の文がほぼ同じ内容になるように，＿＿＿に適する語を書きなさい。

(1) { This bridge is longer than that one.
That bridge is ＿＿＿＿＿＿＿＿＿＿＿ this one.

(2) { Japan is larger than the U.K.
The U.K. ＿＿＿＿＿＿＿ as ＿＿＿＿＿＿＿ ＿＿＿＿＿＿＿ Japan.

(3) { Music is my favorite subject.
I like music ＿＿＿＿＿ ＿＿＿＿＿ of all subjects.

4 次の日本文に合うように，＿＿＿に適する語を書きなさい。

(1) この町の半分より多くの人がその美術館を訪れました。
＿＿＿＿＿＿＿＿＿＿ than half of this town visited the museum.

(2) トムは外出したい気分ではありませんでした。
Tom didn't feel ＿＿＿＿＿＿＿ ＿＿＿＿＿＿＿ out.

(3) そのセーターはいくらですか。
＿＿＿＿＿＿＿ ＿＿＿＿＿＿＿ is the sweater?

(4) 父は毎朝，コップ2杯の牛乳を飲みます。
My father drinks two ＿＿＿＿＿＿＿ of milk every morning.

重要ポイント

2

テストに出る！

比較の文
● 〈比較級 + than …〉
「…よりも〜」
● 〈the +最上級+ of[in] …〉
「…（の中）でいちばん〜」
● 〈as +原級+ as …〉
「…と同じくらい〜」

3 (1)「あの橋はこの橋よりも短い」

(2)「イギリスは日本ほど大きくない」

(3)

得点力をUP

好みを比較する表現
● like 〜 better
「〜のほうが好きだ」
● like 〜 the best
「〜がいちばん好きだ」

4 (1)「〜より多くの人」
more than 〜

(2)「〜したい気分だ」は
feel like 〜ing。

(3)値段をたずねる表現。

(4)「コップ1杯の〜」は a
glass of 〜。

⑤ 次の３本の映画（「シン・ゴジラ」，「君の名は。」，「となりのトトロ」）に関する記事の一部を読んで，あとの問いに答えなさい。

⋮

Q2.　Which movie is older, *Your Name* （　①　） *My Neighbor Totoro?*
A2.　*My Neighbor Totoro* is older than *Your Name.*

Q3.　②〔 the three / the oldest / which movie / of / is 〕?
A3.　*My Neighbor Totoro* is the oldest of the three.

(1)　①の（　）に適する語を書きなさい。
(2)　下線部②の〔　〕内の語句を並べかえて，意味の通る英文にしなさい。

(3)　次の文が本文の内容と合っていれば○，本文で述べられていない，または本文の内容と異なっていれば×を（　）に書きなさい。
　１．*Your Name* is newer than *My Neighbor Totoro.*　（　　）
　２．*Shin Godzilla* is older than *My Neighbor Totoro.*　（　　）
　３．*Your Name* is the newest of the three movies.　（　　）

⑥ 〔　〕内の語句や符号を並べかえて，日本文に合う英文を書きなさい。
(1)　あなたはごはんとパンではどちらのほうが好きですか。
　〔 do / or / you / better / which / like / rice / , 〕 bread?
　　　　　　　　　　　　　　　　　　　　　　　　　 bread?
(2)　その浜は私たちの町でいちばん美しい場所です。
　〔 beautiful / is / in / the beach / place / the most 〕 our town.
　　　　　　　　　　　　　　　　　　　　　　　　 our town.
(3)　メニューをお持ちしましょうか。〔 I / the menu / shall / bring 〕?

⑦ 次の日本文を英語になおしなさい。
(1)　国語は英語よりも重要です。

(2)　マイク(Mike)は彼の兄と同じくらい熱心に勉強します。

(3)　５つの中でどの城(castle)がいちばん高いですか。

(4)　日本でいちばん有名な野球選手はだれですか。

重要ポイント

⑤ (1)「～かまたは…」という意味の語。
(2)「どの映画が３つの中でいちばん古いですか」という意味の文にする。
(3)映画についての情報が述べられているのは A2 と A3 の部分。

⑥
テストに出る!
(1)「あなたはＡとＢではどちらのほうが好きですか」は，Which do you like better, A or B? と言う。
(2)〈the most＋形容詞＋名詞〉の形を使う。
(3)「～しましょうか」は Shall I ～? で表す。

⑦ (1) important（重要な）はつづりの長い形容詞。
(2)「…と同じくらい～」は〈as＋原級＋as …〉で表す。
(3)「５つの中で」は of the five。
(4) Who で文を始める。

ちょっと **BREAK**　「L」より大きいサイズに「XL」があります。この XL，何を略したもの？　➡答えは次のページ

解答　p.28

実力判定テスト　ステージ3　Unit 6 〜 Let's Read 2　　30分　　/100　　読聞書話

1 LISTENING 留学生のジョンがデパートに買い物に来ています。対話を聞いて，内容に合うように，（　）に適する日本語を書きなさい。　　♪ l12　3点×4（12点）

(1)　ジョンは（　　　　　　　）色の（　　　　　　　　　　）をさがしている。

(2)　ジョンは（　　　　　　　）円の（　　　　　　　　　　）を買うことにした。

2 次の日本文に合うように，＿＿＿に適する語を書きなさい。　　3点×5（15点）

(1)　トムについて言えば，彼はひまです。　　＿＿＿＿＿＿＿　＿＿＿＿＿＿＿ Tom, he's free.

(2)　公園にはほんの少数の人しかいませんでした。

There were only ＿＿＿＿＿＿＿　＿＿＿＿＿＿＿ people in the park.

(3)　私が起きたとき，父は今にも家を出ようとしていました。

My father was ＿＿＿＿＿＿＿　＿＿＿＿＿＿＿ leave home when I got up.

(4)　駅の前で待っていてくれますか。

Can you wait ＿＿＿＿＿＿＿　＿＿＿＿＿＿＿　＿＿＿＿＿＿＿ the station?

(5)　調査の結果，私はおもしろいことに気づきました。

＿＿＿＿＿＿＿　＿＿＿＿＿＿＿ of my research, I found an

interesting thing.

3 次の文を（　）内の指示にしたがって書きかえなさい。　　4点×3（12点）

(1)　It is hot today.　（than yesterday を文末に加えて）

(2)　Ms. Ito is older than my mother.　（as を使ってほぼ同じ意味の文に）

(3)　Saki is a good singer.　（「私たちのクラスでいちばんじょうずな歌い手だ」という文に）

4 〔　〕内の語句を並べかえて，日本文に合う英文を書きなさい。ただし，下線部の語を必要があれば適する形にかえること。　　4点×3（12点）

(1)　彼の話はあなたのよりもおもしろかったです。

〔 <u>funny</u> / yours / story / was / than / his 〕.

(2)　ケンは彼の先生と同じくらいじょうずに英語を話すことができます。

〔 <u>well</u> / his teacher / speak / as / English / can / as / Ken 〕.

(3)　3つの中でどの問題がいちばん簡単ですか。

〔 is / three / which problem / <u>easy</u> / of / the / the 〕?

ちょっとBREAKの答え　extra large を略したものです。extra は「ふつう以上に，特別に」という意味です。

●比較級・最上級の文や，〈as ＋原級＋
as …〉の文の形と意味を理解しましょう。
●買い物の表現を覚えましょう。

目標

自分の得点まで色をぬろう！
😖がんばろう！　😅もう一歩　😊合格！
0　　　　　　　　60　　80　　100点

5 次のジョシュと朝美の対話文を読んで，あとの問いに答えなさい。 (計18点)

Josh: ①(　　　　)(　　　　)(　　　　) movies do you like? ....
Action, comedy, animated movies, ...
Asami: Oh, I like science fiction movies.
Josh: Science fiction. (　②　)
Asami: They're more interesting than other movies.
③I think〔 the most / of / science fiction movies / are / all / interesting 〕.
Josh: OK. Thank you for ④(answer) my questions, Asami.

(1) 下線部①が「あなたはどんな種類の映画が好きですか」という意味になるように，(　)
に適する語を書きなさい。 (4点)

＿＿＿＿＿ ＿＿＿＿＿ ＿＿＿＿＿ movies do you like?

(2) ②の(　)に適する文を下から選び，記号で答えなさい。 (5点)
ア　Which do you like better?　　イ　What do you like?
ウ　Why do you like them?　　　　　　　　　　　(　　　)

(3) 下線部③の〔　〕内の語句を並べかえて，意味の通る英文にしなさい。 (6点)
I think ＿＿＿＿＿＿＿＿＿＿＿＿＿.

(4) ④の(　)内の語を適する形にかえなさい。 ＿＿＿＿＿ (3点)

6 次のようなとき，英語でどのように言うか書きなさい。 5点×3(15点)
(1) 相手に夏と冬ではどちらのほうが好きかをたずねるとき。

(2) 相手にとっていちばんわくわくするスポーツは何かとたずねるとき。

(3) 相手のために夕食を料理しましょうかと申し出るとき。

7 次の日本文を英語になおしなさい。 5点×2(10点)
(1) ボブ(Bob)はその箱を開けるのがこわかったです。

(2) 2日が過ぎて，その男性は目を覚ましました。 　(and を使って)

8 次の質問に，あなた自身の答えを英語で書きなさい。 (6点)
What animal do you like the best?
—

確認のワーク　ステージ 1　**Unit 7** World Heritage Sites ①　解答 p.29　読 聞 書 話

教科書の 要 点　受け身　♪a30

This place **is selected** as a World Heritage site.
〈be 動詞＋過去分詞〉「〜される，〜されている」

この場所は世界遺産に選ばれています。

要 点

●「〜されます[されています]」は，〈**be** 動詞＋過去分詞〉で表す。この文の形を受け身という。
●規則動詞の過去分詞は過去形と同じ，不規則動詞は動詞によって異なる。

規則動詞			不規則動詞		
原形	過去形	過去分詞	原形	過去形	過去分詞
play	played	played	find	found	found
use	used	used	make	made	made
study	studied	studied	see	saw	seen

●「〜されました[されていました]」と過去のことを言うときは，**be** 動詞を過去形にする。

Wordsチェック　次の英語は日本語に，日本語は英語になおしなさい。

□(1) heritage （　　　　　　）　　□(2) site （　　　　　　）

□(3) unique （　　　　　　）　　□(4) precious （　　　　　　）

□(5) 〜を選ぶ　s_____　　□(6) タイプ，種類　_____

□(7) 自然の　_____　　□(8) 〜を決める　_____

1 絵を見て例にならい，「…は〜されます[されています]」という文を書きなさい。

the park / clean

soccer / play

math / study

these cars / wash

例　The park is cleaned every morning.

(1) Soccer _____ _____ around the world.

(2) _____ in many countries.

(3) _____ on Sundays.

ここが ポイント

「〜される[されている]」の文
〈be 動詞＋過去分詞〉で表す。be 動詞は主語に合わせる。

2 次の日本文に合うように，＿＿に適する語を書きなさい。

(1) これらの部屋は毎日，使われています。

These rooms _____ _____ every day.

(2) その図書館は昨年，開館されました。

The library _____ _____ last year.

ミス注意

(2)過去の受け身の文
「〜され(てい)た」と過去のことを言うときはbe動詞を過去形にする。

site は [sáit]，decide は [disáid] と発音するよ。

解答 ▶ p.29

Unit 7　World Heritage Sites ②

読 聞
書 話

教科書の 要点　受け身の疑問文

♪ a31

肯定文　The mountains **are** **listed** as a natural heritage site.

その山々は自然遺産の地域として登録されています。

疑問文　**Are** the mountains　**listed** as a natural heritage site?

［be 動詞を主語の前に］　　［過去分詞］

その山々は自然遺産の地域として登録されていますか。

— Yes, they **are.** / No, they **are not.**

［be 動詞を使う］

— はい, そうです。／
いいえ, そうではありません。

要点
- ●「〜されますか［されていますか］」という受け身の疑問文は be 動詞を主語の前に置く。答えるときも be 動詞を使う。
- **プラス** 受け身の否定文は be 動詞のあとに not を置く。
  - 例 This computer is not used today.　このコンピュータは現在, 使われていません。

Wordsチェック　次の英語は日本語に, 日本語は英語になおしなさい。

□(1) beauty （　　　　　　）　　□(2) mist （　　　　　　）

□(3) oily （　　　　　　）　　□(4) because of 〜 （　　　　　　）

□(5) 森, 森林 ＿＿＿＿＿　　□(6) 〜を(リストに)載せる ＿＿＿＿＿

□(7) 〜を保存する ＿＿＿＿＿　　□(8) leaf の複数形 ＿＿＿＿＿

1 次の日本文に合うように, ＿＿＿に適する語を書きなさい。

(1) この学校で中国語は勉強されますか。— はい, 勉強されます。

＿＿＿＿＿ Chinese ＿＿＿＿＿ at this school?

— Yes, ＿＿＿＿＿ ＿＿＿＿＿.

(2) それらの寺は世界遺産に選ばれましたか。

— いいえ, 選ばれませんでした。

＿＿＿＿＿ the temples ＿＿＿＿＿ as World

Heritage sites? — No, ＿＿＿＿＿ ＿＿＿＿＿.

ここがポイント

受け身の疑問文と答え方
〈be動詞＋主語＋過去分詞 〜?〉で表す。答えるときは, 〈Yes, 主語＋be動詞.〉や〈No, 主語＋be動詞＋ not.〉で答える。

2 次の文を( )内の指示にしたがって書きかえなさい。

(1) This hall is used for concerts.　（疑問文に）

＿＿＿＿＿＿＿＿＿＿＿＿＿＿

(2) These watches are made in Japan.　（否定文に）

＿＿＿＿＿＿＿＿＿＿＿＿＿＿

(3) The dog was found yesterday.　（下線部をたずねる文に）

＿＿＿＿＿＿＿＿＿＿＿＿＿＿

ここがポイント

(2)受け身の否定文
受け身の否定文はbe動詞のあとにnotを置き, 〈主語＋be動詞＋ not ＋過去分詞 〜.〉とする。

leaf(葉)の複数形は leaves。[líːvz] と発音するよ。

Unit 7

解答 p.29

確認 のワーク ステージ 1 **Unit 7** World Heritage Sites ③ 読 聞 書 話

教科書の 要点 by のついた受け身の文 ♪ a32

The city **is visited by** too many tourists.　その市にはあまりにも多くの観光客が訪れています。
〈be 動詞＋過去分詞〉 「〜によって」 動作をする人　[観光客によって訪れられています]

要点

●〈be 動詞＋過去分詞〉のあとに by 〜 を置いて，「〜によって」と動作をする人を表す。

プラス ふつうの文→受け身の文の作り方
[手順] ①もとの文の目的語を主語にする。　②もとの文の動詞を〈be 動詞＋過去分詞〉にする。
③〈by ＋もとの文の主語〉を続ける。

例 Many people　love　baseball.　多くの人々が野球を愛しています。
主語　動詞　目的語
③　②　①

Baseball　**is loved**　by many people.　野球は多くの人々に愛されています。
主語　〈be 動詞＋過去分詞〉〈by ＋動作する人〉

Wordsチェック 次の英語は日本語に，日本語は英語になおしなさい。

☐(1) attractive （　　　　　　） ☐(2) sight （　　　　　　）
☐(3) citizen （　　　　　　） ☐(4) wave （　　　　　　）
☐(5) 〜を横切って ＿＿＿＿＿＿ ☐(6) 重大な s＿＿＿＿＿
☐(7) 〜に損害を与える ＿＿＿＿＿＿ ☐(8) build の過去分詞 ＿＿＿＿＿

1 絵を見て例にならい，「—は…によって〜されました」という文を書きなさい。

use / Yoko

wash / Paul

clean / the students

build / my grandfather

例 The computer was used by Yoko.

(1) The bike ＿＿＿＿＿＿＿＿＿＿＿ by Paul.

(2) The classroom ＿＿＿＿＿＿＿＿＿＿＿ the students.

(3) The house ＿＿＿＿＿＿＿＿＿＿＿ .

2 次の英文を受け身の文に書きかえなさい。

(1) Many tourists visit Osaka.

＿＿＿＿＿＿＿＿＿＿＿＿＿＿＿＿＿＿

(2) My classmates call me Ken.

＿＿＿＿＿＿＿＿＿＿＿＿＿＿＿＿＿＿

ここが ポイント

byつきの受け身
〈be動詞＋過去分詞＋by …〉で「…によって〜される」という意味。

ミス注意

(2)〈call＋A＋B〉(AをBと呼ぶ)の受け身の文は，A is called B by 〜.の語順になる。

 soft：やわらかい⇔ hard：かたい

3 次の海斗がクラスで発表した英文を読んで，あとの問いに答えなさい。

There are many popular spots in Venice. The Rialto Bridge is one of them. It's built across the Grand Canal. It's an old and beautiful sight.

Venice is attractive, but it has ①serious problems. First, the city is visited by too many tourists. The tourists use water buses. The citizens have trouble because the buses get very crowded. Second, the city is ②(sink). It's built on soft ground. Many cruise ships make waves, and the ground is ③(damage) by the waves. How can we preserve this World Heritage site?

レベルUP (1) 下線部①の具体例を２つあげるとき，（　）に適する日本語を書きなさい。

・ベニスにあまりにも多くの（　　　　　　　　　　　　　　　）こと。

・ベニスが（　　　　　　　　　　　　　　　）こと。

よく出る (2) ②，③の（　）内の語を適する形にかえなさい。

②　＿＿＿＿＿＿　　③　＿＿＿＿＿＿

(3) 本文の内容に合うように，次の質問に英語で答えなさい。

１．Does Venice have many popular spots?

＿＿＿＿＿＿＿＿＿＿＿＿＿＿＿＿＿

２．Why are the water buses in Venice crowded?

＿＿＿＿＿＿＿＿＿＿＿＿＿＿＿＿＿

ここがポイント

(1) **First, Second**
Firstは「第1に」，Secondは「第2に」の意味。複数のことについて順を追って説明するときに使う。

よく出る **4** 次の日本文に合うように，＿＿＿に適する語を書きなさい。

(1) 名古屋は日本でいちばん大きい都市の１つです。

Nagoya is ＿＿＿＿＿＿ of ＿＿＿＿＿＿

＿＿＿＿＿＿ in Japan.

(2) その店は週末にこみ合います。

The shop ＿＿＿＿＿＿ ＿＿＿＿＿＿ on weekends.

(3) その町の人々は困っています。

The people in the town ＿＿＿＿＿＿ ＿＿＿＿＿＿.

表現メモ

● 「いちばん～な…の１つ」
〈one of the ＋最上級＋名詞の複数形〉
● 「こみ合う，満員になる」 get crowded
● 「困っている」
have trouble

WRITING Plus

自分が住んでいる都道府県について，(1)どんな建物(寺院，神社，城など)に多くの人々が訪れているか，(2)それがいつ建てられたかを伝える英文を，受け身を使って書きなさい。

(1) ＿＿＿＿＿＿＿＿＿＿＿＿＿＿＿＿＿

(2) ＿＿＿＿＿＿＿＿＿＿＿＿＿＿＿＿＿

Unit 7

確認のワーク ステージ **1** **Unit 7** World Heritage Sites ④ 読聞書話

教科書の 要点 助動詞を含む受け身の文

 a33

Mt. Fuji **can** **be** **seen** from different angles. 富士山はいろいろな角度から見られます。

- 助動詞
- 原形
- 過去分詞

要点

● 受け身の文が助動詞を含むときは，〈助動詞＋be＋過去分詞〉の形になる。助動詞のあとには動詞の原形を置くので，be動詞の原形 be を使う。

● よく使う助動詞を含む受け身
  □〈can be ＋過去分詞〉「〜されることができる」　□〈will be ＋過去分詞〉「〜されるだろう」
  □〈must be ＋過去分詞〉「〜されなければならない」

プラス 助動詞を含む受け身の疑問文は助動詞を主語の前に置き，答えるときも助動詞を使う。否定文は助動詞のあとに not を置く。

例 疑問文 Can the book be borrowed from the library?　その本は図書館から借りられますか。
  否定文 The book cannot be borrowed from the library.　その本は図書館から借りられません。

Wordsチェック 次の英語は日本語に，日本語は英語になおしなさい。

□(1) worldwide （　　　　　） □(2) print （　　　　　）

□(3) influence （　　　　　） □(4) inspiration （　　　　　）

□(5) 同じような，似た ＿＿＿＿ □(6) 角度 ＿＿＿＿

□(7) see の過去分詞 ＿＿＿＿ □(8) know の過去分詞 ＿＿＿＿

1 次の日本文に合うように，＿＿＿に適する語を書きなさい。

(1) その歌は永遠に愛されるでしょう。
  The song ＿＿＿＿＿＿＿ loved forever.

(2) その仕事は金曜日までに終わらせなければなりません。
  The work must ＿＿＿＿ ＿＿＿＿ by Friday.

レベルUP (3) この映画は子供でも見られますか。
  ＿＿＿＿＿ this movie ＿＿＿＿ ＿＿＿＿
  by children?

ここが ポイント

助動詞つきの受け身の文
〈助動詞＋ be ＋過去分詞〉の形。助動詞のあとなので，be動詞は原形のbeにする。

ミス注意

(3)助動詞を含む受け身の疑問文は，助動詞を主語の前に置く。

レベルUP **2** 次の英文を日本語になおしなさい。

(1) The movie will be enjoyed by many people.
  （　　　　　　　　　　　　　　）

(2) I'm busy. For one thing, I have a lot of homework. For another, I have to go shopping.
  （　　　　　　　　　　　　　　）

表現メモ

(2) for one thing 〜, for another …
「1つには〜，別の理由としては…」と理由を2つ並べて言うときに使う。

 influence は [ínfluəns] と発音するよ。アクセントの位置に注意しよう。

解答 ▶ p.30

 ステージ 1　**Let's Talk 5** 電話でのやり取り —誘う・断る—　読 聞 書 話

教科書の 要点　誘う表現，断る表現　♪ a34

Do you want to go with me?　私といっしょに行きませんか。

「～しませんか」

— I'd like to, but I can't.　— 行きたいのですが，できないのです。

I'd = I would

要点 ·········

● 「～しませんか」と相手を誘うとき，**Do you want to ～?** を使うことができる。

● 誘いを受けるときは Yes.(はい)や Sure.(もちろん)など，断るときは I'd like to, but I can't. (したいのですが，できません)などと言う。

● 誘う側の表現

☐ **Can you come?**　来ることができますか。　　☐ **What time?**　何時にしましょうか。

☐ **We are thinking of ～. Will you join us?**　私たちは～をする予定です。ごいっしょしませんか。

☐ **Maybe some other time.**　また別の機会に。

● 誘いを受ける側の表現

☐ **OK, let's.**　いいですよ，しましょう。　　☐ **How about ten?**　10時はどうですか。

☐ **I'm afraid I can't ～.**　残念ですが～できません。

1 次の対話文の(　)に入るものを下から選び，記号で答えなさい。

(1) A: We're thinking of going fishing tomorrow. (　①　)

　　B: (　②　) I have to do my homework.

　　ア　Do you want to come?　　イ　I'm afraid I can't go.

　　ウ　She's out right now.　　エ　OK, let's.

(2) A: We're going to have a party this Sunday. (　①　)

　　B: Sure. (　②　)

　　A: It starts at seven.

　　ア　Can you come?　　イ　How about eleven?

　　ウ　Maybe some other time.　　エ　What time?

　　(1) ①(　　　) ②(　　　)　(2) ①(　　　) ②(　　　)

2 次の日本文に合うように，　　に適する語を書きなさい。

(1) コンサートは次の月曜日に行われます。

　　The concert ＿＿＿＿＿＿＿＿＿＿

　　＿＿＿＿＿＿＿ next Monday.

(2) 彼に折り返し電話してほしいですか[折り返しお電話しますか]。

　　Do you want ＿＿＿＿＿＿ to call you ＿＿＿＿＿＿?

ここがポイント

Do you want to ～?
「あなたは～したいです
か」という意味以外に，
「～しませんか」と誘う意
味もある。

まるごと暗記

電話の応答で使う表現
・「こちらは～です」
This is ～.
・「～をお願いします」
May I speak to ～,
please?
・「今，留守です」
He's[She's] out right
now.
・「折り返しお電話しま
すか」
Do you want him
[her] to call you
back?

Unit 7 ～ Let's Talk 5

　電話をするとき，日本語では最初に「もしもし」と言うが，英語では Hello. と言う。

文法のまとめ6　Grammar for Communication 6 ▶ 受け身

解答 ▶ p.30

読聞書話

まとめ

① 受け身の文（肯定文）

● 「〜される」と受け身の意味を表すときは，〈be 動詞＋過去分詞〉を使う。

● 規則動詞の過去分詞は，過去形と同じ語尾に ed がついた形。不規則動詞の過去分詞は，動詞によって異なる。

● 「〜された」と過去のことを言うときは，be 動詞を過去形にする。

This photo **was taken** in Kyoto.　この写真は京都で撮られました。
〈be 動詞＋過去分詞〉

● 受け身の文の作り方

ふつうの文　My father　took　this photo.
主語　動詞　目的語

受け身の文　This photo　was taken　by my father.
主語　〈be 動詞＋過去分詞〉　〈by＋動作する人〉

● 受け身の文の作り方
① もとの文の目的語を主語にする。
② もとの文の動詞を〈be 動詞＋過去分詞〉の形にする。
③ 〈by ＋もとの文の主語〉を続ける。

② 受け身の疑問文・否定文

● 疑問文は be 動詞を主語の前に置く。否定文は be 動詞のあとに not を置く。

肯定文　This photo was　taken in Kyoto.

疑問文　Was this photo　taken in Kyoto? — Yes, it was. / No, it was not.
be 動詞を主語の前に置く　be 動詞を使って答える

否定文　This photo was not taken in Kyoto.
be 動詞のあとに not を置く

③ 助動詞を含む受け身

● 助動詞を含む受け身は，〈助動詞＋ be ＋過去分詞〉の形で表す。

The bird can be seen in this forest.　その鳥はこの森で見られます。
〈助動詞＋ be ＋過去分詞〉

練習

1 次の語の過去形・過去分詞を書きなさい。

　　　　　　　　　　　　　[過去形]　　　[過去分詞]

(1) like（好きだ）

(2) play（する，演奏する）

(3) make（作る）

(4) know（知っている）

(5) see（見る）

(6) build（建てる）

規則動詞の過去分詞は，過去形と同じだよ。

よく出る ②　次の日本文に合うように，＿＿＿に適する語を書きなさい。

(1) その作家は世界中で知られています。

The writer ＿＿＿＿＿＿＿ ＿＿＿＿＿＿＿ all over the world.

(2) 日本は多くの外国人に訪れられています。

Japan ＿＿＿＿＿＿ ＿＿＿＿＿＿ ＿＿＿＿＿＿ many foreign people.

(3) これらの車はアメリカ製です。

These cars ＿＿＿＿＿＿ ＿＿＿＿＿＿ ＿＿＿＿＿＿ the U.S.

(4) その化石は幼い女の子によって見つけられました。

The fossil ＿＿＿＿＿＿ ＿＿＿＿＿＿ ＿＿＿＿＿＿ a young girl.

(5) その計画はすぐに変更されるでしょう。

The plan ＿＿＿＿＿＿ ＿＿＿＿＿＿ ＿＿＿＿＿＿ soon.

よく出る ③　次の文を（　）内の指示にしたがって書きかえなさい。

(1) Many people study English. （受け身の文に）

(2) We cleaned the windows. （受け身の文に）

(3) The picture was taken by Tom. （疑問文に）

(4) This computer is used by my sister. （否定文に）

(5) The animal is seen in Australia. （下線部をたずねる疑問文に）

④　〔　〕内の語句を並べかえて，日本文に合う英文を書きなさい。

(1) 彼女の映画はインドの人々に愛されています。

〔 India / are / her / by / movies / people / loved / in 〕.

(2) これは日本語で梅干しと呼ばれています。

〔 is / umeboshi / this / in / called 〕 Japanese.

＿＿＿＿＿＿ Japanese.

(3) 富士山は自然遺産として登録されていません。

〔 a natural heritage site / is / Mt. Fuji / not / as / listed 〕.

(4) その魚は食べる前に料理されなければなりません。

〔 must / cooked / the fish / before / be 〕 eating.

＿＿＿＿＿＿ eating.

Grammar for Communication 6

解答 p.31

 **Stage Activity 3** My Favorite Place in Our Town 読聞書話

教科書の 要点　自分の町のおすすめの場所を伝える表現　♪ a35

My favorite place is Midori Restaurant.
　　　　　　　　　[いちばん好きな場所]

私のいちばん好きな場所はみどりレストランです。

It's visited by many young people.
　　　　　　　　[どんな人が訪れるか]

そこはたくさんの若者が訪れます。

It has delicious hamburgers.
　　　　　[そこにあるもの]

そこにはとてもおいしいハンバーガーがあります。

They are the best.
[名物など]

それらは最高です。

要点

● 「私のいちばん好きな場所は〜です」は，My favorite place is 〜. で表す。
● 「そこは〜が訪れ[〜によって訪れられ]ます」は，It's visited by 〜. で表す。
● 「そこには〜があります」は It has 〜. で表す。
● 名物などの感想は，〜 is[are] the best.(〜は最高です)などで表す。

Wordsチェック 次の英語は日本語に，日本語は英語になおしなさい。

□(1) beside （　　　　　　　）　　□(2) mango （　　　　　　　）

□(3) 喫茶店，カフェ ＿＿＿＿＿＿＿　□(4) good の最上級

1 次の日本文に合うように，＿＿に適する語を書きなさい。

(1) 私のいちばん好きな場所はカフェかもめです。

My ＿＿＿＿＿ ＿＿＿＿＿ is Cafe Kamome.

(2) そのカフェはたくさんの人が訪れます。

The cafe ＿＿＿＿＿＿＿＿＿ by a lot of people.

(3) 彼らのチョコレートケーキは最高です。

Their chocolate cake ＿＿＿＿＿ the ＿＿＿＿＿.

ここがポイント

おすすめの場所を伝える
My favorite place is
〜.で「私のいちばん好き
な場所は〜です」という
意味。

2 次の対話文の( )に入るものを下から選び，記号で答えなさい。

(1) A: (　　　)

　　B: One of my friends took me there. (　　　)

　　ア How can we get there?　イ How did you find the shop?
　　ウ Where is the shop?　　エ Why do you like the shop?

(2) A: How often do you go to the library?

　　B: (　　　) (　　　)

　　ア Four times a month.　イ For about two hours.
　　ウ It's beside City Hall.　エ You can take a bus.

思い出そう

疑問詞 how
・how「どう，どうやって」
・how many 〜
　「いくつの〜」
・how much「いくら」
・how long
　「どのくらい(期間)」
・how often
　「どのくらいの頻度で」

cafe は [kæféi] と発音するよ。アクセントの位置に注意しよう。

⭐ 場所・施設を表す言葉を覚えましょう。

●自然・公園

☐ beach	浜，海辺
☐ forest	森，森林
☐ hot spring	温泉
☐ lake	湖
☐ mountain	山
☐ park	公園
☐ river	川
☐ sea	海

●買い物・食事・娯楽

☐ amusement park	遊園地
☐ bookstore	本屋，書店
☐ cafe	喫茶店，カフェ
☐ convenience store	コンビニエンスストア
☐ department store	デパート
☐ flower shop	花屋
☐ restaurant	レストラン
☐ shopping mall	ショッピングモール
☐ supermarket	スーパーマーケット

●文化・教育・体育

☐ aquarium	水族館
☐ castle	城
☐ elementary school	小学校
☐ junior high school	中学校
☐ high school	高校
☐ library	図書館
☐ museum	博物館，美術館
☐ shrine	神社
☐ stadium	スタジアム，競技場
☐ temple	寺，寺院
☐ theater	劇場，映画館
☐ university / college	大学
☐ zoo	動物園

●交通・通信・その他

☐ airport	空港
☐ gas station	ガソリンスタンド
☐ port / harbor	港
☐ post office	郵便局
☐ station	駅
☐ tower	塔，タワー

●行政・医療

☐ city hall	市役所
☐ fire station	消防署
☐ hospital	病院
☐ police station	警察署

Stage Activity 3

解答　p.31

Let's Read 3 Pictures and Our Beautiful Planet ①　読聞書話

●次の星野道夫さんの伝記を読んで，あとの問いに答えなさい。

　　One photograph changed Hoshino Michio's life.　He was a university student, and ① one day〔 a photograph / a book / very / he / to / was / in / attracted 〕about Alaska.　It was a photograph of ② a small village (　　　) (　　　) (　　　) (　　　) the wilderness.　The village was Shishmaref.　Michio wanted to visit and experience that place ③自分で.　So, he wrote a letter to the mayor of the village.　5
The mayor invited Michio to Alaska, and his dream (　④　) true.

　　For one summer, Michio lived among the Inuit people in that Alaskan village.　He learned about Inuit food, family life, and culture.　⑤He also　10 learned how to live without city conveniences.

Question

(1)　下線部①が「ある日，彼はアラスカについての本の中のある写真にとてもひきつけられました」という意味になるように，〔　〕内の語句を並べかえなさい。

(2)　下線部②が「荒野の真ん中の小さな村」という意味になるように，(　)に適する語を書きなさい。

(3)　下線部③を2語の英語になおしなさい。

(4)　④の(　)に適する語を下から選び，記号で答えなさい。
　　ア　came　　イ　made　　ウ　took　　　　　　　　　　　　　(　　　)

(5)　下線部⑤の英文を日本語になおしなさい。
　　(　　　　　　　　　　　　　　　　　　　　　　　　　　　　　)

(6)　本文の内容に合うように，次の質問に英語で答えなさい。
　　１．Was Michio a university student when he saw the picture of Shishmaref?

　　２．What did Michio do to visit and experience Shishmaref?

　　３．How long did Michio live among the Inuit people?

Word Box BIG

1 次の英語は日本語に，日本語は英語になおしなさい。

(1) planet （　　　　　） (2) photograph （　　　　　）

(3) wilderness （　　　　　） (4) mayor （　　　　　）

(5) attracted （　　　　　） (6) middle （　　　　　）

(7) gather （　　　　　） (8) tradition （　　　　　）

(9) berry （　　　　　） (10) harmoniously （　　　　　）

(11) convenience （　　　　　） (12) hunt （　　　　　）

(13) 大学 u＿＿＿＿＿ (14) 彼自身を［に］ ＿＿＿＿＿＿

(15) ～の中［～の間］で a＿＿＿＿＿ (16) 肉 ＿＿＿＿＿＿

(17) ～を招待する，招く ＿＿＿＿＿ (18) 本当の，真実の ＿＿＿＿＿＿

(19) 生きている l＿＿＿＿＿ (20) ～を共有する ＿＿＿＿＿＿

2 次の日本文に合うように，＿＿＿に適する語を書きなさい。

(1) あなたの夢が実現することを願っています。

I hope your dream will ＿＿＿＿＿＿ ＿＿＿＿＿＿.

(2) その家族は森の真ん中に住んでいました。

The family lived ＿＿＿＿＿ the ＿＿＿＿＿ ＿＿＿＿＿ a forest.

(3) ある日，私は新聞でおもしろい記事を見つけました。

＿＿＿＿＿＿ ＿＿＿＿＿＿, I found an interesting article in the newspaper.

(4) 彼は自分で決めなければなりませんでした。

He had to decide ＿＿＿＿＿＿ ＿＿＿＿＿＿.

(5) その湖には生き物が何もいませんでした。

There were no ＿＿＿＿＿ ＿＿＿＿＿ in the lake.

(6) ボブはひらがなで彼の名前を書きました。

Bob ＿＿＿＿＿ his name in *hiragana*.

(7) 寿司は日本の食文化の一部です。

Sushi is a ＿＿＿＿＿ ＿＿＿＿＿ Japanese food culture.

(8) エミは何かとても大切なことを理解しました。

Emi ＿＿＿＿＿＿ ＿＿＿＿＿＿ very important.

解答　p.32

Try! READING ▶Let's Read 3▶ Pictures and Our Beautiful Planet ② 読 聞 書 話

●次の星野道夫さんの伝記を読んで，あとの問いに答えなさい。

①〔 Michio / university / Japan / finished / after / in 〕, he returned to Alaska. For 19 years, he traveled around Alaska as a photographer. He often ②(camp) in severe weather to take pictures of wild animals.　Once he stayed in the tundra for a 5 month to take pictures of caribou.　③Michio felt lonely in the wilderness, but he also felt free.

　Michio shared his feelings of freedom and wonder in his photographs.　④He showed us playful polar bears, beautiful mountains, and other wonderful scenes. However, his life ⑤(end) suddenly. He ⑥殺された by a bear when he was camping 10 alone in Kamchatka in 1996.

Question

(1) 下線部①が「道夫は日本の大学を卒業したあとアラスカに戻りました」という意味になるように，〔 　〕内の語を並べかえなさい。

　_____, he returned to Alaska.

(2) ②，⑤の（ 　）内の語を適する形にかえなさい。

　② _____　⑤ _____

(3) 下線部③の内容に合うように，（ 　）に適する日本語を書きなさい。

　道夫は（ 　　　　　）の中で（ 　　　　　）と感じたが，また（ 　　　　　）とも感じた。

(4) 下線部④の英文を日本語になおしなさい。

　(　　　　　　　　　　　　　　　　　　　　　　　　　　　　　　　　　　　)

(5) 下線部⑥を2語の英語になおしなさい。

　_____　_____

(6) 本文の内容に合うように，次の質問に英語で答えなさい。

　1．How long did Michio travel around Alaska as a photographer?

　_____

　2．Why did Michio stay in the tundra for a month?

　_____

　3．What did Michio share in his photographs?

　_____

1 次の英語は日本語に，日本語は英語になおしなさい。

(1) photographer （　　　　） (2) severe （　　　　）
(3) freedom （　　　　） (4) playful （　　　　）
(5) scene （　　　　） (6) habitat （　　　　）
(7) grow （　　　　） (8) slowly （　　　　）
(9) twice （　　　　） (10) past （　　　　）
(11) 帰る，戻る ＿＿＿＿ (12) キャンプをする ＿＿＿＿
(13) ～を殺す ＿＿＿＿ (14) 十分な，必要なだけの ＿＿＿＿
(15) 土地 l＿＿＿ (16) のぼる，上がる ＿＿＿＿
(17) あたたかい ＿＿＿＿ (18) 野生の ＿＿＿＿
(19) 地球 ＿＿＿＿ (20) 残り，その他 ＿＿＿＿

2 次の日本文に合うように，＿＿＿に適する語を書きなさい。

(1) 地球温暖化はとても重大な問題です。
＿＿＿＿ ＿＿＿＿ is a very serious problem.

(2) とても寒いと，水は氷に変わります。
Water ＿＿＿＿ ＿＿＿＿ ice when it's very cold.

(3) 私たちは私たちの惑星をだいじにすべきです。
We should ＿＿＿＿ ＿＿＿＿ of our planet.

(4) チリ(Chile)は日本の2倍の大きさです。
Chile is ＿＿＿＿ ＿＿＿＿ large ＿＿＿＿ Japan.

(5) 生活の方法[生活様式]を変えるのは簡単ではありません。
It's not easy to change your ＿＿＿＿ ＿＿＿＿.

(6) この歌は私に子供のころのことを思い出させます。
This song ＿＿＿＿ me ＿＿＿＿ my childhood.

(7) 私たちは伝統を将来の子供たちに伝えなければなりません。
We must ＿＿＿＿ ＿＿＿＿ our tradition to future children.

(8) その氷はゆっくりと消えています。
The ice ＿＿＿＿ ＿＿＿＿ slowly.

解答 p.32

定着のワーク　ステージ2　Unit 7 〜 Let's Read 3　読聞書話

1 LISTENING　対話を聞いて，その内容に合うように（　）に適する日本語または数字を書きなさい。

♪ l13

(1)　運動会は（　　　）開かれた。

(2)　この島は（　　　　　）として登録されている。

(3)　（　　　　　）は（　　　）人でプレーされる。

(4)　この橋は（　　　　　）年に建てられた。

2 次の文の（　）内から適する語を選び，記号で答えなさい。

(1)　This movie is (ア watch　イ watched　ウ watching) by many young people.

(2)　His stories are loved (ア at　イ by　ウ in) Japan.

(3)　The park (ア is　イ are　ウ was) cleaned yesterday.

(4)　The pictures (ア don't　イ wasn't　ウ weren't) taken by Bill.

(1)（　　　）　(2)（　　　）　(3)（　　　）　(4)（　　　）

3 次の各組の文がほぼ同じ内容になるように，＿＿＿に適する語を書きなさい。

(1) ┌ Many people visited the zoo.
　　└ The zoo was ＿＿＿＿＿＿＿＿ many people.

(2) ┌ We call the bird a kiwi in English.
　　│ The bird ＿＿＿＿＿＿＿ a ＿＿＿＿＿＿
　　└ in English.

(3) ┌ They will hold the event tomorrow.
　　└ The event will ＿＿＿＿＿＿＿ tomorrow.

4 次の日本文に合うように，＿＿＿に適する語を書きなさい。

(1)　私たちは雨のために外出できませんでした。
　　We couldn't go out ＿＿＿＿＿＿＿ rain.

(2)　彼は自分で料理のし方を学びました。
　　He learned how to cook ＿＿＿＿＿＿＿.

(3)　私は彼女の誕生日パーティーに招待されました。
　　I was ＿＿＿＿＿＿＿ her birthday party.

(4)　この車はあの車より2倍速く走ります。
　　This car runs ＿＿＿＿＿＿＿ fast as that one.

重要ポイント

2

テストに出る！

受け身の文
〈be動詞＋過去分詞（＋by …）〉で「（…によって）〜され（てい）る」という意味を表す。

(4)受け身の否定文は be 動詞のあとに not を置く。

3 すべて受け身の文に。
(2)(3)

得点力をUP

〈call＋A＋B〉の受け身
〈A is[are] called＋B〉。
助動詞を含む受け身
〈助動詞＋ be ＋過去分詞〉の形にする。

4 (1)「〜のために」は because of 〜。

(2)「自分で」＝「彼自身のために」

(3) invite 〜 to …（〜を…に招待する）の受け身の文。

(4)「…より2倍〜」は twice as 〜 as …。

5 次の英文を読んで，あとの問いに答えなさい。

There are many unique and precious places in the world. ①[selected / them / of / are / World Heritage sites / some / as]. They are not selected for their own countries. They are for ②世界中の人々.

よく出る (1) 下線部①が「それらのうちのいくつかは世界遺産に選ばれています」という意味になるように，〔 〕内の語句を並べかえなさい。

_____

(2) 下線部②を５語の英語になおすとき，_____に適する語を書きなさい。

_____ _____ _____ the world

(3) 次の文が本文の内容と合っていれば○，異なっていれば×を（　）に書きなさい。

１．世界には多くの独特で貴重な場所がある。（　　　）

２．世界遺産は，その遺産がある国のために選ばれる。（　　　）

重要ポイント

5 (1)「〜のうちのいくつか」は some of 〜で表せる。「世界遺産に」→「世界遺産として」。

(2)「〜のいたるところに［で，の］」all over 〜

(3) 1．本文１行目参照。

2．本文３行目参照。

よく出る 6 〔 〕内の語句を並べかえて，日本文に合う英文を書きなさい。

(1) これらのセーターはイギリスで作られたものではありません。
〔 made / not / these / sweaters / were / in 〕 the U.K.

_____ the U.K.

(2) そのホールは地元の会社によって建てられたのですか。
〔 a local company / the hall / built / by / was 〕?

_____

(3) その言語はどこで使われていますか。
〔 is / used / the language / where 〕?

_____

6

テストに出る！
受け身の疑問文，否定文
●疑問文
be動詞を主語の前に置く。
●否定文
be動詞のあとにnotを置く。

(3)疑問詞 where を文頭に置き，そのあとを受け身の疑問文の語順にする。

7 次の日本文を英語になおしなさい。

(1) 日本のアニメ（Japanese anime）は多くの国で楽しまれます。

_____

レベルUP (2) その塔はここから見られます。（The tower で始めて）

_____

(3) 私のいちばん好きな場所はその劇場です。

_____

(4) 私と買い物に行きませんか。（want を使って）

_____

7 (1) 受け身の文。

(2) can を使った受け身の文に。

(3)「いちばん好きな」は favorite，「劇場」は theater。

(4)「あなたは私と買い物に行きたいですか」という文にする。

Unit 7 〜 Let's Read 3

 BREAK 英語名は "Thirty-six Views of Mount Fuji"。何のこと？

➡答えは次のページ

実力判定テスト　ステージ3　Unit 7 ～ Let's Read 3　30分　/100

解答 ▶ p.33

読聞書話

1 LISTENING　アヤのスピーチを聞いて，下の問いに答えなさい。 ♪ l14　3点×3(9点)

(1)　アヤが話している世界遺産を下から選び，記号で答えなさい。

ア　寺院　　　イ　神社　　　ウ　城　　　　　　　　　　（　　　）

(2)　その世界遺産がある場所を下から選び，記号で答えなさい。

ア　島　　　　イ　森　　　　ウ　山　　　　　　　　　　（　　　）

(3)　その世界遺産が，世界遺産に選ばれた年を書きなさい。　　（　　　　　年）

2 次の日本文に合うように，＿＿＿に適する語を書きなさい。　　3点×4(12点)

(1)　その歌手は世界中で有名です。

The singer is famous ＿＿＿＿＿＿ ＿＿＿＿＿＿ the world.

(2)　私はその車を買うことができません。1つにはお金がないからです。

I can't buy that car. For ＿＿＿＿＿＿ ＿＿＿＿＿＿, I don't have money.

(3)　彼のおかげで，私の夢は実現しました。

Thanks to him, my dream ＿＿＿＿＿＿ ＿＿＿＿＿＿.

(4)　その写真で私は祖母を思い出しました。

The picture ＿＿＿＿＿＿ me ＿＿＿＿＿＿ my grandmother.

3 次の文を（　）内の指示にしたがって書きかえなさい。　　4点×3(12点)

(1)　She cleaned those rooms this morning.　（受け身の文に）

(2)　Do many people visit the museum?　（受け身の文に）

(3)　This product was made last year.　（下線部をたずねる疑問文に）

4 〔　〕内の語句を並べかえて，日本文に合う英文を書きなさい。ただし，下線部の語を適する形（1語とは限らない）にかえること。　　4点×3(12点)

(1)　今年はそのお祭りは行われませんでした。

〔 hold / not / this / was / the festival 〕year.

＿＿＿＿＿＿＿＿＿＿＿＿＿＿＿＿＿＿ year.

(2)　この美しい浜は永遠に保護されなければなりません。

〔 preserve / forever / must / this / beach / be / beautiful 〕.

(3)　サッカーは日本でいちばん人気のあるスポーツの1つです。

〔 popular / is / one / soccer / the / in / of / Japan / sports 〕.

ちょっとBREAKの答え　有名な浮世絵師，葛飾北斎の版画集，「富嶽三十六景」のことです。

5 次の海斗とメグの対話文を読んで，あとの問いに答えなさい。　　　　（計25点）

Kaito: (　①　) was your vacation in Australia, Meg?

Meg: It was great! I went to a World Heritage site, the Blue Mountains.

Kaito: ②Oh, 〔 a natural heritage site / they / listed / are / as 〕?

Meg: Yes, they are.

Kaito: Why are they ③(call) "blue"?

Meg: The mountains look blue ④(＿＿＿)(＿＿＿) an oily mist from the eucalyptus (＿＿＿).

(1) ①の(　)に適する語を下から選び，記号で答えなさい。　　　　（4点）

　　ア　How　　イ　What　　ウ　When　　　　　　　　　　　（　　　）

(2) 下線部②の〔　〕内の語句を並べかえて，意味の通る英文にしなさい。（6点）

　　Oh, ＿＿＿＿＿＿＿＿＿＿＿＿＿＿＿＿＿＿＿＿＿＿＿＿＿＿？

(3) ③の(　)内の語を適する形にかえなさい。　＿＿＿＿＿＿＿＿（4点）

(4) 下線部④が「ユーカリの葉から出る油を含んだ霧のために」という意味になるように，(　)内に適する語を書きなさい。　　　　（5点）

　　＿＿＿＿＿＿＿　＿＿＿＿＿＿＿ an oily mist from the eucalyptus ＿＿＿＿

(5) 本文の内容に合うように，次の質問に6語の英語で答えなさい。　　（6点）

　　Where did Meg go in Australia?

　　—

6 次のようなとき，英語でどのように言うか書きなさい。　　6点×3(18点)

(1) 相手の国で何語が使われているのかをたずねるとき。

(2) 来年，新しいホテルが建てられる予定であることを相手に伝えるとき。

(3) 電話で，友達のトム(Tom)に代わってほしいとき。

7 次の質問に，あなた自身の答えを英語で書きなさい。　　6点×2(12点)

(1) What are you called by your family?

(2) What's your favorite place in your town?

Unit 7 〜 Let's Read 3

不規則動詞変化表

⭐ 不規則動詞の変化形をおさえましょう。 [　]は発音記号。

		原形	意味	現在形	過去形	過去分詞
A・B・C型	☐	be	～である	am, is / are	was / were	been [bín]
	☐	begin	始める	begin(s)	began	begun
	☐	do	する	do, does	did	done [dÃn]
	☐	drink	飲む	drink(s)	drank	drunk
	☐	eat	食べる	eat(s)	ate	eaten
	☐	give	与える	give(s)	gave	given
	☐	go	行く	go(es)	went	gone [gɔ́n]
	☐	know	知っている	know(s)	knew	known
	☐	see	見る	see(s)	saw	seen
	☐	sing	歌う	sing(s)	sang	sung
	☐	speak	話す	speak(s)	spoke	spoken
	☐	swim	泳ぐ	swim(s)	swam	swum
	☐	take	持っていく	take(s)	took	taken
	☐	write	書く	write(s)	wrote	written
A・B・B型	☐	bring	持ってくる	bring(s)	brought	brought
	☐	build	建てる	build(s)	built	built
	☐	buy	買う	buy(s)	bought	bought
	☐	feel	感じる	feel(s)	felt	felt
	☐	find	見つける	find(s)	found	found
	☐	get	得る	get(s)	got	got, gotten
	☐	have	持っている	have, has	had	had
	☐	hear	聞く	hear(s)	heard	heard
	☐	keep	保つ	keep(s)	kept	kept
	☐	make	作る	make(s)	made	made
	☐	say	言う	say(s)	said [séd]	said [séd]
	☐	stand	立っている	stand(s)	stood	stood
	☐	teach	教える	teach(es)	taught	taught
	☐	think	思う	think(s)	thought	thought
A・B・A型	☐	become	～になる	become(s)	became	become
	☐	come	来る	come(s)	came	come
	☐	run	走る	run(s)	ran	run
A・A・A型	☐	hurt	傷つける	hurt(s)	hurt	hurt
	☐	read	読む	read(s)	read [réd]	read [réd]
	☐	set	準備する	set(s)	set	set

アプリで学習！ Challenge! SPEAKING

● この章は，付録のスマートフォンアプリ『文理のはつおん上達アプリ　おん達 Plus』を使用して学習します。

● 右の QR コードより特設サイトにアクセスし，アプリをダウンロードしてください。

● アプリをダウンロードしたら，アクセスコードを入力してご利用ください。

おん達 Plus
特設サイト

アプリアイコン

アプリ用アクセスコード ▶ B064330

※アクセスコード入力時から 15 か月間ご利用になれます。

アプリの特長

● アプリでお手本を聞いて，自分の英語をふきこむと，AIが採点します。

● 点数は「流暢度」「発音」「完成度」の 3 つと，総合得点が出ます。

● 会話の役ごとに練習ができます。

● 付録「ポケットスタディ」の発音練習もできます。

アプリの使い方

① ホーム画面の「かいわ」を選びます。

② 学習したいタイトルをタップします。

 ◁ トレーニング

① 🔊 をタップしてお手本の音声を聞きます。

② 🎤 をおして英語をふきこみます。

③ 点数を確認します。

　• 点数が高くなるように何度もくりかえし練習しましょう。

　• 🔄 をタップするとふきこんだ音声を聞くことができます。

 チャレンジ

① カウントダウンのあと，会話が始まります。

② 🎤 が光ったら英語をふきこみます。

③ ふきこんだら 🎤 をタップします。

④ "Role Change!" と出たら役をかわります。

(利用規約・お問い合わせ) https://www.kyokashowork.jp/ontatsuplus/terms_contact.html

Challenge! SPEAKING①

日常生活

●付録アプリを使って，発音
の練習をしましょう。

読 聞
書 話

トレーニング

♪ s01

自分や相手の日常生活について英語で言えるようになりましょう。

☐ What time do you <u>get up</u> on weekdays?
　　　　└ go to bed / have dinner /
　　　　　　do your homework

あなたは平日は何時に起きますか。
weekday：平日

☐ I usually <u>get up</u> at <u>seven</u> on weekdays.
　　go to bed /　　└ ten / seven / six
　　have dinner /
　　do my homework

私は平日はふつう7時に起きます。
usually：ふつう

☐ I see.

なるほど。

☐ What do you enjoy doing in your free time?

あなたはひまなとき何をして楽しみますか。　free：ひま

☐ I enjoy <u>reading books</u> in my free time.
　　　└ playing video games /
　　　　playing the piano /
　　　　watching movies on TV

私はひまなとき本を読んで楽しみます。

☐ That's nice.

それはいいですね。

チャレンジ

♪ s02

自分や相手の日常生活についての英語を会話で身につけましょう。☐に言葉を入れて言いましょう。

A: What time do you ☐ on weekdays?

B: I usually ☐ at ☐ on weekdays.

A: I see.
　 What do you enjoy doing in
　 your free time?

B: I enjoy ☐ in my free time.

A: That's nice.

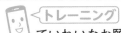 **Challenge! SPEAKING❷**

ていねいなお願い

アプリで学習

 ●付録アプリを使って，発音の練習をしましょう。 読書 聞話

♪ s03

 トレーニング

ていねいなお願いを英語で言えるようになりましょう。

☐ Excuse me.	すみません。
☐ May I ask you a favor?	1つお願いしてもよろしいですか。
☐ No, problem.	かまいませんよ。
☐ Could you pass me the salt?	塩を取ってくださいませんか。
open the window / close the door / take my picture	Could you ～ ? : ～してくださいませんか
☐ Sure.	もちろんです。
☐ Thank you very much.	どうもありがとうございます。
☐ My pleasure.	どういたしまして。

♪ s04

チャレンジ

ていねいなお願いの英語を会話で身につけましょう。☐に言葉を入れて言いましょう。

A: Excuse me.
   May I ask you a favor?
B: No, problem.
A: Could you ☐ ?
B: Sure.
A: Thank you very much.
B: My pleasure.

Challenge! SPEAKING❸

買い物

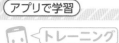 アプリで学習

●付録アプリを使って，発音
の練習をしましょう。

読 聞
書 話

🎤◁トレーニング

♪ s05

買い物での英語を言えるようになりましょう。

☐ May I help you?	お手伝いしましょうか。
☐ Yes, please.	はい，お願いします。
☐ I'm looking for a shirt. └ a sweater / a cap / a T-shirt	シャツをさがしています。 look for 〜：〜をさがす
☐ How about this one?	こちらはいかがですか。
☐ This looks nice, but I don't like the color.	これはよさそうに見えますが，色が好きではありません。 look 〜：〜のように見える
☐ Would you like to see a white one? └ brown / black / yellow	白いのをお見せしましょうか。
☐ Yes, please.	はい，お願いします。
☐ Here it is.	こちらがそれです。
☐ I like it. I'll take it.	気に入りました。これをいただきます。

🎤◁チャレンジ

♪ s06

買い物での英語を会話で身につけましょう。 ☐ に言葉を入れて言いましょう。

A: May I help you?
B: Yes, please.
　I'm looking for ☐ .
A: How about this one?
B: This looks nice, but I don't
　like the color.
A: Would you like to see a ☐ one?
B: Yes, please.
A: Here it is.
B: I like it. I'll take it.

Challenge! SPEAKING④

電話

Plus ●付録アプリを使って，発音 の練習をしましょう。 読 聞 書 話

Challenge! SPEAKING

🔊 s07

📱 トレーニング

電話での英語を言えるようになりましょう。

☐ Hello. This is Mike. └ Cathy / Tom / Emma	もしもし。マイクです。
☐ May I speak to Emily, please? └ Alex / Beth / Nick	エミリーをお願いします。
☐ This is Emily speaking. What's up? └ Alex / Beth / Nick	こちらはエミリーです。どうしたのですか。
☐ I'm planning to visit Bob's house next Sunday. └ go fishing / go to a movie / go to a curry restaurant	今度の日曜日にボブの家を訪れることを計画してます。 plan to 〜：〜することを計画する
☐ Can you come with me?	いっしょに来ませんか。
☐ Yes, of course.	はい，もちろんです。
☐ Sounds fun.	楽しそうですね。 sounds 〜：〜のように聞こえる

🔊 s08

📱 チャレンジ

電話での英語を会話で身につけましょう。 □に言葉を入れて言いましょう。

A: Hello. This is ☐ .
　 May I speak to ☐ , please?
B: This is ☐ speaking.
　 What's up?
A: I'm planning to ☐ next
　 Sunday.
　 Can you come with me?
B: Yes, of course.
　 Sounds fun.

Challenge! SPEAKING⑤
電車の乗りかえ

●付録アプリを使って，発音の練習をしましょう。

読 聞
書 話

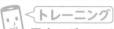 トレーニング

♪ s09

電車の乗りかえを英語で言えるようになりましょう。

☐ Excuse me.

すみません。

☐ Could you tell me how to get to Central Museum?　Rainbow Zoo / Green Park / Sun Tower

セントラルミュージアムへの行き方を教えてくださいませんか。
Could you ～ ? : ～してくださいませんか

☐ Let's see. Take the South North Line.
　　　　　└ the East West Line

ええと。南北線に乗ってください。

☐ Change trains at Green Hill.
　　　　　└ Blue River / Red Mountain / Chinatown

グリーンヒルで電車を乗りかえてください。
change trains : 電車を乗りかえる

☐ Take the East West Line and get off at
　　　└ the South North Line
Chinatown.
　　└ Red Mountain / Blue River / Green Hill

東西線に乗って，チャイナタウンで降りてください。
get off : 降りる

☐ How long does it take?

どれくらい時間がかかりますか。

☐ It'll take about fifteen minutes.
　　　　　└ thirty / twenty / forty

約15分かかります。

☐ Thank you very much.

どうもありがとうございます。

チャレンジ

♪ s10

電車の乗りかえの英語を会話で身につけましょう。□に言葉を入れて言いましょう。

A: Excuse me. Could you tell me how to get to □ ?
B: Let's see. Take □ .
　 Change trains at □ .
　 Take □ and get off
　 at □ .
A: How long does it take?
B: It'll take about □ minutes.
A: Thank you very much.

Challenge! SPEAKING ❻
ホテルでのトラブル

●付録アプリを使って，発音の練習をしましょう。

読書 聞話

アプリで学習

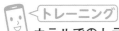

s11

ホテルでのトラブルで使う英語を言えるようになりましょう。

☐ Excuse me.	すみません。
☐ Yes. Can I help you?	はい。ご用でしょうか。
☐ I have a problem with the light.	電灯に問題があります。
the TV / the shower / the air conditioner	
☐ It doesn't work.	壊れています。
☐ I apologize for the trouble.	問題をお詫びいたします。 apologize：謝る，わびる
☐ I'll check it right away.	すぐに調査します。
☐ Thank you.	ありがとう。

チャレンジ

s12

ホテルでのトラブルで使う英語を会話で身につけましょう。□に言葉を入れて言いましょう。

A: Excuse me.
B: Yes. Can I help you?
A: I have a problem with ☐ .
   It doesn't work.
B: I apologize for the trouble.
   I'll check it right away.
A: Thank you.

誘う

●付録アプリを使って，発音の練習をしましょう。

読 聞 書 話

♪ s13

< トレーニング

相手を誘う英語を言えるようになりましょう。

☐ Let's make a plan for this weekend.

今週末の計画をしましょう。
make a plan : 計画する

☐ OK. Do you have any ideas?

いいですよ。何か考えはありますか。

☐ How about going to <u>the park</u>?

the zoo /
the library /
the department store

公園へ行きませんか。
department store : デパート

☐ I want to <u>run there</u>.

see pandas there /
borrow some books /
buy a new bag

私はそこで走りたいです。
borrow : 借りる

☐ That's nice.

それはいいですね。

☐ Why don't we <u>have lunch there</u>?

draw them /
do our homework there /
visit the museum near it

そこで昼食を食べませんか。

☐ I agree with you.

あなたに賛成です。

< チャレンジ

♪ s14

相手を誘う英語を会話で身につけましょう。 ☐ に言葉を入れて言いましょう。

A: Let's make a plan for this weekend.
B: OK. Do you have any ideas?
A: How about going to ☐ ?
   I want to ☐ .
B: That's nice.
   Why don't we ☐ ?
A: I agree with you.

● There is[are] ～ . の文

肯	There is[are] ＋主語＋場所を表す語句.
否	There is[are] not＋主語＋場所を表す語句.
疑	Is[Are] there＋主語＋場所を表す語句? — Yes, there is[are]. / No there is[are] not.

⚠ the や my などがついた特定のものが主語のときには使わない。
- × 　There is **my cat** under the chair.
- ○ 　**My cat** is under the chair.
　イスの下に私のネコがいます。

● 未来の文

・will は意志や未来を表し，be going to ～は予定や現在から予測される未来を表す。

肯	主語＋will＋動詞の原形 ～ .	主語＋be動詞＋going to＋動詞の原形 ～ .
否	主語＋will not[won't]＋動詞の原形 ～ .	主語＋be動詞＋not＋going to＋動詞の原形 ～ .
疑	Will＋主語＋動詞の原形 ～ ? — Yes, 主語＋will. / No, 主語＋won't.	be動詞＋主語＋going to＋動詞の原形 ～ ? — Yes, 主語＋be動詞. / No, 主語＋be動詞＋not.

● いろいろな文の形

・英語の文は動詞とそれに続く語句のはたらきによって5つの形にわけることができる。

1	主語＋動詞	Spring came.　春が来ました。
2	主語＋動詞＋補語[形容詞 / 名詞]	Ken looked happy.　ケンは幸せそうでした。
3	主語＋動詞＋目的語	Eri likes tennis.　エリはテニスが好きです。
4	主語＋動詞＋目的語[人]＋目的語[もの]	Taku gave Mai the book.　タクはマイにその本をあげました。
5	主語＋動詞＋目的語＋補語[名詞 / 形容詞]	We call the cat Momo.　私たちはそのネコをモモと呼びます。

● 助動詞

■ can…「～することができる」という意味以外に，①依頼するとき，②許可を求めるとき，に使う。
① **Can you** help me?　手伝ってくれますか。　② **Can I** use the bike?　その自転車を使ってもいいですか。

⚠ can の過去形は **could**。Could you ～ ? はていねいな依頼の表現。

■ must…①「～しなければならない」(≒ have[has] to ～)　②「～にちがいない」

肯	主語＋must＋動詞の原形 ～ .	主語＋have[has] to＋動詞の原形 ～ .
否	主語＋must not[mustn't]＋動詞の原形 ～ . 「～してはいけない」	主語＋don't[doesn't] have to＋動詞の原形 ～ . 「～する必要はない」
疑	Must＋主語＋動詞の原形 ～ ? — Yes, 主語＋must. / No, 主語＋don't[doesn't].	Do[Does]＋主語＋have to＋動詞の原形 ～ ? — Yes, 主語＋do[does]. / No, 主語＋don't[doesn't].

⚠ must には過去形がないので，過去の文では〈**had to**＋動詞の原形〉を使う。

■ 助動詞の重要表現

Will you＋動詞の原形 ～ ?	～してくれませんか　〈依頼〉
Shall I＋動詞の原形 ～ ?	～しましょうか　〈申し出〉
Shall we＋動詞の原形 ～ ?	(いっしょに)～しましょうか　〈勧誘〉
May I＋動詞の原形 ～ ?	～してもいいですか　〈許可を求める〉

● その他の助動詞

should ～ 「～すべきだ」
may ～ ① 「～してもよい」
　　　　② 「～かもしれない」

● 不定詞・動名詞

■ 不定詞〈to＋動詞の原形〉には3つの基本的な用法がある。

名詞的用法	～すること	主語・目的語・補語
形容詞的用法	～する[ための]…，～すべき…	名詞を修飾
副詞的用法　①目的　②原因	①～するために　②～して	①動詞を修飾　②形容詞を修飾

■ 〈疑問詞＋to＋動詞の原形〉の形で know や tell, show などの動詞の目的語になる。
I know **how to use** it.　私はそれの使い方を知っています。 / Tell me **what to do**.　何をすべきか私に教えて。

■ 〈**It is**＋形容詞＋**(for ...)**＋**to**＋動詞の原形 .〉の形で「(…にとって)～することは―だ」を表す。
It is easy **for** me **to** use a computer.　私にとってコンピューターを使うことは簡単です。

⚠ この形でよく使われる形容詞　difficult(難しい), important(重要な), necessary(必要な)　など

■ 動名詞〈動詞の -ing 形〉

「～すること」の意味で主語や目的語などになる。
不定詞と異なり，前置詞のあとに置くこともできる。
　　Thank you for **calling** me.　電話をかけてくれてありがとう。

● 〈前置詞＋動名詞〉の重要表現
・be good at ～ing「～するのが得意だ」
・without ～ing「～しないで」
・Thank you for ～ing.「～してくれてありがとう」

■ 目的語になる不定詞・動名詞の使い分け

不定詞のみを目的語とする動詞	want(欲する)，hope(望む)，decide(決心する)　など
動名詞のみを目的語とする動詞	enjoy(楽しむ)，finish(終える)，stop(止める)　など
不定詞と動名詞の両方を目的語とする動詞	like(好む)，start[begin](始める)，continue(続ける)　など

● 接続詞

■ when, if…文と文をつなぐはたらき。文の前半に置く場合はカンマが必要。
My brother was watching TV **when** I got home.　　私が家に着いたとき，
= **When** I got home, my brother was watching TV.　弟はテレビを見ていました。

⚠ 時や条件を表す when や if のあとの動詞は，未来のことでも現在形で表す。
　　If it is fine tomorrow, let's go to the zoo.　もし明日晴れたら，動物園へ行きましょう。

● その他の接続詞の例
because(～なので)
before(～する前に)
after(～したあとで)　など

■ that…「～ということ」という意味を表し，あとに〈主語＋動詞〉が続く。この that はよく省略される。
I think (**that**) Yuki lives in Tokyo.　私はユキは東京に住んでいると思います。
I'm sure (**that**) Eito will win the game.　私はエイトは試合に勝つと思います。　⚠〈主語＋be 動詞＋形容詞＋that〉
　　└ 感情や心理を表す形容詞　　　　　　　　　　　　　　　　　　　　　　　の形。

● 比較の文

比較級＋than …	…よりも～	Ken is taller than Mike.　ケンはマイクより背が高い。
the＋最上級	もっとも[いちばん]～	This pen is the longest of the three.　このペンは3つの中でもっとも長い。
as＋原級＋as …	…と同じくらい～	Yumi is as old as Jane.　ユミはジェーンと同じ年齢です。
not as＋原級＋as …	…ほど～ない	My bag isn't as big as yours.　私のバッグはあなたのほど大きくない。

● 比較級・最上級
①er, est をつける　tall — taller - tallest
②more, most をつける
　　famous — **more** famous — **most** famous
③不規則に変化するもの
　　good / well — **better** — **best**
　　many / much — **more** — **most**

● 比較級・最上級のer, estのつけ方
①語尾にer, est をつける　　small — small**er** - small**est**
②語尾がe → r, st をつける　large — larg**er** - larg**est**
③語尾が〈子音字＋y〉→ y をi にかえてer, est をつける
　　happy — happ**ier** — happ**iest**
④語尾が〈短母音＋子音字〉→ 子音字を重ねてer, est をつける
　　big — big**ger** - big**gest**

● 受け身(受動態)の文

・「～される，～されている」は〈**be** 動詞＋過去分詞〉で表す。この形を受け身(受動態)という。

肯　主語＋be動詞＋過去分詞 ～.
否　主語＋be動詞＋not＋過去分詞 ～.
疑　be動詞＋主語＋過去分詞 ～?
　　— Yes, 主語＋be動詞. / No, 主語＋be動詞＋not.

⚠「～によって」と動作をした人をいうときは，by ～を使う。
　　The book was written by my aunt.
　　その本は私のおばによって書かれました。

■ by 以外の前置詞を使う受け身の文
The top of the mountain is covered **with** snow.　山頂は雪で覆われています。
The woman is known **as** a poet.　その女性は詩人として知られています。

■ 目的語が2つある受け身の文
Emi gave me the book. → I was given **the book** by Emi. / **The book** was given (to) me by Emi.　　┌ 省略できる
Kazu made me the cake. → **The cake** was made for me by Kazu.

⚠「人」を主語にできない。前置詞 for が必要。

■ 助動詞を含む受け身の文　〈助動詞＋be＋過去分詞〉で表す。
The room **will be cleaned** next week.　その部屋は来週そうじされるでしょう。
A lot of stars **can be seen** from here.　多くの星をここから見ることができます。

得点アップ！予想問題

1
この「**予想問題**」で
実力を確かめよう！

時間も
はかろう

2
「**解答と解説**」で
答え合わせをしよう！

3
わからなかった問題は
戻って復習しよう！

この本での
学習ページ

スキマ時間でポイントを確認！
別冊「**スピードチェック**」も使おう

●予想問題の構成

回数	教科書ページ	教科書の内容	この本での学習ページ
第1回	4〜18	Unit 0 / Unit 1 〜 Grammar for Communication 1	4〜19
第2回	21〜32	Unit 2 〜 Grammar for Communication 2	20〜31
第3回	35〜55	Unit 3 〜 Let's Read 1	32〜47
第4回	57〜68	Unit 4 〜 Grammar for Communication 4	48〜57
第5回	71〜81	Unit 5 〜 Let's Talk 3	58〜67
第6回	83〜103	Unit 6 〜 Let's Read 2	68〜85
第7回	105〜126	Unit 7 〜 Let's Read 3	86〜103

英語2年　東京書籍版

第 **1** 回
予想問題

Unit 0 / Unit 1 〜 Grammar for Communication 1

読書　聞話　**30**分

解答 p.35

/100

1 LISTENING 対話を聞いて，最後の文に対する応答として適切なものをア〜ウから選び，記号で答えなさい。

t01　4点×3(12点)

(1)		(2)		(3)	

2 次の日本文に合うように，＿＿＿に適する語を書きなさい。

4点×4(16点)

(1) 私はおじのところに泊まりました。　I ＿＿＿＿ ＿＿＿＿ my uncle.

(2) あのね，何だと思う？　　＿＿＿＿ ＿＿＿＿?

(3) 予約をしましょう。　　Let's ＿＿＿＿ a ＿＿＿＿.

(4) 私のコンピュータに問題があります。

I have a ＿＿＿＿ ＿＿＿＿ my computer.

(1)		(2)	
(3)		(4)	

3 〔　〕内の語句を並べかえて，日本文に合う英文を書きなさい。

5点×5(25点)

(1) そのとき両親は夕食を料理していました。

〔 cooking / my parents / were / dinner 〕 then.

(2) エミは私にアルバムを見せてくれました。

〔 an album / Emi / to / showed / me 〕.

(3) トムはこの出来事を忘れないでしょう。

〔 will / this event / not / Tom / forget 〕.

(4) 私たちはその野球の試合を見るつもりはありません。

〔 to / watch / aren't / the baseball game / going / we 〕.

(5) あなたは私の誕生日に何をくれますか。

〔 you / will / give / for / what / me 〕 my birthday?

(1)	
(2)	
(3)	
(4)	
(5)	

4 次の朝美が書いたメールの一部を読んで，あとの問いに答えなさい。 　　　　　(計22点)

Today we visited Merlion Park and ①(ride) the Ferris wheel. ②(　　　　)(　　　　)
(　　　　) the Singapore Flyer. It took us up (　③　) 165 meters. It was scary, but
fun.

We went shopping, too. I found four (　④　) languages on Singapore money ―
Malay, Chinese, Tamil, and English. People in Singapore speak (　④　) languages.
My uncle speaks Tamil and English, so I can communicate with him.

---

(1)　①の(　)内の語を適する形にかえなさい。　　　　　　　　　　　　　　　(4点)

(2)　下線部②が「人々はそれをシンガポールフライヤーと呼びます」という意味になるよう
　　に，(　)に適する語を書きなさい。　　　　　　　　　　　　　　　　　　(4点)

(3)　③の(　)に適する語を書きなさい。　　　　　　　　　　　　　　　　　　(4点)

(4)　④の(　)に共通して入る語を下から選び，記号で答えなさい。　　　　　　(5点)

　　　ア　different　　　　　イ　important　　　　ウ　original

(5)　本文の内容に合うように，次の質問に5語の英語で答えなさい。　　　　　　(5点)

　　　What languages does Asami's uncle speak?

(1)		(2)			
(3)		(4)			
(5)					

---

5 次の日本文を英語になおしなさい。　　　　　　　　　　　　　　5点×3(15点)

(1)　私は明日，英語を勉強するつもりです。（6語で）

(2)　そのびんの中には少しも水がありません。（7語で）

(3)　その少女は私に自分の名前を言いませんでした。（7語で）

(1)	
(2)	
(3)	

---

6 次のようなとき，英語でどのように言うか書きなさい。　　　　　　5点×2(10点)

(1)　相手に今週末に何をするつもりかをたずねるとき。

(2)　母親にプレゼントを買ったと言うとき。（7語で）

(1)	
(2)	

第**2**回
予想問題

Unit 2 〜
Grammar for Communication 2

読 聞
書 話

30
分

解答 ▶ p.35

/100

🎧 **1** **LISTENING**　対話と質問を聞いて，その答えとして適切なものを下から選び，記号で答えなさい。

🎵 t02　4点×3（12点）

(1)ア　She listens to music.
　イ　She reads books.
　ウ　She watches TV.

(2)ア　He likes swimming.
　イ　It's hot in summer.
　ウ　There's no school.

(3)ア　At a library.
　イ　At a museum.
　ウ　At a restaurant.

(1)		(2)		(3)	

2　次の日本文に合うように，＿＿に適する語を書きなさい。

4点×4（16点）

(1)　あとで折り返し電話します。　　I'll ＿＿＿＿ ＿＿＿＿ later.

(2)　私は1切れのパンを食べました。　I ate a ＿＿＿＿ ＿＿＿＿ bread.

(3)　この時計は売り物ではありません。

　　This clock is not ＿＿＿＿ ＿＿＿＿.

(4)　エミはイギリスの歴史に興味があります。

　　Emi is ＿＿＿＿ ＿＿＿＿ British history.

(1)		(2)	
(3)		(4)	

3　〔　〕内の語句や符号を並べかえて，日本文に合う英文を書きなさい。

5点×4（20点）

(1)　私はそのショーはおもしろいと思います。

　　〔 interesting / think / the show / I / is 〕.

(2)　私にカレーを作ってくださいませんか。

　　〔 curry / for / could / you / me / make 〕?

(3)　もしぐあいが悪いならひと休みしてもいいですよ。

　　〔 are / you / you / can / if / sick / , 〕 take a rest.

(4)　私が彼を訪ねたとき，彼は部屋をそうじしていました。

　　〔 cleaning / was / room / he / when / his 〕 I visited him.

(1)	
(2)	
(3)	
(4)	

4　次のジョシュの発表をまとめた英文を読んで，あとの問いに答えなさい。　　　(計24点)

> Spaghetti comes （　①　） Italy, but a Japanese chef created "spaghetti *Napolitan*" in Japan. He made it with a special tomato sauce and ②（　　　　） the dish "*Napolitan*" （　　　　） Naples in Italy.
>
> California rolls come （　①　） the U.S. For many years, sushi wasn't popular in the U.S. because people there didn't usually eat raw fish. So some Japanese chefs used avocado. Also, they wrapped the rice on the outside because ③many people didn't like seaweed.

(1)　①の（　）に共通して入る語を書きなさい。　　　　　　　　　　　　　　(3点)

(2)　下線部②が「イタリアのナポリにちなんでその料理を『ナポリタン』と名づけました」という意味になるように，（　）に適する語を書きなさい。　　　　　　　(3点)

(3)　下線部③に対処するために日本人のシェフは何をしたか，日本語で書きなさい。　(6点)

(4)　本文の内容に合うように次の質問に英語で答えるとき，＿＿に適する語を書きなさい。

　I ．What kind of sauce did the chef use for "spaghetti *Napolitan*"?　　　6点×2(12点)

　　　— He used a ＿＿＿＿ ＿＿＿＿ sauce.

　2．Why did some Japanese chefs use avocado for sushi?

　　　— ＿＿＿＿ people in the U.S. didn't usually eat ＿＿＿＿ fish.

(1)		(2)		
(3)				
(4)	I		2	

5　次の日本文を英語になおしなさい。　　　　　　　　　　　　　　　　7点×2(14点)

(1)　あなたにお願いをしてもよいですか。

(2)　あなたがよい時を過ごすことを望んでいます。

(1)	
(2)	

6　次のようなとき，英語でどのように言うか書きなさい。　　　　　　　7点×2(14点)

(1)　自由な時間があるときに自分がすることを相手に伝えるとき。

(2)　窓を開けてくれるようにていねいに依頼するとき。

(1)	
(2)	

第**3**回
予想問題

Unit 3 〜 Let's Read 1

読聞
書話

30
分

解答 ▶ p.36

/100

1 LISTENING　メグがヒロにインタビューをしています。対話を聞いて，その内容に合うように（　）に適する日本語を書きなさい。

🎵 t03　4点×3（12点）

- ・ヒロは（　①　）ことが得意だ。
- ・ヒロは（　②　）ことと人と話すことが好きだ。
- ・メグは（　③　）がヒロの仕事に向いていると思っている。

①		②	
③			

2 次の日本文に合うように，＿＿＿に適する語を書きなさい。

4点×4（16点）

(1) あなたは体を鍛えるべきです。

You should ＿＿＿＿ ＿＿＿＿.

(2) ずっと前は，人々は時間を知るために太陽を使っていました。

＿＿＿＿ ＿＿＿＿, people used the sun to see the time.

(3) この地図によれば，この近くに湖があります。

＿＿＿＿ ＿＿＿＿ this map, there is a lake around here.

(4) 生徒のうち何人かは来ませんでした。

＿＿＿＿ ＿＿＿＿ the students didn't come.

(1)		(2)	
(3)		(4)	

3 〔　〕内の語句を並べかえて，日本文に合う英文を書きなさい。

5点×4（20点）

(1) あなたにあげるお金はありません。　〔 money / have / give / no / I / you / to 〕.

(2) マイは手紙を受け取って驚きました。　〔 to / the letter / surprised / Mai / get / was 〕.

(3) 彼は家を買うために熱心に働きました。　He〔 to / hard / a house / worked / buy 〕.

(4) 私の夢はパイロットになることです。　〔 to / a pilot / is / my dream / be 〕.

(1)	
(2)	
(3)	
(4)	

4 次の朝美が書いたレポートの一部を読んで，あとの問いに答えなさい。 (計28点)

Ms. Tanaka explained. AI translates sentences quickly, but it sometimes misses important things. It may also misunderstand the meaning. (①), it is not good at understanding a writer's feelings. It is important to catch these things. A careful check by humans is necessary.

Ms. Tanaka said, "It's important to use AI effectively. ②People use languages to build relationships. Languages can connect us to different cultures. AI can help us a lot, but it can't do everything."

(1) ①の( )に適する語句を下から選び，記号で答えなさい。 (4点)

ア However イ Moreover ウ For example

(2) 下線部②の英文を日本語になおしなさい。 (6点)

(3) 次の文が本文の内容と合っていれば○，異なっていれば×を書きなさい。 4点×3(12点)

1. Humans need to check translations by AI.

2. Ms. Tanaka thinks that we should use AI effectively.

3. Ms. Tanaka thinks that AI will do everything in the future.

(4) 本文の内容に合うように，次の質問に6語の英語で答えなさい。 (6点)

What is AI good at doing?

(1)		(2)	
(3) 1		2	3
(4)			

5 次の日本文を英語になおしなさい。 6点×2(12点)

(1) 言うことは何もありません。（I で始め，nothing を使って）

(2) 海で泳ぐのは簡単ではありません。（It's で始めて）

(1)	
(2)	

6 次のようなとき，英語でどのように言うか書きなさい。 6点×2(12点)

(1) この夏にどこに行きたいか相手にたずねるとき。（8語で）

(2) 相手にまた会えてうれしいと伝えるとき。（6語で）

(1)	
(2)	

第**4**回
予想問題

Unit 4 〜
Grammar for Communication 4

読聞書話 🕐30分 　/100

解答 p.37

1 **LISTENING** 　アヤの家での決まりごとについてのスピーチを聞いて，その内容に合うように（　）に適する日本語を書きなさい。

🎵 t04 　4点×3（12点）

> ・アヤは（　　①　　）前に帰宅しなかったら，（　　②　　）に家にいなければならない。
>
> ・アヤは（　　③　　）をしないと，テレビを見ることができない。

①		②	
③			

2 次の日本文に合うように，＿＿に適する語を書きなさい。　　4点×3（12点）

(1) 私はそのように古い車を見て驚きました。

　　I was surprised to see ＿＿＿＿ ＿＿＿＿ old car.

(2) 父は車で彼らを迎えに行きました。

　　My father went to ＿＿＿＿ them ＿＿＿＿.

(3) あなたは夜遅くに外出すべきではありません。

　　You should not ＿＿＿＿ ＿＿＿＿ late at night.

(1)		(2)	
(3)			

3 次の文を（　）内の指示にしたがって書きかえなさい。　　5点×5（25点）

(1) Emi practices tennis. （5語で「〜しなければならない」という文に）

(2) It's interesting to study history. （動名詞を使ってほぼ同じ内容の文に）

(3) She likes to make cakes. （動名詞を使ってほぼ同じ内容の文に）

(4) Don't eat or drink in this room. （You で始めてほぼ同じ内容の文に）

(5) You must buy a computer. （will を使って未来の文に）

(1)	
(2)	
(3)	
(4)	
(5)	

4 次の海斗（かいと）の体験談を読んで，あとの問いに答えなさい。　　　　　　　(計27点)

One day, I asked Mrs. Wilson, "Why don't we play a card game or something?" Then, she taught me a word game. It's one of her ①(hobby). We enjoyed playing games together after dinner. Learning new words was fun.

After all, ②[a host family / with / was / staying] a great experience. ③Sometimes we couldn't understand each other. However, I kept trying to speak in English, and they listened to me carefully. ④(　　　) Mr. (　　　) Mrs. Wilson (　　) very kind.

(1)　①の(　)内の語を適する形にかえなさい。　　　　　　　　　　　　　　　　(4点)

(2)　下線部②の[　]内の語句を並べかえて，意味の通る英文にしなさい。　　　(6点)

(3)　下線部③の問題に対して，海斗は何をしましたか。日本語で書きなさい。　(6点)

(4)　下線部④が「ウィルソン夫妻は2人ともとても親切でした」という意味になるように
　　(　)に適する語を書きなさい。　　　　　　　　　　　　　　　　　　　　　(5点)

(5)　本文の内容に合うように，次の質問に(　)内の語数の英語で答えなさい。　(6点)
　　What did Mrs. Wilson teach Kaito?（6語）

(1)		(2)	
(3)			
(4)			
(5)			

5 次の日本文を英語になおしなさい。　　　　　　　　　　　　　　6点×2(12点)

(1)　ギターをひくのをやめてくれませんか。（Can で始めて）

(2)　私たちはなぜ学校に行かなければならないのですか。（6語で）

(1)	
(2)	

6 次のようなとき，英語でどのように言うか書きなさい。　　　　6点×2(12点)

(1)　相手に会えることを楽しみにしていると言うとき。（現在進行形を使って6語で）

(2)　海外から来た客に対して，はし(chopsticks)を使わなくてもよいと言うとき。（6語で）

(1)	
(2)	

解答 p.38

第5回 予想問題　Unit 5 〜 Let's Talk 3

読聞書話　30分　/100

🎧 **1 LISTENING**　対話を聞いて，最後の文に対する応答として適切なものをア〜ウから選び，記号で答えなさい。

🎵 t05　4点×3（12点）

(1)		(2)		(3)	

2 次の日本文に合うように，＿＿＿に適する語を書きなさい。　4点×4（16点）

(1) この駅で電車を乗りかえてください。

Please ＿＿＿＿＿ ＿＿＿＿＿ at this station.

(2) コンピュータのおかげで多くの情報を得ることができます。

＿＿＿＿＿ ＿＿＿＿＿ computers, we can get a lot of information.

(3) こちらにおすわりくださいませんか。

Could you sit over ＿＿＿＿＿, please?

(4) この学校にはお年寄りのための授業がたくさんあります。

This school has many classes for the ＿＿＿＿＿.

(1)		(2)	
(3)		(4)	

3 次の対話が成り立つように，＿＿＿に適する語を書きなさい。　4点×2（8点）

(1) A: ＿＿＿＿＿ ＿＿＿＿＿ stops is Sendai from here?

B: Six stops.

(2) A: ＿＿＿＿＿ ＿＿＿＿＿ does it take?

B: It takes about 20 minutes.

(1)		(2)	

4 次の各組の文がほぼ同じ内容になるように，＿＿＿に適する語を書きなさい。　6点×2（12点）

(1) { What should I do for him? Please tell me.

Please tell me ＿＿＿＿＿ ＿＿＿＿＿ do for him.

(2) { My grandmother can use a computer.

My grandmother knows ＿＿＿＿＿ ＿＿＿＿＿ use a computer.

(1)		(2)	

5 次の英文を読んで，あとの問いに答えなさい。 (計26点)

Ronald Mace, an American professor, is the father of universal design. He was in a wheelchair from childhood, and often had a (　①　) time. ②So he looked 〔 for / to / make / ways / a better society 〕 for disabled people.

In the 1970s, people started to remove barriers for disabled people, but Ronald had ③a different idea. He wanted to remove barriers for everyone. ④He thought that we often become disabled as we get old.

(1) ①の（　）に適する語を下から選び，記号で答えなさい。 (4点)

　　ア　beautiful　　　イ　difficult　　　ウ　wonderful

(2) 下線部②の〔　〕内の語句を並べかえて，意味の通る英文にしなさい。 (5点)

(3) 下線部③の内容を本文中の英語5語で答えなさい。 (6点)

(4) 下線部④の英文を日本語になおしなさい。 (6点)

(5) 本文の内容に合うように，次の質問に（　）内の語数の英語で答えなさい。 (5点)

　　When did people begin to remove barriers for disabled people? （3語）

(1)		(2)	
(3)			
(4)			
(5)			

6 〔　〕内の語を並べかえて，日本文に合う英文を書きなさい。 6点×2(12点)

(1) 彼は私にどこで寝るか見せてくれました。

　　〔 me / sleep / he / to / showed / where 〕.

(2) リサは日本を去らなければならなかったので悲しかったです。

　　〔 sad / that / leave / Lisa / had / was / she / Japan / to 〕.

(1)	
(2)	

7 次の日本文を英語になおしなさい。 7点×2(14点)

(1) 私は点字(braille)の読み方を学びたいです。 （how を使って）

(2) 私はあなたと話すことができてうれしいです。 （that を使って）

(1)	
(2)	

第6回 予想問題 Unit 6 〜 Let's Read 2

読 聞
書 話

解答 p.39

30分

/100

🎧 **1 LISTENING** 対話と質問を聞いて，その答えとして適切なものを下から選び，記号で答えなさい。

🎵 t06 4点×3(12点)

(1) ア English.
イ Science.
ウ Social studies.

(2) ア Josh does.
イ Ken does.
ウ Mike does.

(3) ア A large one.
イ A medium one.
ウ A small one.

(1)		(2)		(3)	

2 次の日本文に合うように，＿＿に適する語を書きなさい。 5点×4(20点)

(1) そのギターはいくらですか。 ＿＿＿＿＿ ＿＿＿＿＿ is that guitar?

(2) 私は午前3時に目が覚めました。 I ＿＿＿＿＿ ＿＿＿＿＿ at three a.m.

(3) このサルはバナナやオレンジのような果物が好きです。

This monkey likes fruits ＿＿＿＿＿ ＿＿＿＿＿ bananas and oranges.

(4) イギリスでの1年はとても早く過ぎました。

The year in the U.K. ＿＿＿＿＿ ＿＿＿＿＿ so fast.

(1)		(2)	
(3)		(4)	

3 次の各組の文がほぼ同じ内容になるように，＿＿に適する語を書きなさい。 6点×4(24点)

(1) { This question is easier than that one.
That question is ＿＿＿＿＿ ＿＿＿＿＿ than this one.

(2) { Lisa is not as old as Aya.
Lisa is ＿＿＿＿＿ ＿＿＿＿＿ Aya.

(3) { Hiro can play baseball better than Bill.
Bill cannot play baseball ＿＿＿＿＿ ＿＿＿＿＿ ＿＿＿＿＿ Hiro.

(4) { Nothing is more important than love.
Love is the ＿＿＿＿＿ ＿＿＿＿＿ ＿＿＿＿＿ all.

(1)		(2)	
(3)			
(4)			

4 ジョシュの発表へのフィードバックシートを見て，あとの問いに答えなさい。　(計25点)

Feedback

Group:　A　　Speaker:　Josh　　Your Name:　Kaito

CONTENT	Very Good				Needs Work
Easy to understand	5	4	③	2	1
Interesting	⑤	4	3	2	1

DELIVERY					
Voice	⑤	4	3	2	1
Eye contact	⑤	4	3	2	1

COMMENTS

　Your topic was good. I like action movies the best. In our class, ①they [movies / the second / are / popular / of / most / kind], and they are as popular as science fiction movies. I am glad to know that. Now I feel like ②(talk) about my favorite movies with our classmates.

(1) 下線部①が「それらは2番目に人気のある映画の種類です」という意味になるように，[ ]内の語句を並べかえなさい。　(6点)

(2) ②の( )内の語を適する形にかえなさい。　(4点)

(3) 次の文が本文の内容と合っていれば〇，異なっていれば×を書きなさい。　5点×3(15点)

　1. Kaito could understand Josh's presentation very easily.

　2. Kaito thought that Josh's presentation was interesting.

　3. Kaito likes science fiction movies better than action movies.

(1)							
(2)			(3)	1		2	3

5 次の日本文を英語になおしなさい。　6点×2(12点)

(1) ライオンとトラではどちらのほうが強いですか。（8語で）

(2) これを試着してもよいですか。

(1)	
(2)	

6 次のようなとき，英語でどのように言うか書きなさい。　(7点)

相手の国でいちばん有名な俳優がだれかたずねるとき。

第7回 予想問題　Unit 7 〜 Let's Read 3

読聞書話　45分　/100

解答 p.39

1 LISTENING 対話を聞いて，最後の文に対する応答として適切なものをア〜ウから選び，記号で答えなさい。

🎵 t07　3点×3（9点）

(1)		(2)		(3)	

2 次の日本文に合うように，＿＿＿に適する語を書きなさい。　3点×4（12点）

(1) マイクは日本中を旅しています。

Mike is traveling ＿＿＿＿ ＿＿＿＿ Japan.

(2) 私は熱のために学校に行きませんでした。

I didn't go to school ＿＿＿＿ ＿＿＿＿ the fever.

(3) 彼女はクラスでいちばんよい生徒の1人です。

She is ＿＿＿＿ of the ＿＿＿＿ students in the class.

(4) 私たちは私たち自身の文化についてあまり知りません。

We don't know much about ＿＿＿＿ ＿＿＿＿ culture.

(1)		(2)	
(3)		(4)	

3 次の各組の文がほぼ同じ内容になるように，＿＿＿に適する語を書きなさい。　4点×4（16点）

(1) { My uncle built that bridge.
That bridge ＿＿＿＿ ＿＿＿＿ by my uncle.

(2) { When do you use the word?
When ＿＿＿＿ the word ＿＿＿＿?

(3) { We will find the bag soon.
The bag ＿＿＿＿ ＿＿＿＿ ＿＿＿＿ soon.

(4) { The students don't play volleyball.
Volleyball ＿＿＿＿ ＿＿＿＿ ＿＿＿＿ the students.

(1)		(2)	
(3)			
(4)			

4　次の英文を読んで，あとの問いに答えなさい。　　　　　　　　　（計18点）

Mt. Fuji is a World Heritage site. Its beautiful natural shape is ①(know) worldwide, but it is listed for its cultural heritage.

— 中略 —

So, ②why is Mt. Fuji listed for its cultural heritage? For one thing, Japanese people think the mountain is sacred. For another, the mountain gives people inspiration. Mt. Fuji in ukiyo-e prints is a good example. It even influenced overseas artists.

③Mt. Fuji (　　　　) (　　　　) (　　　　) from different angles. Different people see it in different ways.

⑴　①の（　）内の語を適する形にかえなさい。　　　　　　　　　　（2点）

⑵　下線部②の問いの答えを本文から2つさがし，日本語で答えなさい。　4点×2(8点)

⑶　下線部③が「富士山はいろいろな角度から見られます」という意味になるように，（　）に適する語を書きなさい。　　　　　　　　　　　　　　　　　　　　（4点）

⑷　本文の内容に合うように，次の質問に英語で答えなさい。　　　　（4点）

　　Were overseas artists influenced by Mt. Fuji in ukiyo-e prints?

(1)	
(2)	・ ・
(3)	
(4)	

5　次の日本文を英語になおしなさい。　　　　　　　　　　　　5点×2(10点)

⑴　これらのマンガ(comic)は子供たちに好かれています。

⑵　そのチーズはこの町で作られたのですか。

(1)	
(2)	

6　次のようなとき，英語でどのように言うか書きなさい。　　　　　（5点）

　　目の前にいる動物が英語で何と呼ばれているかたずねるとき。（受け身を使って）

7 次の星野道夫さんの伝記を読んで，あとの問いに答えなさい。 (計18点)

①As ice turns into water, and sea levels rise, Alaskan islands get smaller. Shishmaref is slowly disappearing. ②Scientists say the Arctic 〔 the Earth / twice / is / getting / as / as / warmer / of / fast / the rest 〕. Our lives will change, too, if we do not ③(　　　)(　　　)(　　　) our planet. Michio's photographs remind us of our beautiful past, but the future may be very different. What can we do to pass (　④　) this beauty to future children?

(1)　下線部①の英文を日本語になおしなさい。 (4点)

(2)　下線部②が「科学者は北極地方が地球の残りより2倍速くあたたかくなっていると言っています」という意味になるように，〔　〕内の語句を並べかえなさい。 (5点)

(3)　下線部③が「私たちの惑星[地球]をだいじにする」という意味になるように，(　)に適する語を書きなさい。 (3点)

(4)　④の(　)に適する語を下から選び，記号で答えなさい。 (2点)
　　　ア　at　　　イ　on　　　ウ　with

(5)　本文の内容に合うように，次の質問に英語で答えなさい。 (4点)
　　　What do Michio's photos remind us of?

(1)	
(2)	
(3)	(4)
(5)	

8 次の日本文に合うように，＿＿に適する語を書きなさい。 3点×4(12点)

(1)　私はあなたの夢が実現してうれしいです。
　　　I'm happy that your dream ＿＿＿＿ ＿＿＿＿.

(2)　私の弟は自分で宿題をすることができませんでした。
　　　My brother couldn't do his homework ＿＿＿＿ ＿＿＿＿.

(3)　その動物園は東京の真ん中にあります。
　　　The zoo is ＿＿＿＿ the ＿＿＿＿ of Tokyo.

(4)　音楽は私の生活の一部です。
　　　Music is a ＿＿＿＿ ＿＿＿＿ my life.

(1)		(2)	
(3)		(4)	

教科書ワーク 英語 特別ふろく

無料アプリ

どこでもワーク

こちらにアクセスして，ご利用ください。
https://portal.bunri.jp/app.html

単語特訓▶

重要語句の
暗記に便利

間違えた問題だけを何度も確認できる！

▼文法特訓

文法事項を
三択問題で
確認！

無料ダウンロード

ホームページテスト

無料でダウンロードできます。
表紙カバーに掲載のアクセス
コードを入力してご利用くだ
さい。
https://www.bunri.co.jp/infosrv/top.html

文法問題▶

テスト対策や
復習に使おう！

リスニング試験対策に
バッチリ！

▼リスニング問題

注意 ●アプリは無料ですが，別途各通信会社からの通信料がかかります。
●アプリの利用には iPhone の方は Apple ID，Android の方は Google アカウントが必要です。対応 OS や対応機種については，各ストアでご確認ください。
●お客様のネット環境および携帯端末により，ご利用いただけない場合，当社は責任を負いかねます。ご理解，ご了承いただきますよう，お願いいたします。

中学教科書ワーク

解答と解説

東京書籍版 ニューホライズン

英語2年

この「解答と解説」は，取りはずして 使えます。

Unit 0

p.4 ■ステージ**1**

Words チェック (1)～に着く[到着する]　(2)植物
(3)ago　(4)found

❶ (1)was studying　(2)was swimming
(3)They were running

❷ (1)Was, cooking / was
(2)weren't playing

── 解説 ──

❶ 「～はそのとき…していました」は〈主語＋was[were]＋動詞の ing 形＋… then.〉で表す。
(1)主語が I なので be 動詞は was。
(2)**ミス注意** 主語が三人称単数なので be 動詞は was。swim の ing 形は swimming。
(3)主語が複数なので be 動詞は were。run の ing形は running。

❷ (1)(2)過去進行形の疑問文は was[were]を主語の前に置く。答えるときも was[were]を使う。否定文は was[were]のあとに not を置く。空所の数から短縮形 weren't を使う。

ポイント 過去進行形
【肯定文】〈was[were]＋動詞の ing 形〉
【疑問文】was[were]を主語の前に置く。
【否定文】was[were]のあとに not を置く。

p.5 ■ステージ**1**

❶ (1)There's a bag
(2)There are three oranges
(3)There are two cats under the table.

❷ (1)are, students　(2)was
(3)Are there any　(4)isn't

── 解説 ──

❶ 不特定のもの[人]について「～があります[います]」は There is[are] ～. で表す。
(1)主語の a bag が単数なので，be 動詞は is。空所の数から短縮形 There's を使う。

(2)主語の three oranges が複数なので，be 動詞は are。

(3)主語の two cats が複数なので，be 動詞は are。「テーブルの下に」は前置詞 under を使う。

❷ (1)主語の five students と複数形になるので，be 動詞は are を使う。

(2)There is[are] ～. の文を過去の文にするときは，be 動詞を過去形にする。is の過去形は was。

(3)**ミス注意** There is[are] ～. の疑問文は is[are]を there の前に置く。「いくつかの」は肯定文では some，疑問文や否定文ではふつう any を使う。

(4)There is[are] ～. の否定文は is[are]のあとに not を置く。空所の数から短縮形の isn't を使う。

ポイント❶ There is[are] ～. の文
・be 動詞はあとに続く語句に合わせる。
・過去の文は be 動詞を過去形に。

ポイント❷ There is[are] ～. の疑問文と否定文
【疑問文】be 動詞を there の前に置く。
【答え方】there を使って答える。
【否定文】be 動詞のあとに not を置く。

Unit 1

p.6～7 ■ステージ**1**

Words チェック (1)休日，休暇　(2)～を経験する
(3)夫　(4)uncle　(5)wife　(6)abroad

❶ (1)am going
(2)is going to go to bed early
(3)They are[They're] going to watch TV.

❷ (1)美術館[博物館]を訪れるつもりです
(2)その山に登るつもりです

❸ (1)going, practice　(2)aren't going
(3)Is, going / isn't

❹ (1)going to use this computer tomorrow
(2)Are you going to leave next
(3)I'm not going to read the book.

2

(4) What are you going to do tomorrow?

❺ (1) Guess what　(2) showed, around

(3) staying with

WRITING Plus✏　(1)例1　I'm going to go to Kyoto

(during the "Golden Week" holidays).

例2　(During the "Golden Week" holidays,)

I'm going to visit Osaka.

(2)例1　I'm going to visit some temples.

例2　I'm going to eat *takoyaki*.

◆ 解 説 ◆

❶ 「―は～するつもりです」は〈主語＋be動詞＋going to＋動詞の原形～.〉で表す。

(1)主語がIなのでbe動詞はam。

(2)ミス注意！　主語が三人称単数なのでbe動詞はis。toのあとは動詞の原形を使う。

(3)主語が複数なのでbe動詞はare。

❷ (1)(2)ともにbe going to ～の文。「～するつもりです」という意味を表す。

❸ (1)be going to ～の文にする。toのあとはpracticeと動詞の原形を使う。

(2)be going to ～の否定文は，be動詞のあとにnotを置く。空所の数から短縮形aren'tを使う。

(3)be going to ～の疑問文は，be動詞を主語の前に置く。答えるときもbe動詞を使う。

❹ (1)be going to ～の文。「明日」tomorrow

(2)be going to ～の疑問文。be動詞を主語の前に置く。「来月」next month

(3)be going to ～の否定文。I'mのあとにnotを置く。

(4)疑問詞whatで文を始め，疑問文の形を続ける。「する」はdo。

❺ (1)「あのね，何だと思う？」はGuess what?と言う。guessは「～を推測する」という意味。

(2)「～を案内する」show ～ around

(3)「～(人)のところに泊まる」stay with ～

WRITING Plus✏　(1)I'm going to go to[visit] ～.（私は～に行く[～を訪れる]つもりです）で表す。during the "Golden Week" holidays（ゴールデンウィークの間に)を文頭または文末につけてもよい。

(2)I'm going toのあとにしようと思っている動詞を続ける。toのあとは原形を使うことに注意。

ポイント❶　be going to ～

・be動詞は主語に合わせる。

・toのあとの動詞は原形にする。

ポイント❷　be going to ～の疑問文と否定文

【疑問文】be動詞を主語の前に置く。

【否定文】be動詞のあとにnotを置く。

p.8～9　ステージ1

Wordsチェック　(1)シーフード　(2)予約

(3) far　(4) I'll

❶ (1) will go　(2) will clean my room

(3) I will[I'll] practice the piano tomorrow.

❷ (1) will　(2) come　(3) be　(4) You'll

(5) going to

❸ (1) will be　(2) Will Tom / will

(3) will not

❹ (1) We will take a bus to

(2) Meg will not eat dinner.

(3) Will you go to the zoo next

❺ (1) far, here　(2) made, reservation

❻ Word Box　(1) stay [be] at　(2) do my

(3) go shopping　(4) take part in

◆ 解 説 ◆

❶ 「私は明日，～するつもりです」はI will ～ tomorrow.で表す。

❷ (1)直後の動詞の原形talkに注目。動詞の原形をあとに置くのは助動詞will。

(2)主語に関係なくwillのあとの動詞は原形。

(3)willのあとは動詞の原形を使う。be動詞の原形はbe。

(4)直後に動詞の原形getがあることからYou willの短縮形You'llを選ぶ。

(5)直前にI'mがあり，直後に動詞meetがあることからbe going to ～の文。

❸ (1)next month(来月)があるので未来を表す文にする。空所の数からwillを使うと考える。be動詞の原形はbe。

(2)willの疑問文はwillを主語の前に置く。答えるときもwillを使う。

(3)ミス注意！　willの否定文はwillのあとにnotを置く。

❹ (1)主語のあとに〈will＋動詞の原形〉を続ける。「バスに乗る」take a bus

(2)willの否定文。willのあとにnotを置く。

(3)willの疑問文。willを主語youの前に置く。

❺ (1)「～から遠い」far from ～

(2)「予約する」はmake a reservation。makeの過去形はmade。

6 〔Word Box〕 (1)「家にいる」stay at home

(2)「宿題をする」do ～'s homework

(3)「買い物に行く」go shopping

(4)「部活動に出る」

take part in ～'s club activity

〔ポイント**1**〕 **will**

・will は助動詞なので主語が三人称単数でも形は変わらない。

・will のあとの動詞は常に原形。

〔ポイント**2**〕 **will の疑問文と否定文**

【疑問文】will を主語の前に置く。

【答え方】will を使って答える。

【否定文】will のあとに not を置く。

p.10～11 ステージ**1**

〔Wordsチェック〕 (1)文化 (2)恐ろしい，こわい

(3) tall (4) rode

1 (1) I gave Eri a bag.

(2) I will buy you a racket.

(3) My sister calls me Ken.

(4) They call their cat Tama.

2 (1)イ

(2)それは高さが8.6メートルあり，70トンの重さがあります。

(3) I bought some gifts for everyone.

(4) 1．× 2．× 3．○

3 (1) to us (2) for me (3) What, call

4 (1) go shopping (2) took, to

(3) communicated with

━━━━━━ 解説 ━━━━━━

1 (1)〈give ＋人＋もの〉の語順に。gave は give の過去形。

(2) will のあとを〈buy ＋人＋もの〉の語順に。

(3)(4)ともに〈call ＋ A ＋ B〉の文。

2 (1)直後に you the Merlion と〈人＋もの〉が続くことに注目する。ア～ウの中でこの形をとるのはイの show のみ。〈show ＋人＋もの〉で「(人)に(もの)を見せる」という意味。

(2)～ meters tall「高さが～メートルある」weigh「～の重さがある」

(3)〔ミス注意〕 for があることから〈buy ＋もの＋ for ＋人〉の形だと考える。

(4) 1．1行目に We're now in Merlion Park. とある。また 5～6行目に There are some gift shops near the park. とあるので，お土産屋さん

は公園内にはない。 2．3行目に The Merlion has the body of a fish とある。 3．最後の文に I'll give you these Merlion cookies, Josh. とある。

3 (1)〈teach ＋人＋もの〉は〈teach ＋もの＋ to ＋人〉に書きかえられる。

(2)〈make ＋人＋もの〉は〈make ＋もの＋ for ＋人〉に書きかえられる。

(3)「あなたたちはこの花を何と呼びますか」という文にする。

4 (1)「買い物に行く」go shopping

(2)「～を…に連れていく」は take ～ to …。過去の文なので過去形の took にする。

(3)「～と意思の疎通をする」communicate with ～

〔ポイント**1**〕 **〈show など＋人＋もの〉**

・「(人)に(もの)を～する」と言うときは，〈動詞＋人＋もの〉の順で表す。

・〈動詞＋人＋もの〉は〈動詞＋もの＋ to[for] ＋人〉で言いかえられる。

〔ポイント**2**〕 **〈call ＋ A ＋ B〉**

・〈call ＋ A ＋ B〉で「A を B と呼ぶ」という意味。A には人やもの，B にはその名前が入る。

p.12～13 ステージ**1**

〔Wordsチェック〕 (1)困難，面倒，迷惑

(2)謝る，わびる (3)(返事で)承知しました

(4)すぐに (5) guest (6) clerk (7) we'll

(8) next door

1 (1) problem with (2) work

(3) apologize for (4) door, noisy

2 (1) you help

(2)シャワーが故障していること／エアコンがとてもうるさいこと

(3) Could you take care of them?

3 (1) I apologize for the inconvenience.

(2) There are no cups in

(3) Could I have another towel?

(4) Can you check it right away?

4 〔例〕(1) I have a problem with my bed.

(2) The TV in my room doesn't work.

━━━━━━ 解説 ━━━━━━

1 (1)「～に問題があります」は I have a problem with ～. で表す。

(2)「(機械など)が故障しています[動きません]」は，～ don't[doesn't] work. で表す。この work は「(正常に)動く」という意味。

4

(3)「～をおわびいたします」I apologize for ～.

(4)「となりの部屋の」next door,「うるさい」noisy

❷ (1)「～してもらえますか」は Can you ～?

(2)直後の宿泊客の発言の最初の2文の内容をそれぞれ日本語にすればよい。

(3) Could you ～? は「～してくださいませんか」とていねいに依頼する表現。take care of ～は「～をだいじにする，～の世話をする」のほか「(問題などに)対応する」という意味もある。

❸ (1)「～をおわびいたします」は I apologize for ～. で表す。inconvenience は「不便」という意味。

(2)「～が1つも[少しも]ない」は There is[are] no ～. で表す。

(3)「～をいただけますか」は Could I have ～? で表す。

(4)「～してもらえますか」は Can you ～? で表す。「すぐに」right away

❹ (1)「私のベッドに問題があります」という文にする。There is a problem with my bed. も可。

(2)ミス注意! 「自分の部屋のテレビ」は the TV in my room で表す。テレビという機械自体について言うときは the などが必要。「～が故障している」は～ don't[doesn't] work. と表すとよい。

p.14~15 《 文法のまとめ① 》

1 (1)ア (2)イ (3)ウ (4)ウ (5)イ (6)ア

2 (1)①〇 ②〇   (2)①〇 ②C
　　(3)①〇 ②〇   (4)①〇 ②C

3 (1)その家はとても古いように見えました。
　　(2)私のおばはふだん私をタロウと呼びます。
　　(3)その先生は私たちに理科と数学を教えます。

4 (1) became (2) is, runner (3) have
　　(4) to me

5 (1) Ms. Ito told Taku an interesting thing.
　　(2) Her classmates call her Kei.
　　(3) My brother made a desk for me.
　　(4) What do you call this food?

《 解説 》

1 (1)(6)動詞のあとに続く〇やCがないのでS V。
　　(2)(5) My father = a soccer player, The singer = famous の関係が成り立つのでS V C。
　　(3)(4) Hana ≠ a dog, Tom ≠ some sandwiches なのでS V〇。

2 (1)(3)〈buy + 人 + もの〉，〈show + 人 + もの〉

なのでS V〇〇。①，②はともに〇となる。

(2)(4) the woman = Aya, this fruit = a banana が成り立つのでS V〇C。〈call + A + B〉(Aを Bと呼ぶ)はS V〇Cの代表的な例。

3 (1)この look は「～(のよう)に見える」という意味。

(2)〈call + A + B〉の形。

(3)〈teach + 人 + もの〉の形。ここでは science and math が「もの」にあたる。

4 (1)「～になった」は become の過去形，became で表す。

(2)ミス注意! 「エリは速く走る」=「エリは速い走者だ」と考える。「走者」は runner。

(3)「私たちの町にはスタジアムがある」=「私たちは町にスタジアムを持っている」

(4)〈give + 人 + もの〉は〈give + もの + to + 人〉に言いかえることができる。

5 (1)「(人)に(もの)を話す」は〈tell + 人 + もの〉で表す。

(2)〈call + A + B〉の文。

(3)ミス注意! for があるので「(人)に(もの)を作る」は〈make + もの + for + 人〉で表す。

(4)〈call + A + B〉の疑問文。疑問詞 what で文を始め，一般動詞の疑問文の形を続ける。

ポイント① 4つの働き

・英語の文は，主語(S)，動詞(V)，目的語(〇)，補語(C)という4つの働きから成り立つ。

ポイント② 5つの文構造

1．S V …主語と動詞だけで成り立つ文。
2．S V C …CがSの説明をする。(S = C)
3．S V〇 …〇は動詞の対象。(S ≠〇)
4．S V〇〇 …〈動詞 + 人 + もの〉。(〇 ≠〇)
5．S V〇C …〈call + A + B〉など。(〇 = C)

p.16~17 ステージ2

❶ LISTENING ウ

❷ (1) was cleaning (2) won't come (3) no
　　(4) her my ticket

❸ (1) Is Tom going to live in London?
　　(2) I bought you a cake.
　　(3) We call this animal a lion in

❹ (1) far from (2) took, to
　　(3) make, reservation

❺ (1) Guess what (2) around
　　(3) 1．× 2．〇 3．×

(4) is going to visit Singapore
⑥ (1) They were playing tennis then.
(2) Will she go shopping today? /
  Yes, she will.
(3) I'm not going to buy it[that].
(4) I gave some gifts[presents] to him.
(5) What do you call your father?

━━━━━━━━━━ ● 解説 ● ━━━━━━━━━━

❶ 🎧**LISTENING** 質問は「エミは昨夜の９時ごろ何をしていましたか」という意味。エミの２つ目の発言に I was watching a movie. とある。

🎵 **音声内容**
A: Emi, I called you at about nine last night.
B: Oh, really? I didn't hear the phone.
A: Were you sleeping then?
B: No. I was watching a movie.
Question : What was Emi doing at about nine last night?

❷ (1)過去進行形は〈was[were]＋動詞の ing 形〉で表す。
(2) **ミス注意!** We'll ＝ We will。空所の数から will not ではなく短縮形の won't を使う。
(3) not any ～で「１つも[少しも]～ない」という意味。no ～で言いかえることができる。
❸ (1) be going to ～の疑問文。
(2) 〈buy ＋人＋もの〉の語順に。
(3) 〈call ＋ A ＋ B〉の形。「英語で」は in English。
❹ (1)「～から遠い」far from ～
(2) 「～を…に連れていく」take ～ to …
(3) 「予約をする」make a reservation
❺ (1)「あのね，何だと思う？」Guess what?
(2) 「～を案内する」show ～ around
(3) 1．3行目に It's my first trip abroad. とある。2．4行目に I'm going to stay with my aunt and her husband. とある。stay with ～「～（人）のところに泊まる」　3．朝美がメールの最後で How about you? とたずねているので，ジョシュの休暇の予定は知らないとわかる。
(4) 質問は「朝美はどの国を訪れるつもりですか」という意味。1 ～ 2行目に I'm going to visit Singapore とある。
❻ (1)「～していました」は過去進行形〈was[were]＋動詞の ing 形〉で表す。「そのとき」は then。
(2) 語数から will の疑問文にする。答えるときも

will を使う。「買い物に行く」go shopping
(3) 語数から be going to ～の否定文にする。
(4) 語数から〈give ＋人＋もの〉ではなく，〈give ＋もの＋ to ＋人〉にする。give の過去形は gave。「贈り物」は gift などを使うとよい。
(5) 〈call ＋ A ＋ B〉の疑問文。what で文を始め，疑問文の形を続ける。

━━━ p.18～19 ━ **ステージ③** ━━━

❶ 🎧**LISTENING** (1)友達　(2)湖　(3)ボート
❷ (1) meters tall　(2) show you around
(3) next door　(4) apologize for
❸ (1) call, Shiro　(2) teaches us English
(3) for him
❹ (1) Meg is going to study Japanese history.
(2) Will he be busy next week?
(3) The train was not[wasn't] running fast.
(4) How many girls are there in the soccer team?
❺ (1) What are we going to do　(2) from
(3) I can't wait
(4) 1．They will go to[visit] Merlion Park.
  2．Yes, she can.
❻ (1) Taku gave me a candy.
(2) My father showed an old book to me.
(3) Is there a zoo in your town? / No, there isn't.[Are there any zoos in your town? / No, there aren't.]
(4) I'll do my homework this afternoon.
❼ 例(1) I'm going to go shopping.
(2) They call me Mai.

━━━━━━━━━━ ● 解説 ● ━━━━━━━━━━

❶ 🎧**LISTENING** 予定なので be going to ～など，未来を表す表現に注意する。
(1)ジョンの２つ目の発言に I'm going to go cycling with my friends. とある。
(2)(3)ジョンの２つ目の発言に We're going to go to the lake, and take a boat there, too. とある。

🎵 **音声内容**
A: Hi, John.
B: Hi, Aya. Do you have any plans for the holidays?
A: No, I don't.
B: I'm going to go cycling with my friends. We're going to go to the lake, and take a

6

boat there, too. Can you come?
A: I'll ask my mother.

❷ (1)「高さが～メートルある」～ meter(s) tall
(2)「～を案内する」show ～ around
(3)「となりの家の」next door
(4)「～をおわびいたします」I apologize for ～.

❸ (1)「このイヌの名前はシロです」＝「私たちは
このイヌをシロと呼びます」。
(2)**ミス注意!**「伊藤先生は私たちの英語の先生で
す」＝「伊藤先生は私たちに英語を教えます」。
空所の数から〈teach ＋人＋もの〉で表す。
Ms. Ito は三人称単数なので teaches とする。
(3)ともに「私は彼にシャツを買うつもりです」の
意味。〈buy ＋人＋もの〉を〈buy ＋もの＋ for
＋人〉に書きかえる。

❹ (1)主語のあとに is going to を続け，studies は
原形の study にする。
(2)will の疑問文は will を主語の前に置く。
(3)過去進行形の否定文にする。主語の The train
は単数なので be 動詞は was を使う。run の ing
形は running。
(4)five という数に下線がひかれているので数を
たずねる疑問文にする。How many girls で文を
始め，疑問文の形を続ける。

❺ (1)〔 〕内の語から疑問詞 what で始まる be
going to ～の疑問文だと考える。
(2)far from ～「～から遠い」
(3)「待ちきれません」は I can't wait. で表す。
(4)1．質問は「朝美と彼女のおじは最初にどこに
行きますか」という意味。2行目に First, we're
going to visit Merlion Park. とある。
2．質問は「朝美はすぐにマーライオンを見るこ
とができますか」という意味。4行目に You'll
see the Merlion soon. とある。

❻ (1)〈give ＋人＋もの〉で表す。
(2)語数から〈show ＋人＋もの〉ではなく〈show
＋もの＋ to ＋人〉で表す。
(3)There is[are] ～.の疑問文。be 動詞を there
の前に置く。答えるときも there を使う。Is
there a zoo ～?，Are there any zoos ～? のいず
れでもよい。
(4)未来を表す文にする。語数から I will の短縮形
I'll を使う。

❼ (1)質問は「あなた次の日曜日に何をするつもり
ですか」という意味。I'm going to のあとにする
つもりのことを続ける。
(2)質問は「あなたの友達はあなたを何と呼びます
か」という意味。They call me のあとに自分が呼
ばれている愛称などを続ける。

Unit 2

p.20 **ステージ❶**

Wordsチェック (1)～でさえ　(2)調理法，レシピ
(3)hear　(4)change　(5)kind　(6)heard

❶ (1)**When she got up** / 彼女が起きたとき，
晴れていました。
(2)**When he was a child** / 彼は子供のとき，
イギリスに住んでいました。
(3)**when I'm tired** / 私は疲れているとき，
チョコレートを食べます。

❷ (1)**kinds of**　(2)**hear of[about]**

━━━━━━━━━━━ 解説 ━━━━━━━━━━━

❶ when ～で「～（の）ときに」という意味。
(1)(2) when ～が文の前半に置かれた形。
(3)**ミス注意!** when ～が文の後半に置かれた形。

❷ (1)「～種類の…」は～ kind(s) of …で表す。
前に many があるので複数形の kinds にする。
(2)「～について聞く」hear of[about] ～

ポイント 接続詞 when
・When ～, ….[… when ～.]「～（の）ときに…」
・when ～のまとまりの中では未来のことも現在形
で表す。

p.21 **ステージ❶**

Wordsチェック (1)インド　(2)もとは，はじめは
(3)overseas　(4)sometime[someday]

❶ (1)**If you have a fever** / もし（あなたに）熱
があるなら，私はあなたを手伝う[助ける]こ
とができます。
(2)**If I'm[I am] not busy** / もし忙しくなけれ
ば，私はその博物館[美術館]を訪れるでしょ
う。
(3)**if he comes tomorrow** / もし彼が明日来
たら，彼女はうれしいでしょう。

❷ (1)**interested in**　(2)**know**

━━━━━━━━━━━ 解説 ━━━━━━━━━━━

❶ if ～で「（もし）～ならば」と条件を表す。

(1)(2) if ～が文の前半に置かれた形。

(2)(3) **ミス注意！** if ～や when ～のまとまりの中では未来のことも現在形で表す。(3)は if ～が文の後半に置かれた形。

❷ (1)「～に興味がある」be interested in ～

(2) you know「ねえ」「～でしょう」

ポイント 接続詞 if
・If ～，….[… if ～.]「(もし)～ならば…」
・if ～のまとまりの中では未来のことも現在形で表す。

p.22～23 ━━ ステージ**1**

Wordsチェック (1)濃い，どろっとした

(2)～を生産する，～を生じる

(3)シェフ，コック長　(4) century　(5) sale

(6) company

❶ (1) I think (that) this movie is exciting.

(2) I think (that) Aya plays the piano.

(3) I think (that) Hiro will be a good tennis player.

❷ (1)あなた(たち)が熱心に練習している[練習する]

(2)明日晴れる

❸ (1)多くの人々はカレーはインドから直接日本に来たと思っています。

(2)あるイギリスの会社が売り物のカレー粉を生産したから。

(3) 1. Yes, it did.

　　2. In the 18th[eighteenth] century.

❹ (1) think she can speak

(2) always says that he

(3) you know he is a famous singer

WRITING Plus (1)例1 I think (that) Ken is strong.

　　例2 I think (that) Aya is funny.

(2)例1 I know (that) he likes dogs.

　　例2 I know (that) she has a brother.

━━━━━━━━━ 解　説 ━━━━━━━━

❶ 「私は～と思います」は I think (that) ～. で表す。この接続詞 that は省略することもできる。

❷ (1)(2) know that ～「～だと知っている」，hope that ～「～ということを望む，～だとよいと思う」

❸ (1) think のあとに接続詞の that が省略されている。directly「直接に」

(2)下線部の直前の文の内容をまとめる。for sale

「売り物の」

(3) 1. 質問は「カレーはイギリスから日本に来たのですか」という意味。本文2行目に it(= curry) really came from the U.K. とある。

2. 質問は「カレーはいつイギリスで人気になりましたか」という意味。本文3～4行目に In the 18th century, ～ curry became popular. とある。

❹ (1)「私は～と思います」は I think that ～. で表す。ここでは that が省略された形。

(2)「～と言う」は say that ～。always などの頻度を表す副詞はふつう一般動詞の前，be 動詞のあとに置く。

(3) **ミス注意！**「～だと知っている」は know that ～。ここでは that が省略されている。疑問文でも，that 以下はふつうの文の語順にする。

WRITING Plus (1)は I think (that) ～. で，(2)は I know (that) ～. で表すとよい。

ポイント 接続詞 that
・「～ということ」という意味で，動詞の目的語になるまとまりを作る。

p.24 ━━ ステージ**1**

Wordsチェック (1)～を巻きつける

(2)アメリカ合衆国，米国　(3) raw　(4) create

❶ (1) because I won the game / 私はその試合に勝ったので，うれしかったです。

(2) because she was tired / 彼女は疲れていたので，宿題をしませんでした。

(3) Because he likes animals / 彼は動物が好きなので，獣医になりたいと思っています。

❷ (1) Here are　(2) named, after

━━━━━━━━━ 解　説 ━━━━━━━━

❶ because ～で「(なぜなら)～だから」と理由を表す。

(1)(2) because ～が文の後半に置かれた形。

(3) because ～が文の前半に置かれた形。

❷ (1) **ミス注意！**「ここに～があります」は Here is[are] ～. で表す。some books が複数なので，be 動詞は are を使う。

(2)「名づける」は動詞の name を使う。〈name ＋ A ＋ B〉で「A を B と名づける」という意味になる。「～にちなんで」は after を使う。

ポイント 接続詞 because
・… because ～.[Because ～, ….]
「(なぜなら)～だから…」

8

◆**W**ordsチェック (1)〜にお願いする

(2)はい，チーズ！ (3)**menu** (4)**call back**

❶ (1)あなたのコンピュータを使ってもよいです
か。

(2)窓を開けてくださいませんか。

❷ (1)**I** (2)**Could you** (3)**you, favor**

(4)**call back**

━━━━━━ 解 説 ━━━━━━

❶ (1)May I 〜? は「〜してもよいですか」とて
いねいに許可を求める表現。

(2)Could you 〜? は「〜してくださいませんか」
とていねいに依頼する表現。

❷ (1)◆ミス注意**！** May I 〜?(〜してもよいです
か)を使う。May I have 〜? とすると「〜をいた
だけますか」という意味になる。

(2)「〜してくださいませんか」Could you 〜?

(3)「〜にお願いする」は ask 〜 a favor。favor
は「親切な行為」という意味。I'd[I would] like
to 〜. は「〜したいのですが」。

(4)「折り返し電話する」call back

┌─────────────────────┐
│ **ポイント** 許可を求める表現，依頼する表現 │
│【許可】May I 〜? 「〜してもよいですか」 │
│【依頼】Could you 〜? 「〜してくださいませんか」 │
└─────────────────────┘

p.26〜27 ◀◀ 文法のまとめ② ▶

① (1)私はひまなとき，音楽を聞きます。

(2)もしあなたがリンゴが好きなら，いくつかあ
なたにあげましょう。

(3)私は彼が医者だと知りませんでした。

(4)彼は頭痛がしたので，学校に行きませんでし
た。

② (1)**if he comes** (2)**When I was**

(3)**that they** (4)**hope I can**

(5)**because it was**

③ (1)**When I** (2)**because he**

(3)**knows that** (4)**If you** (5)**think he**

④ (1)**drink coffee because it's bitter**

(2)**If you are interested in history**

(3)**We hope that you will visit us again.**

(4)**careful when you swim in the sea**

━━━━━ 《 解 説 》 ━━━━━

① (1)when 〜「〜(の)ときに」

(2)if 〜「(もし)〜ならば」

(3)◆ミス注意**！** 文の動詞と that 〜内の動詞が過

去形の場合，that 〜内の動詞は現在のことのよ
うに訳す。ここでは didn't know that he was a
doctor を「彼が医者だったと知らなかった」と
せずに「彼が医者だと知らなかった」とする。

(4)because 〜「(なぜなら)〜だから」，have a
headache「頭痛がする」

② (1)「もし〜ならば」は，if を使う。tomorrow
があるが，if 〜のまとまりでは未来のことも現在
形で表すので，動詞は comes にする。

(2)「〜(の)とき」は when を使う。

(3)「〜と思う」は think that 〜で表す。

(4)「〜だとよいと思う」は hope that 〜で表す。
空所の数から that は省略する。

(5)「〜なので」は because を使う。

③ (1)「アンの家に行ったとき，彼女はテレビを見
ていました」という意味の文に。

(2)so は「だから，それで」という意味。「ジョ
シュは眠かったので，早く寝ました」という意味
の文に。

(3)「みんなミカがトムを愛していると知っていま
す」という意味の文に。

(4)「もしあなたが一生懸命に練習すれば，すばら
しい選手になれます」という意味の文に。

(5)「私は彼がかっこいいと思います」という意味
の文に。that が省略された形。

④ (1)because 〜が文の後半に置かれた形。「苦い」
bitter

(2)if 〜が文の前半に置かれた形。「〜に興味があ
る」be interested in 〜

(3)hope that 〜の文。「またあなたが私たちを訪
ねてくれること」の部分を that のまとまりにす
る。

(4)when 〜が文の後半に置かれた be 動詞の命令
文。

┌─────────────────────┐
│ **ポイント①** 接続詞の意味 │
│・when「〜(の)ときに」 │
│・if「(もし)〜ならば」 │
│・that「〜ということ」 │
│・because「(なぜなら)〜だから」 │
├─────────────────────┤
│ **ポイント②** 接続詞の使い方 │
│・when 〜, if 〜, because 〜は文の前半にも後半 │
│ にも置ける。 │
│・when や if が作るまとまりの中では，未来のこと │
│ も現在形で表す。 │
│・接続詞 that は省略されることが多い。 │
└─────────────────────┘

p.28~29　ステージ2

❶ 🎧LISTENING　ウ

❷ (1)ウ　(2)ア　(3)イ　(4)ア

❸ (1)I hope he will like my

(2)the theater because I like movies

(3)If you are tired, I'll

❹ (1)interested in　(2)for sale

(3)two pieces

❺ (1)When I watch TV

(2)カレーライス，カレーピラフ，カレーヌード
ル[カレーうどん]，カレーパン(順不同)

(3)likes cooking

❻ (1)Because he　(2)that they

(3)thought, was

❼ (1)If you are busy, I will cook[make]
dinner.[I will cook[make] dinner if you
are busy.]

(2)I think (that) you can do this.

(3)She wants to be[become] a teacher
because she likes children.[Because she
likes children, she wants to be[become]
a teacher.]

(4)I didn't[did not] know (that) he was sick.

(5)When they go to school, they take[use]
the bus.[They take[use] the bus when
they go to school.]

━━━━━━━━━▶ 解説 ◀━━━━━━━━━

❶ 🎧LISTENING　質問は「ジョシュはリカのために
何をするでしょうか」という意味。ジョシュはリ
カの Could you help me with my math homework
~? という依頼に対し，明日，自分の家に来られ
るかをたずね，リカはそれに同意している。

> 🎵音声内容
> A: May I ask you a favor, Josh?
> B: Sure. What can I do for you, Rika?
> A: Could you help me with my math homework if
>   you have time?
> B: Well, I'm going to practice tennis today.
>   Can you come to my house tomorrow?
> A: Sure. Thank you, Josh. I'll bring your favorite
>   cookies.
> Question：What will Josh do for Rika?

❷ (1)「私は悲しいときに」という意味にする。

(2)Why ~? と理由をたずねる疑問文には
Because ~. で答えることができる。

(3)あとに〈主語＋動詞~〉の文が続いていること
から接続詞 that「~ということ」を選ぶ。

(4)ミス注意！ if ~のまとまりの中では未来のこ
とでも現在形で表す。

❸ (1)hope (that) ~の that が省略された形。

(2)because ~が文の後半に置かれた形。

(3)if ~が文の前半に置かれた形。if ~のまとま
りのあとにコンマをつける。

❹ (1)「~に興味がある」be interested in ~

(2)「売り物の」for sale

(3)「1切れの~」は a piece of ~で表す。「2切
れのケーキ」は two pieces of cake となる。

❺ (1)接続詞 when のあとは〈主語＋動詞~〉の形。

(2)コロン(:)は直前の語句について，言いかえた
り，具体的に説明したりするときに使う。

(3)ミス注意！ 質問は「ジョシュは何をするのが
好きですか」という意味。1行目に I like
cooking. とある。主語 he は三人称単数なので，
likes とする。

❻ (1)so(だから，それで)を because ~で言いか
える。friendly「好意的な，親切な」

(2)hear that ~(~ということを耳にしている)を
使った文にする。

(3)ふつう that の前の動詞が過去形のときは，
that のまとまりの中の動詞も過去形にする。

❼ (1)「もし~」とあるので，if を使って表す。
you are → you're，I will → I'll も可。

(2)「私は~と思います」とあるので I think (that)
で文を始め，「あなたならこれができる」を続ける。

(3)「~なので」とあるので，because を使って表
す。child の複数形は children。また so を使い，
She likes children, so she wants to be[become]
a teacher. としても可。

(4)「~だとは知りませんでした」なので I didn't
know (that) ~. とする。that のまとまりの中の
動詞は過去形にする。

(5)「~するとき」とあるので，when を使って表
す。「(乗り物など)に乗る」は take や use を使う。

p.30~31　ステージ3

❶ 🎧LISTENING　(1)many English words

(2)because, kind to

❷ (1)kinds of　(2)for sale

(3)hear of[about]　(4)named me, after

(5)call back

10

❸ (1) Because I (2) interested in
(3) that he will

❹ (1) May I ask you some questions?
(2) I hear she can play the guitar well.
(3) Could you take me to the temple?

❺ (1) 朝美の家，おいしいカレー
(2) If you have time (3) You know
(4) 1. They will go to the restaurant [there]
   this Sunday. [This Sunday.]
   2. He wants to eat curry pilaf.

❻ (1) When he was a child, he was good at
   science. [He was good at science when
   he was a child.]
(2) I hope (that) she will get [be] well soon.
(3) I'm hungry because I didn't eat [have]
   breakfast today. [Because I didn't eat
   [have] breakfast today, I'm hungry.]

❼ 例 (1) If I have money, I will [I'll] buy <u>a</u>
   <u>new bike.</u>
(2) I think (that) <u>English</u> is important.

━━━━━━━━━◆ 解説 ◆━━━━━━━━━

❶ 🎧LISTENING　先に印刷されている英文に目を通
しておくと，どんな話なのか推測ができる。
(1) 4文目に When I first came to this school, I
didn't know <u>many English words.</u> とある。
(2) 6文目に I had a great time here <u>because</u>
everyone in this class was very <u>kind</u> to me. とある。

> 🎵音声内容
> Hello, everyone. I'm going to go back to Tokyo
> next week. I want to say thank you to everyone
> in this class. When I first came to this school,
> I didn't know many English words. I think my
> English is OK now. I had a great time here
> because everyone in this class was very kind to
> me. Please tell me when you come to Tokyo. You
> can stay at my house. I hope I can see you again
> soon.

❷ (1)「～種類の…」は ～ kind(s) of …。many が
あるので kind<u>s</u> と複数形にする。
(2)「売り物の」for sale
(3)「～について聞く」hear of [about] ～
(4)「～にちなんでAをBと名づける」は〈name
＋A＋B＋ after ～〉で表す。
(5)「折り返し電話する」call back

❸ (1) so(だから，それで)が使われている文を

because を使って書きかえる。
(2)「中国語はリサにとって興味深い」→「リサは
中国語に興味がある」という意味の文に。「～に
興味がある」be interested in ～
(3) ミス注意❗「彼は来るだろうか。私はそう思わ
ない」→「私は彼が来るとは思わない」という意
味の文に。接続詞 that のあとはふつうの文の語
順にする。

❹ (1)「～してもよいですか」は May I ～?，「(人)
に(もの)をたずねる」は〈ask ＋人＋もの〉で表
す。
(2)「～だそうだ」→「～ということを耳にする」
なので，hear (that) ～で表す。ここでは that
は省略されている。
(3)「～してくださいませんか」Could you ～?，
「～を…に連れていく」take ～ to …。

❺ (1) 1行目に There's a good curry restaurant
near my house. とある。ここでの my は朝美のこ
と。
(2)「もし時間があれば」→「もしあなたが時間を
持っていれば」と考える。if が不足。
(3)「ねえ」「～でしょう」you know
(4) 1. 質問は「朝美とジョシュはいつそのレスト
ランに行きますか」という意味。3～4行目に
Meg and Kaito will go there <u>this Sunday.</u>　～
we can go with them. とある。
2. 質問は「ジョシュはそのレストランで何を食
べたいと思っていますか」という意味。5行目に
I want to eat <u>curry pilaf.</u> とある。

❻ (1)「～のとき」は when を使う。「～が得意だ」
be good at ～
(2)「～とよいと思う」は hope (that) ～で表す。
「元気になる」は get [be] well などで表す。
(3)「～なので」は because を使う。また，so を使
い，I didn't eat breakfast today, so I'm hungry.
などとしても可。

❼ (1)「もし～」は if を使う。I will [I'll] buy のあ
とに自分が買うものを続ける。
(2)「～だと思う」は I think (that) ～. で表す。
自分が重要だと思うものが複数形であれば be 動
詞は are を用いる。例 I think (that) friends <u>are</u>
important.

Unit 3

p.32 ■ステージ**1**

Words チェック (1)〜すべきである

(2)進歩，発達　(3)姿を消す，消滅する

(4) learn　(5) appear　(6) lives

❶ (1) to play　(2) the sea to swim

(3) Ken went to Hirosaki to visit his aunt.

❷ (1) to go　(2) to study[learn]

(3) to watch　(4) to see[meet]

■■■■■■■■■ 解説 ■■■■■■■■■

❶ 「〜するために」は不定詞〈to ＋動詞の原形〉で表す（副詞的用法・目的）。

❷ 「〜するために」の部分を〈to ＋動詞の原形〉で表す。過去の文であっても，不定詞は常に〈to ＋動詞の原形〉。

(1)「キャンプに行く」go camping

ポイント 不定詞（副詞的用法・目的）

・「〜するために」と動作の目的を表すときは副詞的用法の不定詞を使う。

p.33 ■ステージ**1**

Words チェック (1)職業　(2)忠告，助言

(3)〜によれば　(4)翻訳家，通訳者

(5) article　(6) surprised　(7) in the future

(8) here's

❶ (1) to see　(2) sad to read the book

(3) I am[I'm] excited to watch the game.

❷ (1) sorry to　(2) surprised to

(3) excited, see

■■■■■■■■■ 解説 ■■■■■■■■■

❶ (1) be happy to 〜「〜してうれしい」

(2) be sad to 〜「〜して悲しい」

(3) be excited to 〜「〜してわくわくしている」

❷ (1) **ミス注意!** 「〜して残念だ」は be sorry to 〜。sorry には「申し訳なく思って」の意味のほか，「残念で」という意味もある。

(2) be surprised to 〜「〜して驚く」

(3) be excited to 〜「〜してわくわくしている」。過去の文でも不定詞は〈to ＋動詞の原形〉で変わらない。

ポイント 不定詞（副詞的用法・原因）

・〈be 動詞＋感情を表す形容詞＋ to 〜〉で「〜して…」という意味。この不定詞は前にある感情を表す形容詞の原因を表す。

p.34〜35 ■ステージ**1**

Words チェック (1)(〜を) 説明する

(2)〜を発達させる　(3)特定の，具体的な

(4)〜を訳す，翻訳する　(5) sentence

(6) various　(7) continue　(8) knew

❶ (1) to learn　(2) some books to read

(3) He has many friends to help him.

❷ (1)たくさんのするべき宿題

(2)いくつかの訪れるべき場所

❸ (1) deep knowledge of　(2) to translate

(3) in　(4) 1．○　2．×　3．×

❹ (1) have a lot of things to do

(2) a movie to see with your family

WRITING Plus (1)例1　I want something to drink.

　　　　例2　Please give me something to drink.

(2)例1　I want something hot to eat.

　　　　例2　Please give me something hot to eat.

■■■■■■■■■ 解説 ■■■■■■■■■

❶ 「〜すべき」「〜するための」は不定詞〈to ＋動詞の原形〉で表す（形容詞的用法）。

❷ (1) to do が a lot of homework を修飾。

(2) to visit が some places を修飾。

❸ (1)「〜の知識」は knowledge of 〜で表す。

(2) **ミス注意!** various things（いろいろなもの）を「〜すべき」という意味の不定詞で修飾する。

(3) in the future「未来に，将来に」

(4) 1．2 行目に You need to develop your sense of language. とある。

2．5 行目に sometimes we need specific knowledge とある。

3．5 〜 7 行目に If you are interested in something, you should continue to learn about it. とある。continue to 〜「〜し続ける」

❹ (1)「すべきこと」は不定詞を使い，「こと」←「すべき」と後ろから修飾する。

(2) **ミス注意!** 「家族といっしょに見るべき映画」は不定詞を使い，「映画」←「家族といっしょに見るべき」と後ろから修飾する。

WRITING Plus I want 〜.（私は〜がほしいです）や，Please give me 〜.（〜をください）などで表す。このほか Can[Could] you give me 〜?（私に〜をくれませんか[くださいませんか]），Can[May] I have 〜?（〜をもらってもよいですか）

など，よりていねいな表現を使うことも可。

(1)「何か飲む物」は something to drink。

(2)⚠️**ミス注意**「何か温かい食べ物」は something hot to eat。形容詞を不定詞の前に置くことに注意。

ポイント 不定詞（形容詞的用法）
・「～すべき」「～するための」と名詞や代名詞を修飾するときは，形容詞的用法の不定詞を使う。
・something to ～で「何か～するもの」という意味になる。疑問文や否定文では anything to ～を使い，「何も～ない」は nothing to ～を使う。

p.36～37 ステージ**1**

Words チェック (1)必要な　(2)理由，根拠

(3)～のために，～によって　(4)意味

(5)writer　(6)feeling　(7)catch

(8)human　(9)everything　(10)between

❶ (1)to speak　(2)easy to cook tempura

(3)It is fun to skate.

❷ (1)彼の考えを理解することはとても難しいです。

(2)外国について学ぶことはおもしろいです。

❸ (1)for　(2)talking

(3)1.　They will meet at the school library.

　　2.　She attached the pictures of the fish market.

❹ 🔲**Word Box** (1)flower shop，know

(2)post office to learn

(3)went to a convenience store to do

━━━━ 解　説 ━━━━

❶ 「～することは…です」は〈It is …＋ to ＋動詞の原形 ～.〉で表す。

(1)necessary「必要な」

(3)fun「楽しいこと」

❷ 〈It is …＋ to ＋動詞の原形 ～.〉の文。「～することは…です」と訳す。

(1)understand「理解する」

(2)foreign countries「外国」

❸ (1)Thank you for ～.「～をありがとう」

(2)⚠️**ミス注意** look forward to ～で「～を楽しみに待つ」という意味。この to は前置詞で，あとに動詞を置くときは ing 形（動名詞）を使う。

(3)1. 質問は「トムとアヤはどこで会うでしょうか」という意味。トムのメッセージの2～3行目に Can we meet at the school library ～? とある。

2．質問は「アヤは E メールに何をつけましたか」という意味。アヤのメールの4行目に I'm attaching the pictures of the fish market to this e-mail. とある。この attach は「（メールなどに）添付する」という意味。

❹ 🔲**Word Box**「～するために」という意味の副詞的用法の不定詞〈to ＋動詞の原形〉を使う。

(2)「学ぶ」は learn。

(3)「職業体験をする」は do my work experience。

ポイント 〈It is …＋ to ＋動詞の原形 ～.〉
・「～することは…です」という意味。
・この It は形式上の主語で，「それ」という意味はない。本当の主語は to 以下の部分。

p.38～39 ≪ 文法のまとめ③ ≫

1 (1)ア　(2)イ　(3)ウ　(4)イ　(5)ウ

2 (1)want to be[become]　(2)to buy[get]

(3)It，to cook[make]　(4)sad to read

(5)anything to tell

3 (1)to swim　(2)It，to study

(3)nothing to eat　(4)to get　(5)to teach

4 (1)Meg tried to open the door.

(2)They worked hard to live with their family.

(3)They had no time to talk about it.

(4)to know that you didn't enjoy the party

(5)It is interesting to take pictures of animals.

≪ 解　説 ≫

1 不定詞の意味を考える。「～すること」→名詞的用法，「～するために」「～して」→副詞的用法，「～するための」「～すべき」→形容詞的用法。

(1)「歌うこと」　(2)「会って」

(3)「訪れるべき」　(4)「勝つために」

(5)「飲むための」

2 (1)「～になりたい」want to be[become] ～

(2)「買うために」なので to buy。

(3)「～することは…です」は〈It is …＋ to ＋動詞の原形 ～.〉で表す。

(4)「～して悲しい」be sad to ～

(5)⚠️**ミス注意** 疑問文なので「何か～すること」は anything を使い，あとに to ～を続ける。「私に言う」は tell me。say は say to me とする必要があるので，ここでは不適切。

3 (1)「私たちは浜辺に泳ぎに行った」→「私たち

は泳ぐために浜辺に行った」という意味の文に。

(2)「歴史を勉強することは重要だ」の意味。〈It is …＋ to ＋動詞の原形 ～.〉で言いかえる。

(3) no food を nothing to eat で言いかえる。nothing to ～で「～するものは何もない」。

(4)「ケンは E メールをもらったのでわくわくした」→「ケンは E メールをもらってわくわくした」という意味の文に。be excited to ～「～してわくわくしている」

(5)「伊藤先生は英語の先生だ」→「伊藤先生の仕事は英語を教えることだ」という意味の文に。名詞的用法の不定詞。

4 (1)「～しようと試みる」try to ～

(2)「暮らすために」to live

(3)「～する時間」は time to ～。形容詞的用法。

(4)「～して残念だ」は be sorry to ～。「～と知る」は know that ～で表す。

(5)〈It is …＋ to ＋動詞の原形 ～.〉の形に。「～の写真を撮る」take a picture[pictures] of ～

ポイント①　不定詞の形
• 主語が三人称単数でも，過去の文でも，常に〈to ＋動詞の原形〉。

ポイント②　不定詞の意味
• 名詞的用法　　　　「～すること」
• 副詞的用法（目的）「～するために」
• 副詞的用法（原因）「～して」
• 形容詞的用法　　　「～すべき」「～するための」

p.40　　ステージ1

Wordsチェック (1)～を紹介する

(2)～を改善する　(3)運動する，体を鍛える

(4) skill　(5) message　(6) taught

1 (1)① to study[learn]　② at talking
　③ interested in　(2)例 a good tour guide

2 (1) I see　(2) What, of[about]

解説

1 (1)①「～するのが好きだ」は like ～ing や like to ～で表す。空所の数からここでは to ～を使う。
② ミス注意 「～するのが得意だ」は be good at ～ing で表す。この ing 形は動名詞。
③「～に興味がある」は be interested in ～。
(2) I think you can be ～. は「あなたは～になれると思います」という意味。「～」の部分に職業を入れる。

2 (1)「なるほど，わかった」I see.

(2) ミス注意 「あなたは～についてどう思いますか」は What do you think of[about] ～? で表す。how ではなく，what を使うことに注意。

ポイント　好きなこと，得意なこと，興味があることの言い方
• like ～ing[to ～]「～するのが好きだ」
• be good at ～ing「～するのが得意だ」
• be interested in ～「～に興味がある」

p.42　　Try! READING

Question (1) used nature to read the time

(2)これらは世界の最初の時計のうちのいくつかでした。

(3) little by little　(4) 1．○　2．×

(5) About 3,500 years ago.

Word Box BIG (1)しかしながら，けれども

(2)地面，土地　(3)～を燃やす　(4)例えば

(5)ずっと前に　(6) hole　(7) start　(8) sun

(9) fire　(10) at night

解説

Question (1)「～するために」は不定詞〈to ＋動詞の原形〉で表す。read「読んで知る」

(2) some of ～「～のうちのいくつか」

(3)「少しずつ」little by little

(4) 1．2～3行目に They put sticks in the ground, and the shadows told them the time. とある。
2．6～8行目に The pots had tiny holes in them. The water decreased ～. The lines in the pots told them the time. とある。

(5) 4～6行目に About 3,500 years ago, Egyptians started ～ without it (= the sun). とある。

p.43　　Try! READING

Question (1)ぜんまい[ばね]，動かせる

(2)今日，いたるところに置き時計や腕時計があること。

(3)イ

(4) it is time to recognize the wisdom of those ancient people

Word Box BIG (1)結果

(2)どこでも，いたるところに[で]

(3)(科学)技術，テクノロジー

(4)ベル，鈴，かね(の音)

(5)努力　(6) heavy　(7) light

(8) move　(9) carry　(10) began

14

解説

Question (1)1～3行目に They used <u>springs</u> to power the clocks. ～ So people <u>could move</u> the clocks easily. とある。

(2)前文の内容をまとめる。

(3)この〈to＋動詞の原形〉は tried（try の過去形）の目的語になっている。目的語になるのは不定詞の名詞的用法。アの to see は動詞 went を修飾する副詞的用法，ウの to do は前にある代名詞 anything を修飾する形容詞的用法。

(4)「～すべき時である」は it is time to ～ で表す。

p.44～45 ステージ2

❶ 🎧LISTENING ウ

❷ (1)イ (2)ア (3)エ (4)ウ

❸ (1)to borrow (2)to hear (3)It, swim

❹ (1)take, look (2)in, future
(3)According to

❺ (1)computers to do many things
(2)1. ○ 2. ○ 3. ×
(3)They have AI.

❻ (1)We didn't have anything to drink.
(2)It is not good to watch TV
(3)looked at his watch to check the time

❼ (1)I'm[I am] sorry to hear that[it].
(2)He studied hard to be[become] a scientist.
(3)I had no time to call you.
(4)It's important to brush your[the] teeth.

解説

❶ 🎧LISTENING 質問は「マイクはなぜデパートに行ったのですか」という意味。マイクの最後の発言に I went to a restaurant <u>to have lunch with my friends</u>. とある。

🎵音声内容
A: Emi, I saw you at the department store last Saturday.
B: Really? I went there to buy a new racket. This is the racket.
A: Oh, that's cool.
B: Thanks, Mike. And what did you do there? Did you go shopping?
A: No. I went to a restaurant to have lunch with my friends.
Question : Why did Mike go to the department store?

❷ 不定詞〈to＋動詞の原形〉がどのような意味かを考え，同じ働きをするものを選ぶ。

(1)は「助けるために」，イは「朝食を作るために」で「～するために」の副詞的用法・目的。

(2)は「言うべき」，アは「訪れるべき」で「～すべき」の形容詞的用法。

(3)は「会って」，エは「なれて」で副詞的用法・原因。

(4)は「行くこと」，ウは「洗うこと」で名詞的用法。

❸ (1)「私は図書館に行った。私は1冊の本を借りたかった」→「私は1冊の本を借りるために図書館に行った」という意味の文に。

(2)「メグは彼の言葉を聞いたとき，悲しかった」→「メグは彼の言葉を聞いて悲しかった」という意味の文に。

(3) ミス注意! 「水泳は楽しい」→「泳ぐことは楽しい」という意味の文に。〈It is …＋to＋動詞の原形 ～.〉を使って言いかえる。to のあとは原形の swim にする。

❹ (1)「ちょっと見る（＝ちらりと見る）」take a look

(2)「将来（に）」in the future

(3)「～によれば」according to ～

❺ (1)「たくさんのことをするために」を不定詞で表す。

(2)1. 2行目に We use them(＝ computers) to work, to learn, and to communicate. とある。communicate「連絡する，意思の疎通をする」

2. 3～4行目に The progress of AI is changing our lives. とある。lives は life（生活，暮らし）の複数形。

3. 4～5行目に Some jobs will disappear, and new ones will appear. とある。あらゆる仕事がなくなるわけではない。

(3)質問は「今日，多くのコンピュータには何がありますか[入っていますか]」という意味。3行目に Today, many computers have <u>AI</u>. とある。

❻ (1)not ～ anything で「何も～ない」という意味。anything を不定詞で後ろから修飾する。

(2)〈It is …＋to＋動詞の原形～.〉で表す。否定文なので It is not ～. とする。

(3)「時間をチェックするために」を不定詞で表す。

❼ (1)「～して残念だ」は be sorry to ～ で表す。

(2)「科学者になるために」を不定詞で表す。

(3)「〜する時間」は time to 〜。「時間がありませんでした」とあるので，time の前に no(少しも〜ない)を置く。

(4)It's で始めるという指示があるので，It's … to 〜. の形に。「歯をみがく」は brush your[the] teeth などと表す。

p.46~47 ステージ❸

❶ 🎧LISTENING (1)○ (2)×

❷ (1) sorry that (2) at night
(3) little by little (4) For example

❸ (1) to work (2) things to see
(3) to meet (4) It, to climb

❹ (1) You should continue to improve your skills.
(2) It is necessary to work out
(3) What do you think of this bike?

❺ (1) Here's (2)イ
(3)人工知能がいくつかの翻訳の仕事を奪う(だろう)ということ。
(4) According to
(5) She wants to be a translator.

❻ (1) I was excited to read the book.
(2) It's time to clean the[my, our] house.
(3) Please give me something to eat.
  [Please give something to eat to me.]
(4) He took[rode] a[the] bus to go[get] to the museum.

❼ 例 I started to study English five years ago.

━━━ 解説 ━━━

❶ 🎧LISTENING (1)アキラの発言に I have something to do this Saturday. とある。

(2)アキラの発言に I'm not good at cooking. とある。ここから，簡単だとは思っていないと推測できる。

🎵音声内容

(1) A: Akira, are you free on Saturday? Why don't we go to see a movie?
  B: Well, I have something to do this Saturday. Can we go on Sunday?

(2) A: Akira, is it difficult to cook *sukiyaki*? I want to cook it for my friends.
  B: I'm not good at cooking. Can you come to my house? You can ask my mother.

❷ (1)ミス注意⚠ 「〜してごめんなさい」は I'm sorry (that) 〜. で表す。that のあとは文が続く。

(2)「夜に(は)」at night

(3)「少しずつ」little by little

(4)「例えば」for example

❸ (1)「私はあなたと働けたので，うれしかった」→「私はあなたと働いてうれしかった」という意味の文に。be happy to 〜「〜してうれしい」

(2)「大阪ではたくさんのものを見ることができる」→「大阪には見るべきものがたくさんある」という意味の文に。

(3)「アンは古い友達に会いたかったので京都に来た」→「アンは古い友達に会うために京都に来た」という意味の文に。

(4)「山に登ることはとても楽しい」という意味の文に。〈It is …＋ to ＋動詞の原形 〜.〉で表す。

❹ (1)「〜すべきだ」は助動詞の should を使う。「〜し続ける」は continue to 〜で表す。

(2)〈It is …＋ to ＋動詞の原形 〜.〉で表す。「必要な」necessary，「運動をする」work out

(3)「あなたは〜についてどう思いますか」は What do you think of[about] 〜？で表す。

❺ (1)「ここに〜があります」は Here is[are] 〜. で表す。ここではあとに単数形の名詞が続き，また空所が１つなので，Here is の短縮形 Here's を使う。

(2)メグが次の発言で記事に何が書いてあるかを答えている。この say は「〜が書いてある」という意味。

(3)メグが驚いた内容を答える。直後の文の後半に AI will take some translation jobs away とある。

(4)「〜によれば」according to 〜

(5)ミス注意⚠ 質問は「朝美は将来，何になりたいと思っていますか」の意味。４行目に How about translators, my dream job? とある。主語が she なので動詞は三人称単数現在形にする。translator は数えられる名詞なので a をつける。

❻ (1)「〜してわくわくしている」は be excited to 〜で表す。

(2)「〜する時間です」は It's time to 〜. で表す。

(3)「(人)に(もの)を与える」は〈give ＋人＋もの〉または〈give ＋もの＋ to ＋人〉で表す。「何か食べるもの」は something to eat。これを「もの」の位置に置く。

16

(4)「その美術館に行くために」を不定詞で表す。

❼ 質問は「あなたはいつ英語を勉強し始めました
か」という意味。Five years ago.（5年前です）な
ど，始めた時期のみを答えてもよい。

Unit 4

p.48 ■ステージ**1**

Ⓦordsチェック(1)完全な，完ぺきな
(2)〜に従う，〜を守る　(3)member　(4)rule

❶ (1)have to　(2)has to help
(3)Rei has to walk to school.

❷ (1)don't have　(2)Does, have to

━━━━━━ 解説 ━━━━━━

❶ 「〜しなければならない」は〈have[has] to +
動詞の原形〉で表す。
(2)(3)**ミス注意** 主語が三人称単数なので has to
を使う。

❷ (1)「〜しなくてよい」は〈do[does] not have
to +動詞の原形〉で表す。空所の数から，短縮
形 don't を使う。
(2)疑問文は〈Do[Does]＋主語+ have to +動詞
の原形 〜?〉。主語が三人称単数なので does を
使う。

ポイント 〈have[has] to +動詞の原形〉
・「〜しなければならない」という意味。
・主語が三人称単数のときは has を使う。
・否定文の〈do[does] not have to +動詞の原形〉は
「〜しなくてよい」の意味。
・過去の文では had to 〜を使う。

p.49 ■ステージ**1**

Ⓦordsチェック(1)安全な
(2)ひとりで，ただ〜だけ　(3)young
(4)go out

❶ (1)must wash　(2)must be　(3)must not
(4)Must I / don't have to

❷ (1)have to study hard
(2)had to practice the piano

━━━━━━ 解説 ━━━━━━

❶ (1)空所の数から「〜しなければならない」は
〈must +動詞の原形〉で表す。
(2)**ミス注意** 「〜に親切な」は be kind to 〜。
must のあとは原形を使うので be 動詞の原形 be
を続ける。

(3)「〜してはいけない」は must not 〜で表す。
(4)**ミス注意** must の疑問文は must を主語の前
に置く。No で答えるときは don't[doesn't] have
to を使うことに注意。

❷ (1)will と must を続けて使うことはできないの
で must を have to にかえ，will have to 〜とする。
「あなたは一生懸命に勉強しなければならないで
しょう」という意味。
(2)must には過去形がないので have to の過去形
had to を使う。

ポイント 助動詞 must
・「〜しなければならない」という意味。
・否定形は「〜してはならない」と禁止の意味を表す。

p.50〜51 ■ステージ**1**

Ⓦordsチェック(1)場合
(2)そんなに[こんなに]〜な
(3)特に，とりわけ　(4)注意深く
(5)save　(6)hobby　(7)hurt　(8)kept

❶ (1)enjoyed playing
(2)enjoyed making *origami*
(3)She enjoyed running in the park.

❷ (1)playing　(2)Listening　(3)talking
(4)drawing

❸ (1)when I finished using the bathroom
(2)save water　(3)quickly
(4)1. ○　2. ×

❹ (1)one of, friends　(2)such a
(3)After all　(4)Both, and　(5)kept singing

WRITING Plus (1)**例1** I enjoy playing soccer
　　on weekends.
　　例2 I enjoy listening to music on
　　weekends.
(2)**例1** I'm[I am] good at singing.
　　例2 I'm[I am] good at making things.

━━━━━━ 解説 ━━━━━━

❶ 「〜して[することを]楽しむ」は enjoy 〜ing
で表す。enjoy は動名詞のみを目的語にとる動詞。
「楽しみました」なので過去形の enjoyed を使う。

❷ (1)(3)enjoy 〜ing で「〜して楽しむ」, stop 〜ing
で「〜するのをやめる」という意味。enjoy も
stop も動名詞のみを目的語にとる動詞。
(2)動名詞が主語の文。
(4)**ミス注意** 前置詞のあとに動詞を置くときは
動名詞を使う。be good at 〜ing「〜するのが

じょうず[得意]だ」

❸ (1)この when は「〜(の)ときに」の意味の接続詞。あとには文〈主語＋動詞 〜〉が続く。finish 〜ing は「〜し終える」という意味。

(2)5行目に Because we must <u>save water</u>. とある。

(3)水を節約するのにどのようにシャワーを浴びればよいか考える。quickly「速く，急いで」

(4)1．2行目に Your shower was too long. とある。
2．4〜5行目に I can't finish washing in such a short time. とある。in such a short time「そんなに短い時間で」

❹ (1)⚠️**ミス注意！**「〜の1つ[1人]」は one of 〜。of のあとは複数形の名詞を置く。

(2)「そんなに〜な…」は〈such a[an]＋形容詞＋名詞〉で表す。

(3)「結局」after all

(4)「〜も…も両方」both 〜 and …

(5)「〜し続ける」keep 〜ing

WRITING Plus ✏️ (1)enjoy 〜ing を使い，「私は〜して楽しみます」という英文にする。

(2)be good at 〜ing を使い，「私は〜するのが得意です」という英文にする。

> **ポイント** 動名詞
> ・動詞の ing 形で「〜すること」の意味を表す。
> ・名詞の働きをし，文の主語や目的語になる。

p.52〜53 ◀◀ 文法のまとめ④

1 (1) will start[begin]
(2) can't[cannot] swim
(3) may arrive　(4) must not
(5) May[Can] I / Sure

2 (1) I'll visit　(2) had to　(3) mustn't
(4) Can[Could] you

3 (1) Lisa may be interested in Japanese history.
(2) Ken will not study math on
(3) Could you open the door for me?
(4) Do we have to take a bus?

◀◀ 解説 ▶▶

1 (1)「〜でしょう」は will を使う。
(2)「〜することができない」は cannot[can't] を使う。
(3)「〜かもしれない」は may を使う。
(4)「〜してはいけない」は must not を使う。
(5)「〜してもよいですか」は May[Can] I 〜? で

表す。許可するときは Sure. などを使って答える。

2 (1)⚠️**ミス注意！** 空所の数から I will の短縮形 I'll を使う。

(2)must には過去形がないので had to を使う。

(3)⚠️**ミス注意！**「〜してはいけません」という否定の命令文は，You must not[mustn't] 〜. で言いかえられる。空所の数から短縮形 mustn't にする。

(4)「私に水をください」→「私に水をくれますか」という意味の文に。Can you 〜?(〜してくれますか)，または Could you 〜?(〜してくださいませんか)を使う。

3 (1)may(〜かもしれない)は助動詞なので，動詞の原形を続ける。「〜に興味がある」be interested in 〜

(2)will の否定文。〈will not ＋動詞の原形〉の語順に。

(3)「〜してくださいませんか」は Could you 〜? で表す。

(4)have to 〜の疑問文は do を主語の前に置く。

> **ポイント①** 助動詞の文の形
> 【肯定文】〈主語＋助動詞＋動詞の原形 〜.〉
> 【否定文】助動詞のあとに not を置く。
> 【疑問文】助動詞を主語の前に置く。

> **ポイント②** 助動詞の意味
> ・can「〜することができる」「〜してもよい」
> ・will「〜するつもりだ」「〜だろう」
> ・may「〜してもよい」「〜かもしれない」
> ・must「〜しなければならない」

p.54〜55 ═ステージ2

1 🎧**LISTENING** イ

2 (1)イ　(2)イ　(3)ウ　(4)ウ

3 (1) playing　(2) enjoyed cooking
(3) must　(4) must not

4 (1) pick, up　(2) one of, hobbies
(3) Both, are　(4) After all

5 (1) During your[the] homestay　(2)イ
(3) You have to follow the house rules.
(4)彼らと意思の疎通をすることが大切です。

6 (1) Speaking English is difficult for me.
(2) Did you finish washing your shoes?
(3) You don't have to bring any food.
(4) My father needs to go there by car.

7 (1) Taking pictures[photos] is interesting.
(2) My sister is good at dancing.

(3) **You have to go to bed now.**

(4) **You mustn't[must not] swim in this river.**

━━━━━━━━━━ **解説** ━━━━━━━━━━

❶ 🎧LISTENING 質問は「エミの姉[妹]はふだん夕食後に何をしますか」という意味。エミの２つ目の発言に She usually reads in her room. とある。

> 🎵**音声内容**
> *A*: Emi, what do you usually do after dinner?
> *B*: I usually play video games.
> *A*: Really? How about your sister?
> *B*: She usually reads in her room.
> *A*: When do you do your homework?
> *B*: We have to finish it before dinner. It's one of our house rules.
> Question：What does Emi's sister usually do after dinner?

❷ (1)主語が三人称単数で，あとに to があるので has を選ぶ。has to ～「～しなければならない」，write to ～「～に手紙を書く」

(2) stop は動名詞のみを目的語にとる動詞。stop ～ing「～するのをやめる」

(3) want は不定詞のみを目的語にとる動詞。want to ～「～したい」

(4) must の疑問文に No で答えるときは，don't[doesn't] have to ～（～しなくてよい）を使う。

❸ (1)「私は４年前にギターをひき始めました」という意味。start は目的語に不定詞も動名詞もとることができる。

(2) ミス注意❕「私たちはいっしょにカレーを料理して楽しんだ」という意味の文に。enjoy ～ing「～して楽しむ」

(3)命令文は You must ～. で言いかえることができる。

(4)否定の命令文は You must not[mustn't] ～. で言いかえることができる。

❹ (1)「車で～を迎えに行く」は pick ～ up。

(2)「～の１つ」は one of ～。of のあとは複数形の名詞を置く。

(3)「～も…も両方」は both ～ and …で表す。複数扱いなので be 動詞は are にする。

(4)「結局」after all

❺ (1)ある特定の期間は during(～の間)を使って表す。during は前置詞なのであとに名詞を置く。

(2)直前の文に you are a member of the family とある。

(3)「～しなければならない」を have to ～で表す。follow「～に従う，～を守る」

(4)〈It is …＋to＋動詞の原形 ～.〉は「～することは…だ」という意味。

❻ (1)「英語を話すこと」が主語。これを動名詞を使って表す。

(2)「～し終える」は finish ～ing。過去の疑問文なので did を主語の前に置く。

(3)「～しなくてよい」は don't have to ～で表す。

(4)「～する必要がある」は need to ～で表す。「車で」by car

❼ (1) ミス注意❕「写真を撮ること」が主語。これを動名詞を使って表す。動名詞は単数扱いなので be 動詞は is を使う。

(2)「～が得意だ」は be good at ～。at は前置詞なので，あとに動詞を置くときは動名詞を使う。

(3)「～しなければならない」have to ～

(4) You で文を始めるので，mustn't[must not] ～（～してはいけない）で表す。

p.56～57 ━━━ **ステージ❸**

❶ 🎧LISTENING (1)妹の世話

(2)ジョギング(するの)をやめること

❷ (1) such a short　(2) one of, movies

(3) both, and　(4) hear from

❸ (1) It, to play　(2) mustn't eat

(3) began[started] cleaning　(4) has to do

❹ (1) Hiro is good at singing English songs.

(2) Must we read this book?

(3) My mother likes trying new things.

❺ (1)ア　(2)ア　(3) I see

(4)もし特別な予定が夜遅くにある場合は，ひとりで外出してはいけません。

(5) They have[eat] dinner.

❻ (1) I finished making the[that] chair.

(2) Are you interested in traveling[going on a trip] abroad?

(3) You don't[do not] have to take your[an] umbrella (with you).

(4) Keep trying to speak (in) English.

❼ 例 (1) I have to wash the dishes.

(2) I enjoyed playing baseball.

━━━━━━━━━━▶ **解説** ◀━━━━━━━━

❶ 🎧LISTENING (1)ケンの２つ目の発言に I have to take care of my little sister. とある。

(2)メグの２つ目の発言に Maybe you should stop jogging. とある。

♪ **音声内容**
(1) A: Ken, do you want to go to the museum with me tomorrow?
　B: Sorry.　I want to go with you, but I can't.
　A: Do you have something to do?
　B: Yes.　I have to take care of my little sister.
(2) A: Ken, you look tired.　Are you OK?
　B: Thank you for asking, Meg.　But I'm fine.
　A: Maybe you should stop jogging.　It's too hot.
　B: All right.

2 (1)「そのように～な…」は〈such a[an]＋形容詞＋名詞〉で表す。
(2)「～の１つ」は one of ～。of のあとに置く名詞は複数形にすることに注意。
(3)「～も…も両方」both ～ and …
(4)hear from ～で「～から連絡をもらう」という意味。I hope to hear from you.(お返事お待ちしています)は手紙などの結びでよく使う表現。

3 (1)〈It is …＋to＋動詞の原形 ～.〉を使って言いかえる。
(2)**ミス注意** Don't ～. は You must not[mustn't] ～. で言いかえることができる。空所の数からmustn't と短縮形にする。
(3)begin[start]は目的語に不定詞も動名詞もとることができる。
(4)「アンにはたくさんのすべき宿題がある」→「アンはたくさんの宿題をしなければならない」という意味の文に。空所の数から has to ～を使う。

4 (1)「～するのが得意だ」be good at ～ing
(2)must の疑問文は must を主語の前に置く。
(3)「～するのが好きだ」like ～ing

5 (1)直後でウィルソンさんが Yes と答えているので、疑問詞で始まるウは不適切。対話文を通してウィルソンさんが、家での決まりごとを説明しているのでアを選ぶ。
(2)「６時までに家に帰らなければならない」と考え、アの by(～までに)を選ぶ。
(3)「なるほど」I see.
(4)must not ～で「～してはいけない」という意味。later in the evening「夜遅くに」, alone「ひとりで」
(5)4行目に we have dinner at six とある。

6 (1)「～し終える」finish ～ing
(2)「～に興味がある」は be interested in ～で表す。「外国に旅行する」は travel abroad や go on a trip abroad などで表す。in は前置詞なので、そのあとに動名詞を使う。
(3)「～しなくてもよい」は don't have to ～で表す。「持っていく」take
(4)「～しようと努力する」try ～ing,「～し続ける」keep ～ing

7 (1)質問は「あなたは家で何をしなければなりませんか」という意味。I have to のあとに自分がしなければならないことを続ける。
(2)質問は「あなたは小さな[幼い]子供のとき、何をして楽しみましたか」という意味。I enjoyed ～ing を使って答える。

Unit 5

p.58 ステージ**1**
Wordsチェック (1)施設，設備　(2)展示
(3) product　(4) design
1 (1) how to　(2) how to swim
(3) how to use a computer
2 (1) how to　(2) what to　(3) where, go
(4) when, stop

解説
1 「～のし方」は how to ～で表す。to のあとに動詞の原形を置く。
2 (1)「どのように～するか」は how to ～で表す。
(2)**ミス注意** 「何を～すべきか」は what to ～で表す。過去の文だが to のあとの動詞は原形。
(3)「どこへ～すべきか」は where to ～で表す。
(4)**ミス注意** 「いつ～すべきか」は when to ～で表す。主語が三人称単数でも to のあとの動詞は原形。

ポイント 〈疑問詞＋to＋動詞の原形〉
・how to ～　「どのように～するか」「～のし方」
・what to ～　「何を～すべきか」
・where to ～　「どこで[へ]～すべきか」
・when to ～　「いつ～すべきか」
・which to ～　「どれを～すべきか」

p.59 ステージ**1**
Wordsチェック (1)びん，つぼ　(2)点字
(3)特色，特徴　(4)こちらに，こちらでは

(5) staff　(6) helpful

❶ (1) me what to　(2) him which to

(3) you where to　(4) us how to

❷ (1) We asked Ms. Ito when to come back.

(2) Tell me where to visit in

(3) show me how to open this window

━━━━━━━━━ 解説 ━━━━━━━━━

❶ 〈疑問詞＋ to ＋動詞の原形〉は〈動詞＋人＋もの〉の「もの」の位置に置くことができる。

(1)「私に」me, 「何を〜すべきか」what to 〜

(2) ミス注意❗「彼に」him, 「どちらを〜すべきか」which to 〜

(3)「あなたに」you, 「どこで〜すべきか」where to 〜

(4)「私たちに」us, 「〜のし方」how to 〜

❷ 動詞のあとに「人」を置き，そのあとに〈疑問詞＋ to ＋動詞の原形〉を続ける。

(1)「いつ〜すべきか」when to 〜

(2)「どこを〜すべきか」where to 〜

(3)「〜のし方」how to 〜

> **ポイント**　〈動詞＋人＋疑問詞＋ to 〜〉
> ・〈疑問詞＋ to ＋動詞の原形〉は，〈動詞＋人＋もの〉の「もの」の位置に置くことができる。

p.60〜61 ━━━ ステージ**1**

Ｗords チェック (1)ふつうの，共通の

(2)(手の)指　(3)階段　(4) better　(5) baby

(6) hold　(7) glad　(8) pull

❶ (1) sure that

(2) sure (that) this movie is fun

(3) I'm sure (that) she is popular.

❷ (1)私はあなたが私のプレゼントを気に入ってくれてうれしいです。

(2)私は彼女がその試合に勝って驚いています。

(3)私はあなたがここにいなくて悲しいです。

❸ (1) glad that I could find

(2) the braille on the handrail　(3)ウ　(4)ウ

❹ (1) I'm sure that Ken will come.

(2) happy you got interested in this town

WRITING Plus✏ (1)例1 I'm[I am] glad that I have many friends.

　　例2 I'm[I am] glad that Meg visited us.

　(2)例1 I'm[I am] surprised that Emi has a horse.

　　例2 I'm[I am] surprised that Tom can't

swim.

━━━━━━━━━ 解説 ━━━━━━━━━

❶ 「私は〜だと確信しています」は I'm sure that 〜. で表す。that のあとは文〈主語＋動詞 〜〉を続ける。

❷ (1) be glad that 〜「〜してうれしい」

(2) be surprised that 〜「〜して驚いている」

(3) be sad that 〜「〜して悲しい」

❸ (1) be glad that 〜(〜してうれしい)で表す。that のあとは〈主語＋動詞 〜〉を置く。

(2)直前の文からさがす。it はふつう，前に出ている単数のものを指す。

(3) ミス注意❗ 4 〜 6 行目に If you're in a wheelchair, 〜 you can use the ramp. It also helps the elderly 〜. とある。目の不自由な人は，ここには含まれていない。

(4)空所のあとの that 以下に注目する。they は these ideas(＝手すりやスロープなどのアイディア)のこと。これらのものが多くの人々を助けていると「確信している」とする。

❹ (1)「きっと〜だ」は be sure that 〜で表す。

(2)「〜してうれしい」は be happy that 〜で表す。ここでは that が省略されている。「〜に興味を持つ」get interested in 〜

WRITING Plus✏ (1)(2) that のあとは文〈主語＋動詞 〜〉にすることに注意。

> **ポイント**　〈be 動詞＋形容詞＋ that 〜〉
> ・be sure that 〜　　　「〜だと確信している」
> ・be glad[happy] that 〜「〜してうれしい」
> ・be sad that 〜　　　「〜して悲しい」
> ・be sorry that 〜　　　「〜してすまない[残念だ]」
> ・be surprised that 〜「〜して驚いている」
> 　※ that は省略可能。

p.62〜63 ━━━ ステージ**1**

Ｗords チェック (1)(町の)中心街　(2)西，西部

(3)どういたしまして。　(4) line　(5) east

(6) change

❶ (1) how to　(2) take　(3) long, it

(4) Change trains　(5) many, from

(6) which train

❷ (1) I'd like to go to the Midori Museum.

(2)イ　(3) pleasure

(4)1. He should take the Kita Line.

　2. Three stops.[It's three stops (from

Hinode Station).]

3 (1) take, Minami Line　(2) five stops from
(3) take, fifteen minutes

━━━━━━━●　解説　●━━━━━━━

1 (1)「(私に)~への行き方を教えてくださいませんか」Could you tell me how to get to ~?
(2)「(乗り物など)に乗る」は take を使う。
(3)「どのくらい時間がかかりますか」は How long does it take? と言う。この take は「(時間が)かかる」という意味。
(4) ミス注意!「電車を乗りかえる」は change trains。trains と複数形にすることに注意。
(5)「~はここからいくつめの駅ですか」は How many stops is ~ from here? と表す。答えるときは Two stops.[It's two stops.](2つめの駅です)などと言う。
(6) ミス注意!「どの…を~すればよいか」は〈which +名詞+ to +動詞の原形〉で表す。

2 (1)「~したい」は would like to ~ で表す。would like to ~は want to ~のていねいな言い方。ここでは I would の短縮形 I'd が使われている。
(2)空所の次の文で、アヤは電車を乗りかえたあと、どの路線に乗るべきか説明している。
(3) My pleasure.「どういたしまして」
(4) 1. 質問は「男性はひので駅に行くには何線に乗ればよいですか」という意味。2~3行目に You should take the Kita Line, and change trains at Hinode Station. とある。
2. 質問は「みどり駅はひので駅からいくつめの駅ですか」という意味。6行目に It's three stops from Hinode Station. とある。

3 (1)質問は「若葉駅に行くにはどの路線に乗ればよいか教えてもらえますか」という意味。路線図の左上に「南線(Minami Line)」とある。
(2)質問は「柳駅はここからいくつめの駅ですか」という意味。路線図から5つ目だとわかる。
(3)質問は「富士駅に行くのにどのくらいの時間がかかりますか」という意味。路線図の右上に「数字は所要時間(分)」とある。富士駅を見ると「15」とあるので15分かかるとわかる。

p.64~65　ステージ2

1 🎧LISTENING　ウ
2 (1)ウ　(2)イ　(3)ウ　(4)ウ
3 (1) that　(2) how to　(3) me what to

4 (1) over here　(2) thanks to　(3) elderly
(4) long, take　(5) as
5 (1) how to use them
(2)あなたがたはまたユニバーサルデザインの施設[設備]が私たちの市のどこにあるかも学ぶでしょう。
(3) 1. ○　2. ×
6 (1) what to eat for lunch
(2) sure that Tom will get well
(3) him when to do my homework
7 (1) Which line should I take?
(2) Do you know the[a] better way to remove barriers[a barrier]?
(3) My mother taught me how to play the piano.
(4) I was surprised that he didn't come to school.

━━━━━━━●　解説　●━━━━━━━

1 🎧LISTENING　質問は「彼らは次に何をしますか」という意味。二人の最後のやりとりから、お茶の入れ方を学べる店に行くとわかる。

🎵音声内容
A: Where should we go next, Aya?
B: Let's see. How about going to see *kabuki*?
A: Sorry, but I went to see it last month. I want to try something new.
B: OK. Do you want to wear a *kimono*?
A: Not really. Aya, do you want to go to this shop? We can learn how to make good tea.
B: That's nice! I'm sure we'll have a good time there. Let's go.
Question: What will they do next?

2 (1) where to stay で「どこに泊まるべきか」。
(2) ミス注意! あとに文が続くので接続詞 that を使う。
(3)動詞 tell のあとなので「~に」の形を使う。
(4) change trains「電車を乗りかえる」
3 (1)「遅刻をしてごめんなさい」という意味の文に。be sorry that ~で「~してすまない[残念だ]」の意味。
(2)「あなたはそこへの行き方を知っていますか」という意味の文に。how to ~「~のし方」
(3)「私に何を買うべきか教えてください」という意味の文に。〈tell +人+もの〉の語順に。what to ~「何を~すべきか」

22

4 (1)「こちらに」over here

(2)「～のおかげで」thanks to ～

(3) **ミス注意！**〈the ＋形容詞〉で「～な人々」という意味を表す。elderly は「年配の」という意味。「年配の人々」＝「お年寄り」

(4)時間の長さをたずねるときは how long を使う。「(時間が)かかる」take

(5)「～するにつれて」は接続詞 as を使う。

5 (1) how to ～「～のし方」

(2) where to find ～は直訳すると「どこで～を見つけるべきか」という意味になるが、「どこに～があるか」などと意訳するとよい。

(3) 1 行目に In this exhibition, <u>you can see and touch some universal design products first-hand.</u> とある。first-hand「直接に、じかに」

6 (1)「何を～すべきか」は what to ～で表す。

(2)「きっと～だ」は be sure that ～で表す。that のあとは文〈主語＋(助)動詞 ～〉が続く。

(3)〈ask ＋人＋もの〉の語順に。「もの」の位置に when to ～(いつ～すべきか)を置く。

7 (1)「何線」は which line で表す。疑問文なので、助動詞 should を主語の前に置く。「路線」line

(2)不定詞を使い、「よりよい方法」←「障壁を取り除くための」の語順にする。「よりよい」better,「取り除く」remove

(3) taught は teach の過去形。〈teach ＋人＋もの〉の語順に。「もの」の位置に how to ～(～のし方)を置く。

(4) be surprised that ～(～して驚いている)で表す。

p.66~67 ■ステージ3

1 🎧**LISTENING** (1)何を着るべきか

(2)ケーキの焼き方

2 (1) founded (2) change trains

(3) which, to (4) pleasure

3 (1) how to (2) that[because]

(3) when to

4 (1) Do you know where to get a ticket?

(2) Tom will teach you what to do.

(3) Everyone was surprised she could sing so well.

(4) Midori Station is five stops from here.

5 (1) can show you how to use

(2)②ア ④イ (3) Thanks to

(4) Because it has braille.

6 (1) I'm[I am] sure that it'll[it will] be sunny tomorrow.

(2) She asked me what to cook.

(3) How long does it take?

7 例 (1) Could you tell me how to get[go] to the library?

(2) I'm[I am] sad that I was late today.

◆━━━━━━━━━━▶ 解 説 ◀━━━━━━━━━━◆

1 🎧**LISTENING** (1)メグの最初の発言に I don't know what to wear. とある。

(2)ケンの 2 つ目の発言に Can you teach me how to bake cakes? とあり、この依頼に対して、メグは No problem.(いいですよ)と答えている。

> **♪ 音声内容**
>
> (1) A: Can we go now, Meg? Your grandma is waiting for us.
> B: I don't know what to wear.
> A: How about the red shirt? Wasn't that a present from her?
> B: Yes! I'm sure she'll be happy. Thank you, Dad.
> (2) A: Meg, can I ask you a favor?
> B: Sure, Ken. What is it?
> A: Can you teach me how to bake cakes? I want to make one for my mother.
> B: No problem.

2 (1)「～を創立する」は found で表す。find(～を見つける)の過去形とつづりが同じなので注意する。

(2)「電車を乗りかえる」change trains

(3)「どの…を～すべきか」〈which ＋名詞＋ to ＋動詞の原形〉

(4) My pleasure.「どういたしまして」

3 (1) **ミス注意！**「マイクは泳ぎ方を知らない」という意味の文に。「～のし方」how to ～

(2)「ヒロはそこでアンに会えてうれしかった」という意味の文に。空所のあとに〈主語＋動詞 ～〉が続くので接続詞 that を使う。that を because にしても可。

(3)「私は彼にいつ電話をすべきか知りたい」という意味の文に。「いつ～すべきか」when to ～

4 (1)「どこで～すべきか」は where to ～で表す。

(2)〈teach ＋人＋もの〉の語順に。「もの」の位置に what to ～を置く。

(3) be surprised that ～の that が省略された形。that のあとは〈主語＋(助)動詞 ～〉の文を続ける。「そんなにじょうずに」so well

(4) 「ここから～駅目」は～ stops from here で表す。

5 (1) 〈show ＋人＋もの〉の語順に。「もの」の位置に how to ～を置く。

(2) ②直前のメグの発言に対して，職員は「注意深く(見てください)」と言ったと考えられる。④ feature「特色，特徴」

(3) 「～のおかげで」thanks to ～

(4) 質問は「なぜそのびんは目の不自由な人々に役立つのですか」という意味。7 行目に It also has braille for blind people. とある。

6 (1) 「きっと～だ」は be sure that ～で表す。that のあとは文〈主語＋(助)動詞 ～〉の形に。

(2) 〈ask ＋人＋もの〉の語順に。「もの」の位置に what to ～を置く。

(3) 「どのくらい時間がかかりますか」は How long does it take? と言う。

7 (1) Could you tell me ～?(私に～を教えてくださいませんか)で表す。「～までの行き方」は how to get to ～で表す。

(2) be sad that ～(～して悲しい)で表す。that のあとは〈主語＋動詞 ～〉を続ける。

Unit 6

p.68～69 ■ステージ**1**

Wordsチェック (1)近所の人，隣人 (2)クイズ
(3) research (4) topic

1 (1) newer, newest (2) nicer, nicest
(3) hotter, hottest (4) happier, happiest

2 (1) 1. larger than 2. the largest
(2) 1. bigger than 2. is the biggest
(3) 1. easier than 2. is the easiest of

3 (1) busier than (2) smaller than
(3) tallest of (4) the oldest in

4 (1) Which is lighter, this bike or
(2) Who is the youngest in your family?
(3) My sister is.

━━━━ 解説 ━━━━

1 (1)語尾に -er, -est をつける。
(2)e で終わる語なので，語尾に -r, -st をつける。

(3)語尾が〈短母音＋子音字〉なので，最後の t を重ねて -er, -est をつける。

(4)語尾が〈子音字＋ y〉なので，y を i にかえて -er, -est をつける。

2 「…よりも～」は〈比較級＋ than …〉，「…(の中)でいちばん～」は〈the ＋最上級＋ of[in] …〉で表す。

(1) 1. 「インドは日本よりも大きいです」 2.「オーストラリアは 3 つの中でいちばん大きいです」

(2) 1. 「ネコは鳥よりも大きいです」 2.「トラは 3 匹の中でいちばん大きいです」

(3) 1. 「数学は私にとって英語よりも簡単です」 2.「理科は私にとって全ての教科の中でいちばん簡単です」

3 (1)(2)は比較級の文。〈比較級＋ than …〉で表す。(3)(4)は最上級の文。〈the ＋最上級＋ of[in] …〉で表す。

(1) **ミス注意！** busy(忙しい)は〈子音字＋ y〉で終わる語なので y を i にかえて -er をつける。

(3) **ミス注意！** us(私たち)は複数を表す語なので「…(の中)で」は of を使う。

(4) **ミス注意！** Japan(日本)は場所を表す語なので「…(の中)で」は in を使う。

4 (1) 「A と B ではどちらのほうがより～ですか」は〈Which is ＋比較級，A or B?〉で表す。

(2) 「…(の中)でだれがいちばん～ですか」は〈Who is the ＋最上級＋ of[in] …?〉で表す。your family は「範囲」を表す語句なので in を使う。

(3) My sister is the youngest in my family. の下線部を省略した形。

ポイント 比較級，最上級
・〈比較級＋ than …〉「…よりも～」
　2 つ[2 人]のもの[人]を比べるときに使う。
・〈the ＋最上級＋ of[in] …〉
　「…(の中)でいちばん～」
　3 つ[3 人]以上のもの[人]を比べるときに使う。

p.70～71 ■ステージ**1**

Wordsチェック (1)喜劇，コメディー
(2)小説，フィクション (3) answer
(4) action

1 (1) Baseball, tennis (2) more popular
(3) most popular (sport)

2 (1) more useful (2) most exciting
(3) more difficult

❸ (1) more beautiful　(2) more interesting

　(3) most popular　(4) more famous

　(5) most important

❹ (1) most exciting　(2) most delicious food

　(3) the most wonderful book

　(4) the most beautiful movie

━━━━━━━━━◀ 解 説 ▶━━━━━━━━━

❶ popular はつづりの長い形容詞なので，比較級は more popular，最上級は most popular とする。

　(1)「私のクラスでは野球はテニスよりも人気があります」

　(2)「私のクラスではサッカーは野球よりも人気があります」

　(3)「私のクラスではサッカーがいちばん人気があります[人気があるスポーツです]」

❷ (1) useful の比較級は前に more を置く。

　(2) exciting の最上級は前に most を置く。

　(3) **ミス注意!**「私にとって英語は数学よりも簡単だ」→「私にとって数学は英語よりも難しい」という意味の文に。difficult の比較級は more difficult。

❸ (1)(2) beautiful(美しい)，interesting(おもしろい)の比較級は前に more を置く。

　(3) popular(人気のある)の最上級は most popular。

　(4)「A と B ではどちらのほうが(より)〜ですか」は，〈Which[Who] is ＋比較級, A or B?〉で表す。famous の比較級は more famous。

　(5) important(重要な，大切な)の最上級は most important。

❹ 「いちばん〜な…」は〈the ＋最上級＋名詞〉で表す。exciting(わくわくする)，delicious(おいしい)，wonderful(すばらしい)，beautiful(美しい)の最上級は全て most 〜の形。

┌─**ポイント**─ 比較的つづりの長い形容詞・副詞の比較
│　　　　　　級，最上級
│【比較級】〈more ＋形容詞[副詞]〉
│【最上級】〈most ＋形容詞[副詞]〉
└──────────────────────

p.72〜73 ■■■**ステージ1**■■■

Words チェック (1)恐怖　(2)パーセント

　(3) story　(4) graph

❶ (1) the best　(2) cats the best of

　(3) I like math the best of all the subjects.

❷ (1)アキラは私たちのクラスでいちばんよい[いちばん速い]走者です。

　(2)冬はスケートにいちばんよい季節です。

　(3)私の母はピンクよりも緑のほうが好きです。

❸ (1) According to　(2) As

　(3)③ such as　④ As a result of

　(4) 1. Nine of them[Josh's classmates] do.

　　　2. Animated movies are.

❹ (1) kind of　(2) More than

WRITING Plus✎ (1)例1 I like English better than math.

　　　例2 I like math better than English.

　(2)例1 I like Japanese the best of all (the) subjects.

　　　例2 My favorite subject is science.

━━━━━━━━━◀ 解 説 ▶━━━━━━━━━

❶ 「〜がいちばん好きだ」は like 〜 the best で表す。複数を表す語句の前では，「…の中で」は of を使う。

❷ (1)(2) good の最上級の best。

　(3) like 〜 better than …で「…よりも〜のほうが好きだ」という意味。

❸ (1)「〜によれば」according to 〜

　(2) as for 〜「〜について言えば」

　(3)③「…のような〜」と例を示すときは，〜 such as …で表す。④「〜の結果として」は as a result of 〜で表す。

　(4) **ミス注意!** 疑問詞が主語の疑問文に答えるときは，be 動詞の文なら〈主語＋be 動詞.〉，一般動詞の文なら〈主語＋do[does, did].〉，助動詞の文なら〈主語＋助動詞.〉で答える。

　1. 質問は「何人のジョシュのクラスメートが SF がいちばん好きですか」という意味。4〜5行目に Nine of them like action movies the best, and science fiction got the same number. とある。the same number は同じ文の最初にある Nine を指す。

　2. 質問は「どんな映画がジョシュのクラスで最も人気がありますか」という意味。7〜8行目に we found that animated movies are the most popular in our class とある。

❹ (1)「どんな種類の〜」what kind of 〜

　(2)「〜より多くの人[もの，こと]」more than 〜

WRITING Plus✎ (1) like 〜 better than …(…よりも〜のほうが好きだ)で表す。

　(2) like 〜 the best of[in] …(…の中で〜がいち

ばん好きだ)で表す。all（the）subjects(全ての教科)が複数を表すので「…の中で」は of を使う。また My favorite subject is ～.(私のいちばん好きな教科は～です)の形も可。

> **ポイント** better, best
> • like ～ better than …
>   「…よりも～のほうが好きだ」
> • like ～ the best of[in] …
>   「…の中で～がいちばん好きだ」

p.74　ステージ1

Wordsチェック (1)意見，フィードバック
(2)中身，内容　(3)はっきりと
(4)～したい気がする　(5)letter　(6)row
(7)data　(8)spoke

❶ (1) as big　(2) as interesting as
(3) swims as fast as Keita

❷ (1) old as　(2) not as　(3) second most

――――――― 解説 ―――――――

❶ 「…と同じくらい～」は〈as ＋形容詞[副詞]の原級＋ as …〉で表す。

❷ (1)「…と同じくらい～」は〈as ＋原級＋ as …〉で表す。
(2)「…ほど～ではない」は〈not as ＋原級＋ as …〉で表す。
(3) **ミス注意!** 「～番目に…」は〈the ＋序数＋最上級〉で表す。序数は second，third などの順序を表す言葉。popular の最上級は most popular。

> **ポイント** 〈as ＋原級＋ as …〉
> •「…と同じくらい～」という意味。
> • 否定文〈not as ＋原級＋ as …〉は「…ほど～ない」という意味。

p.75　ステージ1

Wordsチェック (1)中くらいの，M サイズの
(2)商品，品物　(3)～はいくらですか。
(4) size　(5) price　(6) customer

❶ (1) Shall, smaller / please / thank
(2) May / looking　(3) How much / It's

――――――― 解説 ―――――――

❶ (1) **ミス注意!** 「～しましょうか」と申し出るときは Shall I ～? と言う。Yes, please.(はい，お願いします)や，No, thank you.(いいえ，けっこうです)などと答える。
(2)「何かお手伝いしましょうか[いらっしゃいませ]」は May I help you? で表す。Yes, please.

(はい，お願いします)や，I'm just looking.
(ちょっと見ているだけです)などと答える。
(3)「～はいくらですか」と値段をたずねるときは How much ～? を使う。this sweater は単数なので，答えの文では it にかえる。

> **ポイント** 申し出る表現
> • Shall I ～?「～しましょうか」
> 【答え方】 Yes, please.(はい，お願いします)，
>   No, thank you.(いいえ，けっこうです)など。

p.76～77　文法のまとめ⑤

1 (1) longest river in　(2) better than
(3) most interesting of
(4) bigger[larger] than　(5) as new as

2 (1) easier than　(2) smaller than
(3) as exciting as　(4) fastest of

3 (1) Music is more popular than P.E.
(2) I get up as early as my grandmother.
(3) Lisa is the most famous student in our school.
(4) Which is older, this temple or that
(5) I like Kobe the best of all cities in

――――――― 《 解説 》 ―――――――

1 (1) long(長い)の最上級は longest。the world は場所を表す語句なので「…(の中)で」は in を使う。
(2) well(じょうずに)の比較級は better。than … で比較する対象を示す。
(3) interesting(おもしろい)の最上級は most interesting。the five は複数を表す語句なので「…(の中)で」は of を使う。
(4) **ミス注意!** big は〈短母音＋子音字〉で終わる語。g を重ねて -er をつける。larger でも可。
(5)「…と同じくらい～」は〈as ＋原級＋ as …〉で表す。

2 (1) **ミス注意!** 「この質問はあの質問ほど難しくない」→「この質問はあの質問より簡単だ」という意味の文に。easy の比較級は easier。
(2)「このTシャツはあのTシャツより大きい」→「あのTシャツはこのTシャツより小さい」という意味の文に。
(3)「サッカーは野球よりわくわくする」→「野球はサッカーほどわくわくしない」という意味の文に。not as ～ as …「…ほど～ではない」
(4) **ミス注意!** 「マイクはほかの2人の少年より速く走る」→「マイクは3人の少年の中でいちばん

26

速く走る」という意味の文に。fast の最上級は fastest。

3 (1)〈比較級＋than …〉の文。popular の比較級は more popular。

(2) as ～ as …の文。

(3)「いちばん～な…」は〈the ＋最上級＋名詞〉で表す。famous の最上級は most famous。

(4)〈Which is ＋比較級，A or B?〉の形。older は old（古い）の比較級。

(5)**ミス注意** 「…の中でいちばん～が好きだ」は like ～ the best of[in] …で表す。all cities は複数を表すので of を使う。

> **ポイント** 比較を表す文
> ・〈比較級＋than …〉「…よりも～」
> ・〈the ＋最上級＋of[in] …〉
> 「…の中でいちばん～」
> ・〈as ＋原級＋as …〉「…と同じくらい～」
> ・〈not as ＋原級＋as …〉「…ほど～ではない」

p.78 ステージ1

❶ (1)私たちのクラスメートのうち85パーセントが動物が好きです。

(2)私たちのクラスメートのうち15人はパンダがいちばん好きです。

(3)パンダがいちばん人気があるとわかりました。

❷ (1)Sixty[60], want

(2)Eight[8] of, want

(3)found that, most

解説

❶ (1)〈数＋percent of …〉で「…のうち～パーセント」という意味。

(2)〈数＋of …〉で「…のうち～つ[人]」という意味。

(3)We found that ～. で「（私たちは）～だとわかりました」という意味。

❷ (1)**ミス注意** Q1「あなたは海外旅行をしたいですか」に注目する。したい人は40人中24人で全体の60パーセント。主語の sixty percent of our classmates は複数扱い。

(2)Q2「あなたはどの国を訪れたいですか」に注目する。アメリカに行きたい人は8人。主語の eight of our classmates は複数扱い。

(3)We found that ～. で「（私たちは）～だとわかりました」という意味。Q2の回答からアメリカがいちばん人気があることがわかる。

> **ポイント** 調査結果を伝える表現
> ・〈数＋percent of …〉
> 「…のうち～パーセント」
> ・〈数＋of …〉「…のうち～つ[人]」
> ・We found that ～.
> 「（私たちは）～だとわかりました」

p.79 **Try! READING**

Question (1)ウ

(2)The boy went to a house to sell candy.

(3)knocked on

(4)1．To go to school.

2．No, she wasn't[was not].

 1 (1)ノックする (2)裕福な

(3)戸別に，一軒ずつ (4)once (5)earn

(6)herself

2 (1)glass of (2)about to (3)few

解説

Question (1)a few ～で「少数の～」という意味。only が少ないことを強調している。

(2)「キャンディーを売るために」を不定詞〈to ＋動詞の原形〉を使って表す。

(3)「～をノックする」は knock on ～。

(4)1．質問は「なぜ少年はお金をかせいでいたのですか」という意味。2行目に He was earning money to go to school. とある。

2．質問は「女性は裕福でしたか」という意味。6～7行目に She was not well-off herself. とある。well-off は「裕福な」という意味。

 2 (1)「コップ1杯の～」a glass of ～

(2)「今にも～しようとしている」be about to ～

(3)a few ～は「少数の～，いくらかの～」という意味。あとに名詞の複数形が続く。

p.80 **Try! READING**

Question (1)①ウ ③ア (2)ウ

(3)with a smile (4)Yes, he was.

 1 (1)～と答える

(2)親切，親切な行為 (3)思いをめぐらす

(4)pocket (5)pay (6)left

2 (1)doing well (2)much busier

解説

Question (1)① much は「ずっと，はるかに」という意味で比較級や最上級を強調する。

③〈命令文, and ….〉で「～しなさい，そうすれ

ば…」という意味。

(2)直後に We don't need money for kindness. とある。

(3)「にっこり笑って」with a smile

(4)質問は「少年は最初は牛乳のお金を払うつもりでしたか」という意味。2〜3行目に He took the coins out of his pocket, and said, "Thank you for the milk." とある。take 〜 out of … 「…から〜を取り出す」

WordBox**BIG** **2** (1)「順調にやる」は do well で表す。

(2) much が比較級の busier を強調する形。

p.81　**Try! READING**

Question (1)イ　(2)**had to give**

(3)1. **She fell down in front of her house.**

　　2. **Because he could not help her.**

WordBox**BIG** **1** (1)〜だと気づく

(2)こわがって　(3)請求書　(4)**inside**

(5)**note**　(6)**woke**

2 (1)**front**　(2)**in full**　(3)**afraid to**

■■■■■■■■ 解　説 ■■■■■■■■

Question (1)go by で「(時間が)過ぎる」の意味。

(2)「〜しなければならなかった」は have to 〜の過去形 had to 〜で表す。「(人)に手術をする」は〈give ＋人＋ an operation〉。

(3)1. 質問は「女性はどこで倒れましたか」という意味。2行目に she felt ill and fell down in front of her house とある。fell は fall の過去形。in front of 〜「〜の前で」

2. 質問は「地元の医者はなぜ女性を大きな病院に送ったのですか」という意味。2〜3行目に The local doctor could not help her, so he sent her to a big hospital in the city. とある。接続詞 so の前が理由となっている。

WordBox**BIG** **2** (1)「〜の前で」in front of 〜

(2)「全部」in full

(3)「〜するのがこわい」be afraid to 〜

p.82〜83　**ステージ2**

1 🎧**LISTENING** (1)○　(2)×　(3)×　(4)○

2 (1)ア　(2)ア　(3)イ　(4)イ

3 (1)**shorter than**　(2)**isn't, large as**

(3)**the best**

4 (1)**More**　(2)**like going**　(3)**How much**

(4)**glasses**

5 (1)**or**

(2)**Which movie is the oldest of the three?**

(3)1. ○　2. ×　3. ×

6 (1)**Which do you like better, rice or**

(2)**The beach is the most beautiful place in**

(3)**Shall I bring the menu?**

7 (1)**Japanese is more important than English.**

(2)**Mike studies as hard as his brother.**

(3)**Which castle is the highest[tallest] of the five?**

(4)**Who is the most famous baseball player in Japan?**

■■■■■■■■ 解　説 ■■■■■■■■

1 🎧**LISTENING** 音声を聞く前に，絵から読み取ることができる情報を整理しておくこと。

> 🎵**音声内容**
>
> (1) Keiko is younger than Mike.
>
> (2) My mother is as tall as my father.
>
> (3) Cats are more popular than dogs.
>
> (4) Lisa runs the fastest of the three.

2 (1)than 〜があるので前には比較級があると考える。useful の比較級は more useful。

(2)〈as ＋原級＋ as …〉の形。

(3)複数を表す the four が続くので of を選ぶ。

(4)範囲を表す my family が続くので in を選ぶ。

3 (1)「この橋はあの橋よりも長い」→「あの橋はこの橋よりも短い」という意味の文に。

(2)「日本はイギリスよりも大きい」→「イギリスは日本ほど大きくない」という意味の文に。

(3)「音楽は私のいちばん好きな教科だ」→「私は全ての教科の中で音楽がいちばん好きだ」という意味の文に。

4 (1)more than 〜「〜より多くの人［もの，こと］」

(2)**ミス注意！** 「〜したい気分だ」は feel like 〜ing で表す。この like は前置詞なのであとの動詞は ing 形(動名詞)を使う。

(3)「〜はいくらですか」How much 〜?

(4)**ミス注意！** 「コップ1杯の〜」は a glass of 〜。「2杯」のときは two glasses of 〜となる。

5 (1)〈Which ＋名詞＋ is ＋比較級，A or B?〉で「AとBではどちらの…が(より)〜ですか」という意味。

(2)最上級の疑問文。

(3)映画の新旧を問う問題。4行目から, *My Neighbor Totoro* がいちばん古いことがわかる。

❻ (1)「あなたはＡとＢではどちらのほうが好きですか」Which do you like better, A or B?

(2)「いちばん〜な…」〈the ＋最上級＋名詞〉

(3)「〜しましょうか」Shall I 〜?

❼ (1)〈比較級＋ than …〉で表す。

(2)〈as ＋原級＋ as …〉で表す。

(3)最上級の疑問文。「5つ」は複数なので「〜の中で」は of を使う。

(4)〈the ＋最上級＋名詞〉の文。「日本」は場所なので「〜（の中）で」は in を使う。

p.84〜85 ■■■ **ステージ❸**

❶ 🎧 LISTENING (1)黄, かばん

(2)**3,500円, T シャツ**

❷ (1)As for　(2)a few　(3)about to

(4)in front of　(5)As a result

❸ (1)**It is hotter today than yesterday.**

(2)**My mother is not as old as Ms. Ito.**

[Ms. Ito is not as young as my mother.]

(3)**Saki is the best singer in our class.**

❹ (1)**His story was funnier than yours.**

(2)**Ken can speak English as well as his teacher.**

(3)**Which problem is the easiest of the three?**

❺ (1)**What kind of**　(2)**ウ**

(3)**science fiction movies are the most interesting of all**

(4)**answering**

❻ (1)**Which do you like better, summer or winter?**

(2)**What is the most exciting sport for you?**

(3)**Shall I cook[make] dinner for you?**

❼ (1)**Bob was afraid to open the box.**

(2)**Two days went by and the man woke up.**

❽ 例 **I like dogs the best.**

■■■■ **解説** ◀■■■■

❶ 🎧 LISTENING (1)ジョンの最初の発言に I'm looking for a bag., 2つ目の発言に I'm looking for a yellow one. とある。

(2)ジョンの最初の発言に How much is this T-shirt? とあり, ジョンが T シャツを買おうと

していることがわかる。また店員の2つ目の発言 It's 3,500 yen. に, ジョンは I'll take it.(それをいただきます)と言っている。

> 🎵 **音声内容**
> (1)A: Hello. May I help you?
> 　B: Yes. I'm looking for a bag.
> 　A: What color are you looking for?
> 　B: I'm looking for a yellow one.
> (2)A: Excuse me. How much is this T-shirt?
> 　B: It's 5,000 yen.
> 　A: 5,000 yen? Do you have anything a little cheaper?
> 　B: How about this one? It's 3,500 yen.
> 　A: That looks nice. I'll take it.

❷ (1)「〜について言えば」as for 〜

(2)「少数の」a few

(3)「今にも〜しようとしている」be about to 〜

(4)「〜の前で」in front of 〜

(5)「（〜の）結果として」as a result (of 〜)

❸ (1) **ミス注意!** 比較級の文にする。hot の比較級は hotter。t を重ねることに注意。

(2)「伊藤先生は私の母より年上だ」→「私の母は伊藤先生ほど年をとっていない」という意味の文に。「…ほど〜ではない」〈not as ＋原級＋ as …〉

(3) **ミス注意!** good の最上級は best。最上級には the をつける。

❹ (1) **ミス注意!** 〈比較級＋ than …〉で表す。funny の比較級は funnier となることに注意。

(2)「…と同じくらい〜」〈as ＋原級＋ as …〉

(3)最上級の疑問文。easy の最上級は easiest となることに注意。「〜の中で」of 〜

❺ (1)「どんな種類の〜」what kind of 〜

(2)直後で朝美は They're more interesting than other movies. と理由を答えている。この They は science fiction movies を指している。

(3)〈the ＋最上級＋ of all〉の形を使う。

(4)Thank you for 〜ing.「〜してくれてありがとう」

❻ (1)Which do you like better, A or B?(あなたはＡとＢではどちらのほうが好きですか)で表す。

(2)〈What is the ＋最上級＋名詞?〉で表す。for you(あなたにとって)を文末につける。

(3)「〜しましょうか」は Shall I 〜? で表す。cook 〜 for …「…のために〜を料理する」

❼ (1)「〜するのがこわい」は be afraid to 〜で表

す。過去の文なので was を使う。

(2)「(時間が)過ぎる」は go by。go の過去形 went を使う。「目を覚ます」は wake up。wake の過去形の woke を使う。

8 質問は「あなたはどんな動物がいちばん好きですか」という意味。I like ～ the best. を使って答える。

Unit 7

p.86 ■ステージ**1**

Wordsチェック (1)(文化的な)遺産　(2)遺跡
(3)特有の，独特な　(4)貴重な，大切な
(5)select　(6)type　(7)natural　(8)decide

1 (1)is played　(2)Math is studied
(3)These cars are washed

2 (1)are used　(2)was opened

━━━━━━━━ 解説 ━━━━━━━━

1「～されます[されています]」は〈be 動詞＋過去分詞〉で表す。
(3)主語が複数なので be 動詞は are を使う。

2 (1)主語が複数なので be 動詞は are を使う。
(2)**ミス注意！** 過去の文なので be 動詞は過去形の was を使う。

ポイント 受け身「～される」「～されている」
・〈be 動詞＋過去分詞〉で表す。
・過去の文では be 動詞を過去形にする。

p.87 ■ステージ**1**

Wordsチェック (1)美しさ，美　(2)霧
(3)油を含んだ　(4)～のために　(5)forest
(6)list　(7)preserve　(8)leaves

1 (1)Is, studied[learned] / it is
(2)Were, selected / they weren't

2 (1)Is this hall used for concerts?
(2)These watches aren't[are not] made in Japan.
(3)When was the dog found?

━━━━━━━━ 解説 ━━━━━━━━

1 受け身の疑問文は be 動詞を主語の前に置く。答えるときも be 動詞を使う。
(2)**ミス注意！** 主語 the temples が複数で過去の文なので，be 動詞は were を使う。

2 (1)be 動詞 is を主語の前に置く。
(2)受け身の否定文は be 動詞のあとに not を置く。

(3)**ミス注意！** yesterday は時を表す語なので，when(いつ)で文を始め，疑問文の形を続ける。

ポイント 受け身の疑問文，否定文
【疑問文】be 動詞を主語の前に置く。
【答え方】be 動詞を使って答える。
【否定文】be 動詞のあとに not を置く。

p.88～89 ■ステージ**1**

Wordsチェック (1)魅力的な　(2)光景，名所
(3)市民　(4)波　(5)across　(6)serious
(7)damage　(8)built

1 (1)was washed　(2)was cleaned by
(3)was built by my grandfather

2 (1)Osaka is visited by many tourists.
(2)I'm[I am] called Ken by my classmates.

3 (1)観光客が訪れる / しずんでいる
(2)② sinking　③ damaged
(3)1. Yes, it does.
　2. Because (too) many tourists use them.

4 (1)one, the biggest[largest] cities
(2)gets[is] crowded　(3)have trouble

WRITING Plus✐ (1)例1 Ginkakuji Temple is visited by many people.
　　例2 Meiji Shrine is visited by many people.
(2)例1 It was built in 1482.
　　例2 It was built in the 20th century.

━━━━━━━━ 解説 ━━━━━━━━

1「―は…によって～されました」は〈主語＋was[were]＋過去分詞＋by ….〉で表す。
(1)～(3)主語が三人称単数なので be 動詞は was。

2 (1)「大阪はたくさんの観光客によって<u>訪れられ</u>ます」という意味の文にする。
(2)**ミス注意！** 〈call＋A＋B〉(AをBと呼ぶ)の受け身の文は A is[are] called B (by ～). の形になる。

3 (1)4 行目の First,(第1に)に続く文と，6 行目の Second,(第2に)に続く文をまとめる。
(2)②③ともに前に be 動詞 is がある。現在進行形の文〈be 動詞＋動詞の ing 形〉か，受け身の文〈be 動詞＋過去分詞〉かを意味と前後の語句から考える。②は「都市がしずんでいる」という現在進行形の文なので，ing 形にかえる。③はあとに by …が続くことから受け身の文と考え，過去分

詞にする。

(3) 1．質問は「ベネチアには人気のある場所がたくさんありますか」という意味。1行目に There are many popular spots in Venice. とある。 2．質問は「ベネチアの水上バスはなぜこみ合っているのですか」という意味。4 ～ 5 行目に the city is visited by too many tourists. The tourists use water buses. とある。

❹ (1)**ミス注意！** 「いちばん ～ な …の 1 つ」は〈one of the ＋最上級＋名詞の複数形〉で表す。cities と複数形を使うことに注意。

(2)「こみ合う」は get crowded で表す。この get は「(ある状態に)なる」という意味。

WRITING Plus (1) ～ is[are] visited by many people. を使う。

(2)〈～ was[were] built ＋時を表す語句.〉で表す。

> **ポイント** by …(…によって)
> ・受け身の文で「…によって」と動作をする人を示す場合，by …を過去分詞のあとに置く。

p.90　ステージ❶

Ｗords チェック (1)世界中に，世界的に (2)版画 (3)～に影響を及ぼす (4)インスピレーション (5)similar (6)angle (7)seen (8)known

❶ (1) will be (2) be finished
(3) Can, be seen[watched]

❷ (1)その映画は多くの人々に楽しまれるでしょう。

(2)私は忙しいです。1 つには宿題がたくさんあります。別の理由としては，買い物に行かなければなりません。

> 解　説

❶ 助動詞を含む受け身の文は〈助動詞＋ be ＋過去分詞〉で表す。助動詞のあとなので，be 動詞は必ず be を使う。

(3)助動詞を含む受け身の疑問文は，助動詞を主語の前に置く。

❷ (1)助動詞を含む受け身の文。〈will be ＋過去分詞〉「～されるだろう」 (2)For one thing, ～. For another, ….は「1 つには～。別の理由としては…」と理由を 2 つ並べて言うときの表現。

> **ポイント** 助動詞を含む受け身
> ・〈助動詞＋ be ＋過去分詞〉で表す。
> ・疑問文は助動詞を主語の前に置く。
> ・否定文は助動詞のあとに not を置く。

p.91　ステージ❶

❶ (1)①ア ②イ (2)①ア ②エ
❷ (1) will be held (2) him, back

> 解　説

❶ (1)**ミス注意！** ①誘う表現が入る。Do you want to ～? は「～しませんか」という意味でも使う。②空所のあとに I have to do my homework. とあるので誘いを断る表現が入る。I'm afraid I can't ～.「残念ですが～できません」

(2)①誘う表現が入る。Can you come?「来ることができますか」 ②次の発言でパーティーが始まる時間を答えていることから，時間をたずねる表現が入る。What time?「何時にしましょうか」

❷ (1)**ミス注意！** 未来を表す受け身の文。〈will be ＋過去分詞〉で表す。hold(行う)の過去分詞は held。

(2)「彼[彼女]に折り返し電話をしてほしいですか[折り返しお電話しますか]」は，Do you want him[her] to call you back? で表す。

> **ポイント** 誘う表現
> ・Do you want to ～? 「～しませんか」
> ・Can you come? 「来ることができますか」
> ・Will you join us? 「ごいっしょしませんか」

p.92～93　文法のまとめ⑥

1 (1) liked, liked (2) played, played
(3) made, made (4) knew, known
(5) saw, seen (6) built, built

2 (1) is known (2) is visited by
(3) are[were] made in (4) was found by
(5) will be changed

3 (1) English is studied by many people.
(2) The windows were cleaned by us.
(3) Was the picture taken by Tom?
(4) This computer isn't[is not] used by my sister.
(5) Where is the animal seen?

4 (1) Her movies are loved by people in India.
(2) This is called umeboshi in
(3) Mt. Fuji is not listed as a natural heritage site.
(4) The fish must be cooked before

> 《 解　説 》

1 (1)(2)規則動詞。過去分詞は過去形と同じ形。

(3) make は過去形，過去分詞とも made。

(4) know の過去形は knew，過去分詞は known。

(5) see の過去形は saw，過去分詞は seen。

(6) build は過去形，過去分詞とも built。

2 (1) know の過去分詞は known。

(2) by(～によって)のついた受け身の文。

(3)「アメリカ製」＝「アメリカで作られている[作られた]」。主語が複数なので be 動詞は are または were にする。

(4) ミス注意! 過去の受け身の文。find の過去分詞は found。by のついた形。

(5) ミス注意! 助動詞 will を含む受け身の文。

3 (1)(2) by のついた受け身の文に書きかえる。

(2)主語が複数で過去の文なので，be 動詞は were にする。

(3)受け身の疑問文は be 動詞を主語の前に置く。

(4)受け身の否定文は be 動詞のあとに not を置く。

(5) ミス注意! 場所を表す語句をたずねるので，where(どこで)で文を始め，疑問文の形を続ける。

4 (1) by のついた受け身の文。

(2)「A は B と呼ばれる」は A is called B. で表す。

(3)受け身の否定文。be 動詞のあとに not を置く。

(4) ミス注意! 「～されなければならない」は，〈must be ＋過去分詞〉の形にする。

ポイント 受け身の文

【肯定文】〈be 動詞＋過去分詞〉

【疑問文】be 動詞を主語の前に置く。

【否定文】be 動詞のあとに not を置く。

• 動作をする人を示すときは by …(…によって)を過去分詞のあとに置く。

• 助動詞を含むときは〈助動詞＋ be ＋過去分詞〉の形。

p.94 ステージ1

Words チェック (1)～のそばに　(2)マンゴー

(3) cafe　(4) best

1 (1) favorite place　(2) is visited

(3) is, best

2 (1)イ　(2)ア

解説

1 (1) favorite は「いちばん好きな」の意味。

(2)「訪れます」→「訪れられます」と考え，受け身の文にする。

(3)この best は good の最上級。

2 (1) ミス注意! One of my friends took me there.(友達の1人が私をそこに連れていってく

れた)と答えているのでイの「あなたはどのようにしてその店を見つけましたか」が適切。

(2) how often は「どのくらいの頻度で」という意味。

ポイント おすすめの場所を伝える表現

• My favorite place is ～.
「私のいちばん好きな場所は～です」

• It's visited by ～.
「そこは～が訪れ[～によって訪れられ]ます」

• It has ～.「そこには～があります」

• ～ is[are] the best.「～は最高です」

p.96～97 Try! READING

Question (1) he was very attracted to a photograph in a book

(2) in the middle of　(3) for himself　(4)ア

(5)彼はまた都市の便利なものなしで生活する方法も学びました。

(6)1. **Yes, he was.**

2. **He wrote a letter to the mayor (of Shishmaref[the village]).**

3. **For one summer.[He lived among them for one summer.]**

Word Box BIG 1 (1)惑星　(2)写真　(3)荒野

(4)市長，町長，村長　(5)ひきつけられる

(6)中央，真ん中　(7)～を集める[つむ]　(8)伝統

(9)ベリー　(10)調和して　(11)便利なこと[もの]

(12)～を狩る，狩りをする　(13) university

(14) himself　(15) among　(16) meat　(17) invite

(18) true　(19) living　(20) share

2 (1) come true　(2) in, middle of

(3) One day　(4) for himself

(5) living things　(6) wrote　(7) part of

(8) understood something

解説

Question (1)「～にひきつけられる」は，be attracted to ～で表す。

(2)「～の真ん中の」in the middle of ～

(3)「自分で，独力で」は for oneself。主語の Michio が1人の男性なので himself を使う。

(4) come true で「実現する」。

(5) how to ～で「～する方法，どのように～するか」，without ～で「～なしで」という意味。

(6)1. 質問は「道夫はシシュマレフの写真を見たとき大学生でしたか」という意味。1行目に He

32

was a university student とある。

２．質問は「道夫はシシュマレフを訪れて経験するために何をしましたか」という意味。5行目に So, he wrote a letter to the mayor of the village. とある。

３．質問は「道夫はどのくらいイヌイットの人々の間で生活しましたか」という意味。8～9行目に For one summer, Michio lived among the Inuit people in that Alaskan village. とある。

WordBox BIG ２ (1)「実現する」come true

(2)「～の真ん中に」in the middle of ～

(3)「ある日」one day　(4)「自分で」for ～self

(5)「生き物」living thing

(7)「～の一部」a part of ～

(8) -thing で終わる語は、あとに形容詞を置く。

p.98～99　Try! READING

Question (1) After Michio finished university in Japan　(2)② camped　⑤ ended

(3)荒野，さびしい，自由だ[である]

(4)彼は私たちに楽しげなホッキョクグマ，美しい山々，そしてほかのすばらしい景色を見せ(てくれ)ました。

(5) was killed

(6)１．For 19[nineteen] years.

２．To take pictures of caribou.

３．He shared his feelings of freedom and wonder.

WordBox BIG １ (1)写真家　(2)厳しい

(3)自由　(4)楽しげな，陽気な　(5)景色，光景

(6)生息地　(7)～になる　(8)ゆっくりと，遅く

(9)2倍，2度　(10)過去　(11) return　(12) camp

(13) kill　(14) enough　(15) land

(16) rise　(17) warm　(18) wild　(19) Earth

(20) rest

２ (1) Global warming　(2) turns into

(3) take care　(4) twice as, as

(5) way of life　(6) reminds, of　(7) pass on

(8) is disappearing

━━━ 解説 ━━━

Question (1)「～したあとで」は接続詞 after を使い，〈after ＋主語＋動詞 ～〉で表す。

(2)過去の文なので過去形にする。

(3) felt は feel(感じる)の過去形。〈feel ＋形容詞〉で「～と感じる」。

(4)〈show ＋人＋もの〉の文。「もの」が playful ～ scenes。

(5)過去の受け身で表す。

(6)１．質問は「道夫は写真家としてどのくらいアラスカ中を旅しましたか」という意味。2～3行目に For 19 years, he traveled around Alaska as a photographer. とある。

２．質問は「道夫はなぜツンドラ[凍土帯]に1か月滞在したのですか」という意味。5～6行目に Once he stayed in the tundra for a month to take pictures of caribou. とある。

３．質問は「道夫は彼の写真の中で何を共有しましたか」という意味。8行目に Michio shared his feelings of freedom and wonder in his photographs. とある。

WordBox BIG ２ (2)「～に変わる」turn into ～

(3)「～をだいじにする」take care of ～

(4)「…より2倍～」twice as ～ as …

(5)「生活の方法，生活様式」way of life

(6)「～に…を思い出させる」remind ～ of …

(7)「～を…に伝える」pass on ～ to …

p.100～101　ステージ2

❶ **LISTENING** (1)先月　(2)世界遺産

(3)バスケットボール，10　(4)1993

❷ (1)イ　(2)ウ　(3)ウ　(4)ウ

❸ (1) visited by　(2) is called, kiwi

(3) be held

❹ (1) because of　(2) for himself

(3) invited to　(4) twice as

❺ (1) Some of them are selected as World Heritage sites.

(2) people all over　(3)１．○　２．×

❻ (1) These sweaters were not made in

(2) Was the hall built by a local company?

(3) Where is the language used?

❼ (1) Japanese anime is enjoyed in many countries.

(2) The tower can be seen[The tower is seen] from here.

(3) My favorite place is the[that] theater.

(4) Do you want to go shopping with me?

━━━ 解説 ━━━

❶ **LISTENING** 音声を聞く前に，問題に目を通し注意して聞くところを確認しておく。

♪ **音声内容**

(1) A: When was the sports day held?

B: It was held last month.

(2) A: This island is listed as a World Heritage site.

B: Wonderful!

(3) A: How many players is basketball played by?

B: It is played by ten players.

(4) A: When was this bridge built?

B: It was built in 1993.

❷ (1)受け身の文。前に is, 後ろに by があることに注目。

(2)「日本で」in Japan

(3) yesterday があるので過去の文。

(4) taken by があるので受け身の文。主語が複数。

❸ 全て受け身の文に書きかえる。

(1)「その動物園はたくさんの人に訪れられた」という意味の文に。

(2) ミス注意！「その鳥は英語でキウイと呼ばれている」という意味の文に。〈call ＋ A ＋ B〉の受け身の文は〈A ＋ is[are] called ＋ B.〉で表す。

(3) ミス注意！「その行事は明日行われる」という意味の文に。助動詞 will を含む受け身の文。〈will be ＋過去分詞〉の形にする。hold の過去分詞は held。

❹ (1)「～のために」because of ～

(2)「自分で，独力で」は for ～self。主語が he なので himself を使う。

(3) ミス注意！ invite ～ to …（～を…に招待する）を受け身にした文。〈～ ＋ be動詞 ＋ invited to …〉の形に。

(4) ミス注意！「…より2倍～」twice as ～ as …。

❺ (1)日本語と，〔 〕内の are, selected から受け身の文と考える。「～のうちいくつか」は some of ～。「世界遺産に」→「世界遺産として」as World Heritage sites

(2)「世界中の」all over the world

(3) 1. 1行目に There are many unique and precious places in the world. とある。

2. 3行目に They are not selected for their own countries. とある。

❻ (1)受け身の否定文。be 動詞のあとに not を置く。

(2)受け身の疑問文。be 動詞を主語の前に置く。

(3)疑問詞 where で文を始め，疑問文の形を続ける。

❼ (1)主語 Japanese anime は単数扱い。

(2) ミス注意！「見られる」を can を使った受け身の文〈can be ＋過去分詞〉で表す。

(3)「私のいちばん好きな場所は～です」は My favorite place is ～. で表す。「劇場」theater

(4)「～しませんか」Do you want to ～?

p.102~103 ステージ 3

❶ 🎧 LISTENING (1)イ (2)ア (3)1996

❷ (1) all over (2) one thing (3) came true

(4) reminded, of

❸ (1) Those rooms were cleaned by her this morning.

(2) Is the museum visited by many people?

(3) When was this product made?

❹ (1) The festival was not held this

(2) This beautiful beach must be preserved forever.

(3) Soccer is one of the most popular sports in Japan.

❺ (1)ア

(2) are they listed as a natural heritage site

(3) called (4) because of, leaves

(5) She went to the Blue Mountains.

❻ (1) What language is[What languages are] used in your country?

(2) A new hotel will be built next year.

(3) May[Can] I speak to Tom(, please)?

❼ 例 (1) I'm[I am] called Hiro.

(2) My favorite place is the library.

◆◆◆◆◆◆◆◆◆◆◆◆◆◆ 解説 ◆◆◆◆◆◆◆◆◆◆◆◆◆◆

❶ 🎧 LISTENING (1) 2文目に Itsukushima Shrine（厳島神社）とある。

(2) 3文目に The shrine is built on Miyajima Island ～. とある。

(3) 4文目に It ～ was selected as a World Heritage site in 1996とある。

♪ **音声内容**

Hello, everyone. I'm going to talk about Itsukushima Shrine. The shrine is built on Miyajima Island in Hiroshima. It has a very long history and was selected as a World Heritage site in 1996. It is a very popular spot and is visited by many tourists.

❷ (1)「世界中で」all over the world

(2)「1つには」for one thing

(3)「実現する」come true

(4)「その写真が私に祖母を思い出させた」と考える。「〜に…を思い出させる」remind 〜 of …

❸ (1)those rooms を主語にした過去の受け身の文に。主語が複数なので be 動詞は were を使う。

(2)**ミス注意!** the museum を主語にした受け身の疑問文。現在の文なので is を主語の前に置く。

(3)**ミス注意!** 時をたずねる受け身の疑問文。when(いつ)で文を始め，疑問文の形を続ける。

❹ (1)過去の受け身の否定文。

(2)**ミス注意!** 助動詞を使った受け身の文。「〜されなければならない」は〈must be ＋過去分詞〉で表す。

(3)「いちばん〜な…の1つ」は〈one of the ＋最上級＋複数名詞〉で表す。

❺ (1)メグが It was great! と答えているので，休暇についての感想をたずねている。

(2)受け身の疑問文。as 〜「〜として」

(3)why を含む受け身の疑問文。〈call ＋ A ＋ B〉の受け身〈A ＋ is[are] ＋ called ＋ B〉の疑問文。

(4)「〜のために」は because of 〜。ユーカリの葉は複数あるので，leaf(葉)の複数形 leaves を使う。

(5)質問は「メグはオーストラリアでどこに行きましたか」という意味。2〜3行目に I went to a World Heritage site, the Blue Mountains. とある。

❻ (1)「あなたの国では何語が使われていますか」という文にする。「何語」what language(s)

(2)「来年，新しいホテルが建てられます」という文にする。未来のことなので will を使い，〈will be ＋過去分詞〉を使う。

(3)「(電話で)〜をお願いします」May[Can] I speak to 〜, please?

❼ (1)質問は「あなたは家族に何と呼ばれていますか」という意味。I'm called 〜.(私は〜と呼ばれています)と答える。

(2)質問は「あなたの町でいちばん好きな場所は何[どこ]ですか」という意味。My favorite place is 〜.(私のいちばん好きな場所は〜です)と答える。

定期テスト対策 得点アップ！予想問題

p.114〜115 第**1**回 Unit 0 / 1 〜 Grammar for Communication 1

1 🎧LISTENING (1)イ (2)ア (3)ウ

2 (1) stayed with (2) Guess what

(3) make, reservation (4) problem with

3 (1) My parents were cooking dinner

(2) Emi showed an album to me.

(3) Tom will not forget this event.

(4) We aren't going to watch the baseball game.

(5) What will you give me for

4 (1) rode (2) People call it (3) to (4)ア

(5) He speaks Tamil and English.

5 (1) I'm going to study English tomorrow.

(2) There is no[There isn't any] water in the bottle.

(3) The girl didn't tell me her name.

6 例(1) What are you going to[will you] do this weekend?

(2) I bought a present for my mother.

▶ 解説 ◀

1 🎧LISTENING (1)「(パーティーに)多くの人がいましたか」、(2)「それ(＝天気予報)は何と言っていますか」、(3)「それを日本語で何と呼びますか」への応答を選ぶ。

♪音声内容

(1) A: Did you have a good time at the party?

B: Yes, I did.

A: Were there many people?

ア Yes. I ate a lot.

イ Yes. There were 20.

ウ No. We didn't have the party.

(2) A: I have a soccer game tomorrow, but it's cloudy.

B: OK, I'll check tomorrow's weather.

A: What does it say?

ア It will be sunny. イ I'm very hungry.

ウ I'm a soccer player.

(3) A: I like your cup.

B: My mother made it for me. It's for Japanese tea.

A: I see. What do you call it in Japanese?

ア It's a coffee cup.

イ I like Japanese tea.

ウ We call it *yunomi*.

2 (1)「〜(人)のところに泊まる」stay with 〜

(2)「あのね，何だと思う？」Guess what?

(3)「予約をする」make a reservation

(4)「〜に問題があります」I have a problem with 〜.

3 (1)過去進行形〈was[were]＋動詞の ing 形〉の文。

(2)〈show ＋もの＋ to ＋人〉で表す。

(3) will の否定文は will のあとに not を置く。

(4) be going to 〜の否定文。

(5) what で文を始め，will を主語の前に置く。

4 (1)過去にしたことなので過去形にする。

(2)「A を B と呼ぶ」は〈call ＋ A ＋ B〉。

(3)空所の前の took に注目。take 〜 up to …「〜を…の上まで連れていく」

(4) different には「ちがう，異なる」という意味と「いろいろな」という意味がある。

(5)質問は「朝美のおじは何語を話しますか」という意味。6 行目に My uncle speaks Tamil and English, とある。

5 (1)語数から be going to 〜を使う。

(2)水は数えられないので単数扱い。「少しも〜ない」no 〜 = not any 〜

(3)〈tell ＋人＋もの〉で表す。

6 (1)「あなたは今週末に何をするつもりですか」という意味の文に。「今週末」this weekend

(2)語数から〈buy ＋もの＋ for ＋人〉で表す。buy の過去形は bought。

p.116〜117 第**2**回 Unit 2 〜 Grammar for Communication 2

1 🎧LISTENING (1)ア (2)イ (3)ウ

2 (1) call back (2) piece of

(3) for sale (4) interested in

3 (1) I think the show is interesting.

(2) Could you make curry for me?

(3) If you are sick, you can

(4) He was cleaning his room when

4 (1) from (2) named, after

(3)すしの外側をごはんで巻いた

(4) 1. special tomato 2. Because, raw

5 (1) May[Can] I ask you a favor?

(2) I hope (that) you'll[you will] have a

good time.

6 例 (1) **When I have free time, I play video games.**

(2) **Could you open the window(s)?**

━━━━▶ 解説 ◀━━━━

1 🎧**LISTENING** 選択肢に目を通しておくとよい。質問は(1)「リサはひまなとき何をしますか」,(2)「マイクはなぜ夏が好きなのですか」,(3)「彼らはどこで話していますか」という意味。

🎵音声内容
(1) A: Kaito, what do you do when you're free?
B: Well, I usually read comic books. How about you, Lisa?
A: I listen to music.
Question : What does Lisa do when she is free?
(2) A: Mike, what season do you like?
B: I like summer.
A: Why do you like it?
B: Because I like hot weather.
Question : Why does Mike like summer?
(3) A: Here's our menu.
B: Thank you. I hear your pizza is great.
A: Yes, it's very popular.
Question : Where are they talking?

2 (1)「折り返し電話する」call back
(2)「1切れのパン」a piece of bread
(3)「売り物の」for sale
(4)「～に興味がある」be interested in ～

3 (1) think that ～の that が省略された形。
(2)ミス注意⚠ 「～してくださいませんか」は Could you ～? で表す。〈make ＋もの＋ for ＋人〉の形を使う。
(3) if ～が文の前半に置かれた形。if ～のまとまりのあとにコンマをつける。
(4) when ～が文の後半に置かれた形。

4 (1) come from ～「～から来ている」
(2)「～にちなんでＡをＢと名づける」〈name ＋ Ａ＋Ｂ＋ after ～〉
(3)同じ文の前半の they wrapped the rice on the outside をまとめる。
(4) 1. 質問は「シェフは『スパゲティ・ナポリタン』のためにどんな種類のソースを使いましたか」という意味。2行目に He made it with a special tomato sauce とある。
2. 質問は「なぜ日本人シェフたちはすしにアボ

カドを使ったのですか」という意味。5行目に people there didn't usually eat raw fish とある。

5 (1)「～してもよいですか」は May[Can] I ～? で表す。「～にお願いする」は ask ～ a favor.
(2)「～することを望む」は hope that ～を使って表す。「よい時を過ごす」have a good time

6 (1)「私は自由な時間があるときに～します」という意味の文に。「自由な時間」free time
(2)「窓を開けてくださいませんか」という意味の文に。

p.118～119 第**3**回 Unit 3 ~ Let's Read 1

1 🎧**LISTENING** (1)絵をかく (2)ものを作る
(3)美術の先生

2 (1) **work out** (2) **Long ago**
(3) **According to** (4) **Some of**

3 (1) **I have no money to give you.**
(2) **Mai was surprised to get the letter.**
(3) **worked hard to buy a house**
(4) **My dream is to be a pilot.**

4 (1)イ
(2)人は関係を築き上げるために言語を使います。
(3) 1. ○ 2. ○ 3. ×
(4) **It's good at translating sentences quickly.**

5 (1) **I have nothing to say.**
(2) **It's not easy to swim in the sea.**

6 例 (1) **Where do you want to go this summer?**
(2) **I'm happy to see you again.**

━━━━▶ 解説 ◀━━━━

1 🎧**LISTENING** ①ヒロの最初の発言に I'm good at drawing. とある。②ヒロの2つ目の発言に I like to make things. I also like to talk with people. とある。③メグの最後の発言に I think you can be a good art teacher. とある。

🎵音声内容
A: Hiro, what's your favorite subject?
B: I like arts and crafts, Meg. I'm good at drawing.
A: I see. What do you like to do in your free time?
B: I like to make things. I also like to talk with people. It's interesting to hear other people's ideas.
A: I think you can be a good art teacher.

2 (1)「体を鍛える」work out

this room.

(5) You will have to buy a computer.

4 (1) hobbies

(2) staying with a host family was

(3) 英語で話そうと(努力)し続けた。

(4) Both, and, were

(5) She taught him a word game.

5 (1) Can you stop playing the guitar?

(2) Why must we go to school?

6 例(1) I'm looking forward to seeing[meeting] you.

(2) You don't have to use chopsticks.

▶ 解説 ◀

1 🎧LISTENING ①②4〜5文目に For example, I have to get home <u>before seven</u>. If I don't follow the rules, I have to stay home <u>the next weekend.</u> とある。③7〜8文目に I have to clean <u>the bathroom</u> every day. I can't watch TV if I don't finish doing it. とある。

♪音声内容

Hi, I'm Aya. Do you have any house rules? I have some rules to follow. For example, I have to get home before seven. If I don't follow the rules, I have to stay home the next weekend. I also have some work to do at home. I have to clean the bathroom every day. I can't watch TV if I don't finish doing it.

2 (1) ミス注意！ 「そのように〜な…」は〈such a[an]＋形容詞＋名詞〉で表す。あとに old が続くので an を使うことに注意。

(2)「車で〜を迎えに行く」pick 〜 up

(3)「外出する」go out

3 (1) 5語なので must ではなく have[has] to を使う。主語が三人称単数なので has にする。

(2) to study を studying に書きかえ，studying history を主語にする。

(3)「〜することが好きだ」は like to 〜，または like 〜ing で表す。

(4) Don't 〜. は You mustn't[must not] 〜. を使って書きかえられる。

(5) ミス注意！ will のあとは動詞の原形を置くので，助動詞 must は置けない。must と同じ意味の have to を使い，will have to 〜（〜しなければならないでしょう）とする。

左カラム:

(2)「ずっと前は[に]」long ago

(3)「〜によれば」according to 〜

(4)「〜のうち，いくつか[何人か]」some of 〜

3 (1)「お金」←「あなたにあげる」と後ろから修飾するように不定詞を使って表す。

(2)「〜して驚く」be surprised to 〜

(3)「家を買うために」を不定詞で表す。

(4) ミス注意！「パイロットになること」を不定詞で表す。to become 〜「〜になること」

4 (1) ミス注意！ 空所の前の文も後の文も人工知能の問題点に関する内容なので，moreover(なおそのうえに，さらに)が適切。

(2) to build relationships は目的を表す副詞的用法の不定詞。build「〜を築き上げる」

(3) 1．「人間は人工知能による翻訳をチェックする必要がある」という意味。3〜4行目に A careful check by humans is necessary. とある。

2．「田中さんは私たちは効果的に人工知能を使うべきだと思っている」という意味。5行目に，It's important to use AI effectively. とある。

3．「田中さんは将来，人工知能が全てのことをすると思っている」という意味。6〜7行目に AI can help us a lot, but it can't do everything. とある。

(4) 質問は「人工知能は何をすることが得意ですか」という意味。1行目に AI translates sentences quickly とある。at など前置詞のあとに動詞を置くときは，動詞の ing 形(動名詞)にする。

5 (1)「言うことは何もない」nothing to say

(2) It's … to 〜. の形を使って表す。否定文なので It's not … to 〜. とする。

6 (1)「あなたはこの夏，どこに行きたいですか」という意味の文にする。「〜したい」want to 〜，「この夏に」this summer

(2)「私はあなたにまた会えてうれしいです」という意味の文に。「〜してうれしい」be happy to 〜

p.120〜121 第**4**回 Unit 4 〜 Grammar for Communication 4

1 🎧LISTENING ①7時 ②次の週末

③(毎日)浴室のそうじ

2 (1) such an (2) pick, up (3) go out

3 (1) Emi has to practice tennis.

(2) Studying history is interesting.

(3) She likes making cakes.

(4) You mustn't[must not] eat or drink in

4 (1)one of ～は「～の１つ[１人]」という意味。of のあとには複数形の名詞を置く。

(2)動名詞のまとまりを主語にする。stay with ～「～のところに泊まる」

(3)直後の文に However, I kept trying to speak in English とある。keep ～ing「～し続ける」

(4)**ミス注意!**「２人とも」→「両方」と考え，both ～ and …(～も…も両方)で表す。主語が複数で過去の文なので be 動詞は were を使う。

(5)質問は「ウィルソンさん[夫人]は海斗に何を教えましたか」という意味。２行目に she taught me a word game とある。

5 (1)「～してくれませんか」は Can you ～?，「～するのをやめる」は stop ～ing で表す。

(2)why で文を始め，must の疑問文の形を続ける。

6 (1)**ミス注意!**「～を楽しみにしている」は be looking forward to ～で表す。この to は前置詞なので，あとに続く動詞は動名詞(～ing)にする。

(2)「～しなくてもよい」don't have to ～

p.122～123　第５回　Unit 5 ～ Let's Talk 3

1 🎧**LISTENING** (1)ウ　(2)イ　(3)ア

2 (1)**change trains**　(2)**Thanks to**

(3)**here**　(4)**elderly**

3 (1)**How many**　(2)**How long**

4 (1)**what to**　(2)**how to**

5 (1)イ

(2)**for ways to make a better society**

(3)**to remove barriers for everyone**

(4)彼は私たちは年をとるにつれてしばしば体が不自由になると考えました。

(5)**In the 1970s.**

6 (1)**He showed me where to sleep.**

(2)**Lisa was sad that she had to leave Japan.**

7 (1)**I want to[I'd like to] learn how to read braille.**

(2)**I'm[I am] glad[happy] that I can talk with[to] you.**

▶ **解説** ◀

1 🎧**LISTENING** (1)「市役所への行き方を知っていますか」，(2)「どうもありがとうございます」，(3)「私は何線に乗ればよいですか」への応答を選ぶ。

🎵**音声内容**

(1) A: Excuse me.

B: Yes?

A: Do you know how to get to the city hall?

ア　The bus leaves from the city hall.

イ　Yes. I like the city hall, too.

ウ　Yes. You can get there by bus.

(2) A: Excuse me. Where is the post office?

B: Go straight for three blocks. You can find it on your left.

A: Thank you very much.

ア　I'm so sorry.　イ　My pleasure.

ウ　That's too bad.

(3) A: Aya, is there a zoo near here?

B: You can visit Midori Zoo. You can go there by subway.

A: Which line should I take?

ア　Take the Namboku Line.

イ　There was a long line.

ウ　I'd like to go to the zoo.

2 (1)「電車を乗りかえる」change trains

(2)「～のおかげで」thanks to ～

(3)「こちらに」over here

(4)「お年寄り」は，〈the ＋形容詞〉を使って the elderly で表す。

3 (1)駅の数を答えているので，how many ～(どれくらい多くの～，いくつの～)を使う。

(2)かかる時間を答えているので，how long(どれくらい長く)を使う。

4 (1)「彼のために何をすればよいか私に教えてください」という意味の文に。〈tell ＋人＋もの〉の「もの」の部分に what to ～を置いた形。

(2)「私の祖母はコンピュータを使うことができる」→「私の祖母はコンピュータの使い方を知っている」。how to ～で「～のし方」という意味を表す。

5 (1)have a ～ time「～な時を過ごす」

(2)look for ～で「～をさがす」という意味。「～するための」という意味の不定詞を使い，ways to ～(～する方法)というまとまりを作る。

(3)直後に He wanted to remove barriers for everyone. とある。

(4)**ミス注意!** think that ～は「～と考える」，〈become ＋形容詞〉は「～になる」，接続詞の as は「～のとき，～するにつれて」という意味。

(5)質問は「人々はいつ体の不自由な人々のために障壁を取り除き始めましたか」という意味。本文４行目に In the 1970s, people started to remove barriers for disabled people, とある。

6 (1)〈show ＋人＋もの〉の「もの」の部分に, where to ～(どこで～すべきか)を置いた形。

(2) be sad that ～(～なので[して]悲しい)で表す。「～しなければならなかった」had to ～

7 (1)「～のし方」は how to ～で表す。want to の代わりに would like to を使ってもよい。

(2)「～してうれしい」be glad[happy] that ～

p.124～125 第**6**回 Unit 6 ～ Let's Read 2

1 🎧LISTENING (1)ウ (2)ア (3)ウ

2 (1) How much (2) woke up

(3) such as (4) went by

3 (1) more difficult (2) younger than

(3) as well as (4) most important of

4 (1) are the second most popular kind of movies

(2) talking (3) 1. × 2. ○ 3. ×

5 (1) Which is stronger, a lion or a tiger?

(2) Can[May] I try this on?

6 例 Who is the most famous actor in your country?

◆ 解 説 ◆

1 🎧LISTENING 質問は(1)「メグは何の教科がいちばん好きですか」, (2)「ケンのクラスではだれがいちばん速く走りますか」, (3)「店員はどんなサイズの帽子を持ってきますか」という意味。

♪音声内容

(1)A: Ken, what's your favorite subject?

B: I like English and science. How about you, Meg?

A: I like social studies the best.

Question : What subject does Meg like the best?

(2)A: Is Mike the fastest runner in your class?

B: Mike is a very good runner, but he isn't the fastest. Josh runs the fastest.

A: How about you, Ken? I heard you're a good runner, too.

B: I like running, but I can't run as well as they do.

Question : Who runs the fastest in Ken's class?

(3)A: May I help you?

B: Yes. I'm looking for a white hat.

A: How about this one?

B: It's nice, but a little too big for me.

Do you have this in a small size?

A: Yes, we do. Just a moment, please.

Question : What size of hat will the clerk bring?

2 (1)「～はいくらですか」How much ～?

(2)「目が覚める」wake up

(3)「…のような～」は, ～ such as …で表す。

(4)「(時間が)過ぎる」go by

3 (1)「この質問はあの質問よりもやさしい」→「あの質問はこの質問よりも難しい」

(2)「リサはアヤほど年をとっていない」→「リサはアヤよりも若い」

(3)「ヒロはビルよりもじょうずに野球ができる」→「ビルはヒロほどじょうずに野球ができない」

(4)ミス注意! 「愛より大切なものはない」→「愛は全ての中でいちばん大切だ」

4 (1)「…番目に～」は〈the ＋序数＋最上級〉で表す。「～の種類」kind of ～

(2) feel like ～ing「～したい気がする」

(3)ミス注意! 1.「海斗はジョシュの発表をとても簡単に理解できました」という意味。CONTENT の Easy to understand(理解しやすい)で, 海斗は5段階で3の評価をしている。よって「とても簡単に理解できた」とは言えない。

2.「海斗はジョシュの発表がおもしろいと思いました」という意味。CONTENT の Interesting で, 海斗は5段階で5の評価をしている。

3.「海斗はアクション映画よりもSF映画のほうが好きです」という意味。COMMENTS の1行目に I like action movies the best. とある。

5 (1)〈Which is ＋比較級, A or B?〉で表す。

(2)「～してもよいですか」は Can[May] I ～? で表す。「～を試着する」try ～ on

6 「あなたの国でいちばん有名な俳優はだれですか」という意味の文に。

p.126～128 第**7**回 Unit 7 ～ Let's Read 3

1 🎧LISTENING (1)イ (2)ウ (3)ウ

2 (1) all over (2) because of (3) one, best

(4) our own

3 (1) was built (2) is, used

(3) will be found (4) isn't played by

4 (1) known

(2)・日本人が富士山を神聖なものだと思っているから。 ・富士山が人々にインスピレー

40

ションを与えるから。(順不同)

(3) can be seen　(4) Yes, they were.

⑤ (1) These comics are liked by children.

(2) Was the cheese made in this town?

⑥ 例 What is this [that, the] animal called in English?

⑦ (1)氷が水になり [変わり]，海水面が上昇するにつれて，アラスカの島々は(さらに)小さくなります。

(2) is getting warmer twice as fast as the rest of the Earth

(3) take care of　(4)イ

(5) They remind us of our beautiful past.

⑧ (1) came true　(2) for himself

(3) in, middle　(4) part of

━━━━━━━━▶ 解説 ◀━━━━━━━━

① 🎧LISTENING (1)「それ(＝この城)は世界遺産に登録されていますか」，(2)「それら(＝写真)はどこで撮られましたか」，(3)「明日いっしょにそれ(新しいゲーム)をしませんか」への応答を選ぶ。

> 🎵音声内容
> (1)A: This castle looks very old.
> 　B: It is. It's over 500 years old.
> 　A: Really? Is it listed as a World Heritage site?
> 　ア Yes, it does.　イ No, it isn't.
> 　ウ I like it.
> (2)A: These photos are beautiful.
> 　B: They were taken by a famous photographer thirty years ago.
> 　A: Where were they taken?
> 　ア No, they weren't.
> 　イ Thirty years ago.　ウ In Australia.
> (3)A: Hi, Aya. This is John.
> 　B: Hi, John. What's up?
> 　A: I bought a new game. Do you want to play it with me tomorrow?
> 　ア Sorry, she's out now.
> 　イ May I speak to John, please?
> 　ウ I'm afraid I can't.

② (1)「日本中を」all over Japan

(2)「〜のために」because of 〜

(3) ミス注意！「いちばん〜な…の1人」は〈one of the ＋最上級＋名詞の複数形〉で表す。good(よい)の最上級は best。

(4)「〜自身の…」〜's own …

③ (1)「あの橋は私のおじによって建てられた」という意味の文に。

(2)「その単語はいつ使われますか」という意味の文に。

(3) ミス注意！「そのかばんはすぐに見つけられるでしょう」という意味の文に。〈will be ＋過去分詞〉で表す。

(4) ミス注意！「バレーボールはその生徒たちによってされません」という意味の文に。

④ (1)受け身〈be 動詞＋過去分詞〉の文に。

(2) ミス注意！ 直後の2文に注目。for one thing (1つには)，for another(別の理由としては)は，理由を2つ並べて述べるときの表現。

(3)〈can be ＋過去分詞〉で表す。

(4)質問は「海外の芸術家は浮世絵版画の富士山に影響を受けましたか」という意味。5行目に Mt. Fuji in ukiyo-e prints 〜 It even influenced overseas artists. とある。

⑤ (1) by がつく受け身の文で表す。

(2)過去の受け身の疑問文。be 動詞 was を使い，主語 the cheese の前に置く。

⑥ 「この[あの，その]動物は英語で何と呼ばれていますか」という文にする。〈call ＋ A ＋ B〉を受け身の形〈A ＋ is[are] ＋ called ＋ B〉にし，B を what にかえて文の始めに置く。

⑦ (1) ミス注意！ 文頭の As は「〜するにつれて」という意味の接続詞。turn into 〜「〜になる，変わる」，sea level「海水面」

(2) ミス注意！「…より2倍〜」は twice as 〜 as …で表す。「〜の残り」the rest of 〜

(3)「〜をだいじにする」take care of 〜

(4) pass on 〜 to …「〜を…に伝える」

(5)質問は「道夫の写真は私たちに何を思い出させますか」という意味。4〜5行目に Michio's photographs remind us of our beautiful past. とある。remind 〜 of …「〜に…を思い出させる」

⑧ (1)「実現する」come true

(2)「自分で」は for 〜self で表す。主語が1人の男性なので for himself とする。

(3)「〜の真ん中に」in the middle of 〜

(4)「〜の一部」(a) part of 〜